Rebellin in Hollywood
13 Porträts des Eigensinns

Hollywood 1923 und 1985

Paul Werner/Uta van Steen

Rebellin in Hollywood

13 Porträts des Eigensinns

1987 Medium, Bitzhenner
Münster
Lizenzausgabe mit freundlicher Genehmigung des
tende Verlags, Dülmen
© 1986 tende
ISBN 3-88633-061-3
Umschlagfoto: Louise Brooks
Gesamtherstellung: Plambeck & Co, Neuss
Printed in Germany

Für Vera Sommer

Inhalt

Vorbemerkung 9

Trouble in Paradise oder Hollywoods andere Frauen 11

Alice Guy: *Pionierin im Wunderland* 27
Alla Nazimova: *Die maßlose Künstlerin* 41
Louise Brooks: *Das animalische Kind* 57
Marie Dressler: *Die ernsthafte Komödiantin* 75
Anita Loos: *Die triviale Philosophin* 91
Dorothy Arzner: *Exotin wider Willen* 107
Frances Farmer: *Kuckuck in der Traumfabrik* 119
Mae West: *Der letzte Taifun* 135
Lillian Hellman: *Die moralische Hexe* 151
Katharine Hepburn: *Die streitbare Dame* 167
Shirley MacLaine: *Struppi mit goldenem Herzen* 187
Jane Fonda: *Das standhafte Chamäleon* 203
Claudia Weill: *Frau und Filmerin* 225

Literaturhinweise 239
Bildnachweis 245
Über die Autoren 247
Personenregister 249

Vorbemerkung

Wie in keinem anderen Bereich kultureller Produktion sehen sich Frauen im kommerziellen Erzählkino großen Widerständen ausgesetzt. Dies gilt in besonders hohem Maße für dessen fortgeschrittenste (aber nicht fortschrittlichste) Erscheinungsform, den Hollywood-Film. Gerade in der amerikanischen Filmindustrie sind individualistisch-künstlerische Bedürfnisse mehr noch als sonst dem Verwertungsinteresse nachgeordnet. Filmemachen ist ein Geschäft wie (beinahe) jedes andere, und hier herrschen die Gesetze des Marktes.

Hinzu kommt für Frauen als zweite Schwierigkeit, daß der Hollywood-Film ein durch und durch männliches Kino ist. Mehr als jede andere vergleichbare Industrie sperrt sich der Film in den USA gegen den weiblichen Zugriff. Frauen sind einzig in bestimmten „Nischen" zugelassen, hauptsächlich als Darstellerinnen und Stars. Aber selbst dann noch sind den Freiräumen enge Grenzen gesetzt; das Patriarchat formt auch die Filminhalte, die Frauenrollen auf der Leinwand nach seinem (Zerr-)Bild. In der Darstellung der Frau regiert das Klischee. Zu anderen Sparten der Filmproduktion — Regie, Drehbuch, Produktion, Kamera — sind Frauen fast gar nicht zugelassen. Die wenigen Regisseurinnen, Drehbuchautorinnen oder Produzentinnen, die sich in Hollywood für länger behaupten konnten oder können, bezahlten dies häufig mit hoher Anpassungsbereitschaft und nicht selten mit völliger Verleugnung eigener Bedürfnisse.

Immer gab und gibt es auch heute eine Reihe von Frauen in Hollywood, die sich dem Anpassungsdruck verweigert haben, die eigensinnig den steinigen Weg der Selbstbestimmung nicht verlassen wollten. Dies sind die Frauen, die die Regeln des Patriarchats verletzt haben und die Gesetze des Marktes mißachtet: die „anderen" Frauen Hollywoods — und von ihnen handelt dieses Buch.

Die Porträts hierin, die Texte und Bilder, versammeln 13 Frauen aus der amerikanischen Filmgeschichte, acht Filmstars, drei Regisseurinnen und zwei Drehbuchautorinnen, die auf den ersten Blick nichts miteinander gemein zu haben scheinen. Mae West und Jane Fonda? Alla Nazimova und Shirley MacLaine? Claudia Weill und Lillian Hellman? Doch so unterschiedlich die einzelnen Frauen auch von Herkunft und Bewußtheitsstand sein mögen, so wenig sich ihre Lebenswege und -ziele auch gleichen mögen, sie verbindet, daß sie versuchten, sich im Hollywood-Film zu behaupten, ohne ihre Persönlichkeit zu verleugnen. Die nachgezeichneten Lebensläufe der Frauen aus allen Epochen des Dreivierteljahrhunderts Hollywood-Geschichte, die sich angepaßt zeigten oder radikal, erfolgreich waren oder tragisch endeten, ermöglichen in ihrer Gesamtheit eine Entdeckungsreise in eine weniger bekannte Seite der Filmgeschichte. Dabei geht es auch darum, ein wenig zurechtzurücken, daß der Anteil der Frauen an der Geschichte des Films, ihre Bedeutung für das Hollywood-Kino und darüber hinaus bis heute unterschätzt wird.

Vollständigkeit ist weder angestrebt noch letztlich erreichbar. Auch ließe sich über die Auswahl streiten. Im Zweifelsfalle gaben die persönlichen Vorlieben oder Abneigungen der Autoren den Ausschlag. Es kam uns darauf an, die Vielfalt des Protestes und dessen historische Entwicklung aufzuzeigen, und mehr als die Variation interessierte uns die jeweils authentischste Vertreterin einer bestimmten Haltung. Kein Lebensweg gleicht dem anderen, keine zwei Charaktere einander.

Für die Unterstützung bei der Klärung von Einzelfragen und die Bereitstellung von Fotos möchten die Autoren danken: Academy of Motion Picture Arts and Sciences (Beverly Hills), University of California Los Angeles, Beverly C. Thomas, Harry S. Gill und ganz besonders Claudia Weill.

Trouble in Paradise
oder Hollywoods andere Frauen

Wie für einen Mann führt auch für eine Frau der einzige Weg zu sich selbst über schöpferische Arbeit. Es gibt keinen anderen Weg.
Betty Friedan

Genauso für eine Frau wie für einen Mann ist diese Arbeit (im Film) möglich, faszinierend und lohnend . . . , der Weg zu Ruhm und Glück.
Alice Guy

Hollywood, California. Ein enger Ort mit 200 000 Einwohnern, begrenzt von den Bergen im Norden und dem Beverly Boulevard im Süden. Seit 1910 Stadtteil von Los Angeles City. Eine runtergekommene Gegend, die vom Glanz vergangener Tage träumt. Die Straßen, zumindest die abseits der Boulevards und Avenues, sind angeschmuddelt. Gegen den Eindruck von Verfall vermögen auch die gelegentlichen Anstrengungen, das ramponierte Image der Stadt wieder aufzufrischen, kaum etwas auszurichten. Weder der Walk of Fame mit seinen Messingsternen und den Starnamen in den Gehwegplatten, der seit den Fünfzigern allmonatlich um ein paar Sternchen erweitert wird, noch das eigentliche Wahrzeichen der Stadt, das weltbekannte, 15 Meter hohe und zehnmal so lange H-O-L-L-Y-W-O-O-D auf dem Mount Lee. Erst im Sommer 1978 wurde die 1923 von Grundstücksmaklern errichtete, im Lauf der Zeit völlig verrottete Reklametafel, deren ursprünglicher Schriftzug „Hollywoodland" lautete, mit großem Aufwand renoviert. Aber den Hauch von Wehmut und Nostalgie, der auf dem Ort lastet, können all diese kosmetischen Operationen nicht verscheuchen.

Sicher, es macht immer noch Spaß, den Sunset entlang zu fahren oder über den Hollywood Boulevard zu spazieren. Hier befinden sich die Arsenale, in denen ein anderes Hollywood begraben liegt: die Filmbuchläden und -antiquariate, die ihre großen Schätze an Büchern, Pressemappen, Scripts, Stills und Poster aus allen Epochen der Filmgeschichte feilbieten und zur Spurensuche einladen. Hier findet man auch die T-Shirt-Händler, die den Mythos auf ihre Weise kannibalisieren, indem sie die Signets der einst glorreichen Studios auf billige Hemden — Made in Taiwan — aufbügeln und für ein paar Dollars verkaufen. Einen Block weiter stößt man unweigerlich auf Mann's Chinese Theater, das berühmte Kino im Pagodenstil, vor dem sich, als es noch Grauman's Chinese hieß, die Kinostars mit ihren Fuß- und Handabdrücken im noch feuchten Zement verewigen konnten.

Mehr und mehr jedoch bestimmen die Spielhallen, die Pornoschuppen und die Burger Kings das Bild, die Junkies und die Obdachlosen der „skid row", der Straße der ewigen Verlierer. Das alles beunruhigt, ist aber — bei Tage — ohne Gefahr; nur nachts sollte man sich nicht unbedingt dort sehen lassen. Hollywood, ein Dorado für Touristen und für naive Glücksjäger, wo die einen wie die anderen voller Erwartungen ankommen und von wo sie um ein paar Illusionen ärmer wieder verschwinden.

Wie gut, daß es das andere Hollywood gibt.

Hollywood, Movieland. Ein mythischer Ort ohne feste Grenzen, mit einem dreiviertel Jahrhundert kinematographischer Tradition. Wenn auch die Wechselfälle seiner Geschichte, die zahlreichen Ups and Downs, eher einem Jo-Jo anstünden, wenn sein Zenit auch längst überschritten ist — Hollywood hat überlebt, existiert weiter. Hollywood als Metapher. Hier wurden und werden immer noch die weltweit gültigen ästhetischen und produktionstechnischen Standards des Erzählkinos festgelegt. Und selbst wenn in New York ein zweites Produktionszentrum heranwächst und die USA froh sein müssen, hinter Indien und Japan den dritten Platz in der Jahresproduktion an Spielfilmen halten zu können: in den Köpfen der Zuschauer und Macher ist Hollywood noch immer der Nabel der Filmwelt. Es beeinflußt die Sehgewohnheiten auch außerhalb Amerikas und selbst außerhalb westlicher Zivilisation. Man kann es lieben und bewundern, ablehnen oder hassen, nur ignorieren kann man es nicht. An diesem Kino kommt man nicht vorbei. Selbst diejenigen, die sich aufmachen, die herrschenden Sehgewohnheiten zu durchbrechen, reflektieren noch seinen Einfluß.

Hollywood ist die Drehscheibe der Stars und Regiegrößen, die hier heimisch sind, ohne hier zu wohnen. Seit Ende der zwanziger Jahre sind sie weggezogen, zuerst ins nahe Beverly Hills und Bel Air, dann weiter westlich nach Brentwood oder draußen nach Malibu; oder sie leben nun auf einer Ranch in Nevada oder in einem Luxusapartment am Central Park West auf der Insel Manhattan. Auch die Studiokomplexe, bis auf die von Paramount und ein paar kleinere, haben längst keinen Raum mehr in Hollywood, auch sie sind ausgewichen in umgebende Stadtteile und Vororte wie Burbank oder Culver City.

Ein kulturelles oder geistiges Zentrum läßt sich hier nicht ausmachen. Es ist das Mekka der Gesundheitsanbeter und Jugendlichkeitsfanatiker, der Schau-Platz der ewig Sonnengebräunten und Joggingge-stählten. Der einzige Vorteil dieses Staates Kalifornien scheint tatsächlich — so packt es der „Stadtneurotiker" von New York, Woody Allen, in eine spöttische Formel — darin zu liegen, daß man an der Verkehrsampel bei Rot rechts abbiegen darf. Hollywood ist intellektuelle Provinz, und wer mehr sucht als oberflächliche Parties und Barbecues, wer Gespräche jenseits von Mode, Gesundheit und Geldverdienen — und jenseits von Film — führen will, der dürfte sich an der Ostküste wohler

12

fühlen. Kein Wunder also, daß die, die mit Hollywood und dem ganzen Sonnenstaat Kalifornien über Kreuz liegen, daß nahezu alle der in diesem Buch versammelten Frauen lieber in New York gelebt haben oder leben und immer wieder dorthin geflüchtet sind.

Warum gerade Hollywood? Warum wurde hier die Illusionsmaschine aufgeschlagen, wo doch die Wiege des amerikanischen Films an der Ostküste stand? Dies hatte, wie im übrigen nahezu alles in der Geschichte des US-Kinos, handfeste ökonomische Gründe — gepaart mit einer Portion Zufall. Die ersten der noch primitiven Filmstreifen wurden — bis in die zehner Jahre unseres Jahrhunderts hinein — überwiegend in New York und Umgebung heruntergekurbelt, dort, wo das Finanzzentrum der USA steht. Aber 1905 schon hatte sich das Jahrmarktsvergnügen zu einem einträglichen Geschäft entwickelt, und der einsetzende Konkurrenzkampf war heftiger geworden. Die Erfinder, Pioniere und Gerätehersteller schlossen sich daraufhin 1909 zur Motion Picture Patents Company (MPPC) zusammen. Der Trust reklamierte für sich sämtliche Patente und weigerte sich, an „Unabhängige" Lizenzen zu erteilen. Seine Widersacher verfolgte er mit allen Mitteln: per gerichtliche Verbote, Klageandrohungen und Beschlagnahmungen und auch, wenn dies alles nicht fruchtete, mit angeheuerten Revolvermännern. Die schossen dann Löcher in die Kameras der illegal arbeitenden Filmcrews und trafen dabei auch schon mal einen Kameramann oder Darsteller.

Für die Independents empfahl es sich, aus der Gegend um New York zu verschwinden und nach Florida, Kuba oder Kalifornien auszuweichen. Besonders Südkalifornien bot Vorteile: Dort schien fast das ganze Jahr über die Sonne (auf die man beim Drehen angewiesen war), dort gab es abwechslungsreiche Landschaften. Grund und Boden waren nicht teuer, es war weit genug von New York und den MPPC-Monopolisten und nah genug an der Grenze nach Mexiko, wohin man sich schnell absetzen konnte, falls die Lage einmal allzu brenzlig wurden.

So stießen die Filmleute auch auf ein Nest namens Hollywood, wo günstig Land angeboten wurde. Es war in der zweiten Hälfte des 19. Jahrhunderts von dem Grundstücksspekulanten Harvey Henderson Wilcox gegründet worden. Seine Frau hatte auf einer Bahnreise den Namen „Hollywood", was Stechenpalmenwald bedeutet, aufgeschnappt, den sie als hübsch und wohlklingend empfand. Jedenfalls mehr als „Cahuenga Valley", in dem das Ranchhaus der Wilcox stand. Sie taufte ihr Heim auf den neuen Namen, und ihr Mann benutzte ihn für sein riesiges Neusiedlungsgelände in der Nähe. Die Siedler ließen sich dort wie gewünscht nieder, und 1903 war Hollywood eine prosperierende Kleinstadt. Bereits vier Jahre später verschlug es die erste Filmcrew hierher, und im Jahre 1911 gründete die Nestor Company

13

am Sunset Boulevard das erste Filmstudio. Im selben Jahr noch entstanden in dem 5000-Seelen-Ort 15 weitere Studios. Aus Hollywood, California, wurde Hollywood, die aufstrebende Filmkolonie.

✳

Der Aufstieg Hollywoods zur Filmmetropole war jedoch nicht die einzige Auswirkung des „Patentkrieges". Ein anderes, das Gesicht (nicht nur) der amerikanischen Filmindustrie prägendes Phänomen entsprang ebenfalls dem Konkurrenzkampf zwischen Monopolisten und Unabhängigen: der Star. Bis 1910 hatten die Studios des Trusts stets zu verhindern gewußt, daß die Darsteller und Darstellerinnen der Filmstreifen eine ähnliche Popularität erlangen könnten wie etwa die Theatergrößen am Broadway. Einzig der Name der Produktionsfirma sollte das Qualitäts- und Markenzeichen sein, das Zuschauer in die Kinos lockte. Man hielt die Filmakteure in der Anonymität. Alle neugierigen Anfragen von Kinogängern nach Informationen über die Darsteller wurden von den Studios negativ beschieden. Doch die Zuschauer spielten bei dieser Marktpolitik nicht mit. Sie kürten sich ihre Leinwandlieblinge selbst und gaben ihnen eigene Namen: Sie sprachen vom Biograph- oder Vitagraph-Girl, vom Fat Guy oder von Little Mary, dem „Verführer" oder dem „Mann mit den traurigen Augen".

Ein 1884 nach Amerika ausgewanderter jüdischer Schwabe spürte, daß die MPPC-Leute die offensichtlichen Bedürfnisse des Publikums ignorierten. Ohnehin war Carl Laemmle, so sein Name, einer der entschiedensten Gegner des Trusts. Bereits 1909 hatte er als Gegengewicht zur MPPC seine Independent Motion Pictures, kurz Imp genannt, ins Leben gerufen, und er gab dem Publikum, was es verlangte: längere Filme mit einer richtigen Handlung und, vor allem, Stars. Er warb der American Biograph das allseits beliebte „Biograph-Girl" ab, inszenierte einen Riesenwirbel in der Presse und enthüllte den wahren Namen der Darstellerin — Florence Lawrence. Sogar leibhaftig vor Publikum ließ er Miss Lawrence auftreten und fütterte die Fans mit Einzelheiten aus ihrem Leben. Der erste Stern der Filmgeschichte war geboren. Gegen diese neuartige Attraktion waren die halsstarrigen MPPC-Studios chancenlos; es dauerte nur wenige Jahre, und der Trust brach zusammen, und die Unabhängigen hatten in Hollywood das alleinige Sagen. Nach und nach ließen sich alle Firmen in Kalifornien nieder — oder machten pleite. Einzig die Verwaltungsabteilungen einzelner Produktionsgesellschaften verblieben in New York, in der Nähe der großen Banken und der Börse.

Bald wurden das Privatleben, die öffentlichen Auftritte, das gesamte Erscheinungsbild der Stars, selbst ihre Skandale, mit der gleichen Sorgfalt konzipiert wie ihre Filmrollen. Als nächsten Schritt kreierte William Fox 1915 mit Theda Bara, bürgerlich Theodosia Goodman aus

Cincinnati, den ersten „synthetischen" Star. Sie erhielt eine völlig aus der Luft gegriffene Lebensgeschichte und ein Image aus der Retorte: Sie wurde der erste „Vamp". Gegen Ende des Ersten Weltkrieges war die Publicitymaschinerie dann perfekt. Man hatte ein Star-System. Es entstanden Fanmagazine und Klatschkolumnen in den Zeitungen, auf den Filmplakaten wurde der Name der Stars größer gedruckt als der Filmtitel, und die Studios verschickten Postkarten mit den Fotos ihrer Kassenmagneten. Vor allem aber wurden die Rollen von Film zu Film wiederholt. Sie kristallisierten sich zum Stereotyp.

Nicht bloß waren die allerersten Stars ausschließlich Frauen, es gab im frühen Film auch nur wenige Männer — die große Ausnahme ist Valentino —, die vollkommen zum Star stilisiert wurden. Stars waren in erster Linie weiblich — im Französischen heißt es entsprechend *la star*. Je mehr der Hollywood-Film sich zur profitablen Industrie auswuchs, desto ausgefeilter wurde das Star- und Studiosystem, desto rigider auch wurde das Typecasting angewandt. Darsteller wurden einzig nach ihrem Aussehen für eine bestimmte Rolle ausgesucht, auf die sie dann, wenn sie damit Erfolg hatten, fortan abonniert waren. So wird man zum Spezialisten und — zum Star. Zwar empfanden die Stars das Typecasting zunächst als Segen — nur so konnten die Darstellerinnen zu wahren Leinwandgöttinnen werden —, bald aber auch als Fluch. Das Studio bestimmte nicht nur die Rollen, sondern auch, wie sich die Frauen zu verhalten hatten — im Film, in der Öffentlichkeit und zu Hause —, ohne Rücksicht auf deren eigene Bedürfnisse.

Immer neue Stereotypen entstanden im Lauf der Filmgeschichte und immer neue Stars. Die Rollentypen reflektierten direkt oder indirekt — meist wie in einem Zerrspiegel — gesellschaftliche Entwicklungen. Der viktorianischen Unschuld folgte der Vamp, der Dame von Welt der Flapper, es gab gute Kameradinnen und Femmes fatales, das Pin-up-girl, das bad good Girl, die Sexbombe, die Lolitas und die Selbstbewußten. Die männlichen Stereotypen waren seltener und weitaus weniger ausgeprägt. Die diversen filmhistorischen Versuche, alle Stars, Männer wie Frauen, fein säuberlich in eine Abfolge von Rollenstereotypen zu systematisieren (wie dies etwa Enno Patalas in seiner *Sozialgeschichte der Stars* ausprobiert hat) überzeugen nicht. Die Unterschiede im Grad der Typisierung von Männern und Frauen werden auf diese Weise völlig verkannt, und die verschiedene Behandlung von weiblichen und männlichen Stars seitens der Studios bleibt zugedeckt. Es ist geradezu grotesk, daß selbst bei den weiblichen Stars die in diesem wie auch anderen Büchern vorgestellte Systematisierung noch rigider erscheint als das tatsächliche Typecasting durch die Studios.

So gut wie nie waren männliche Rollen, wie die weiblichen, durch und durch typisiert. Im amerikanischen Film erscheinen Männer gleichzeitig immer auch als Charaktere. Nicht zuletzt haben Männer stets Berufe; wenn oft auch nur im weitesten Sinne wie Westerner, Rumtreiber, Spieler, Abenteurer, Verführer, Pirat oder Gangster — doch bloßes „Mannsein" genügte nicht. Die Darstellerinnen aber hatten sich lange Zeit damit zufriedenzugeben, Frau und nichts als Frau zu sein. Für die britische Filmtheoretikerin Claire Johnston läuft das Starsystem in seiner Gesamtheit auf eine Fetischisierung der Frau hinaus, also auf eine, laut Freud, Projektion männlicher narzißtischer Phantasie. Frauen werden im Film als das ausgegeben, was sie für den Mann (auf der Leinwand wie im Kinosessel) bedeuten. Im Zerrbild Hollywoods erscheinen Frauen ahistorisch, ohne individuelle Charaktereigenschaften — halt "ewigweiblich".

Erst das Ende des Starsystems, das in den späten vierziger Jahren bereits eingeläutet wurde, — und damit auch das Ende der Studiotyrannei — brachte Bewegung in diese starren Klischees. Die Stars waren nun von den meist sieben Jahre laufenden Studiokontrakten erlöst und erhielten die Freiheit, über ihre Filmauftritte selbst zu entscheiden. Wie den Schauspielerkollegen im europäischen Kino war es endlich auch den amerikanischen Darstellern vergönnt, nacheinander in völlig verschiedenen Rollen aufzutreten. Diese künstlerische Liberalität währte — für die weiblichen Stars — nicht allzu lange. Es häuften sich bald langweilige Ausstattungsschinken, und immer öfter kreisten die Filmstoffe in den sechziger und frühen siebziger Jahren um männliche Zentralfiguren. Die wenigen weiblichen Rollen, die es gab, lieferten Frauenklischees, die die alten Stereotypen aus Hollywoods Glanzzeit noch in den Schatten stellten; anspruchsvolle Frauenrollen wurden beinahe zur Rarität. Etwa Mitte der Siebziger hatten Stars wie Shirley MacLaine, Barbra Streisand, Jane Fonda oder Faye Dunaway allen Grund, sich über das „Macho-Kino", die Gewalt- und Katastrophenstreifen, zu beklagen. Frauen schienen als differenzierte Charaktere im Film nicht mehr gefragt.

Erst 1977, zwei Jahre nach dem offiziösen „Jahr der Frau" und ein Jahrzehnt nach dem Aufbruch des New Hollywood mit THE GRADUATE und BONNIE AND CLYDE, schlug auch die Stunde des neuen Frauenfilms. Nachdem die Außenseiter und Rebellen sich Hollywood erobert hatten, merkten die Studios mit einem Mal, daß auch Frauenthemen Kasse zu machen versprachen. Zwar waren die Regisseure von diesen Filmen wie LOOKING FOR MR. GOODBAR, JULIA und THE TURNING POINT allesamt kommerziell erprobte und handwerklich verläßliche Kinoveteranen, aber die Frauenrollen darin lagen weit über dem Niveau, das man den weiblichen Stars lange zugemutet hatte. Besonders JULIA und THE TURNING POINT waren Filme über jeweils gleich zwei weibliche Hauptfiguren, über Frauenfreundschaften gar, und Männer spielten nur noch am Rande mit. Wer aber gehofft hatte, nun sei die Ära der männlichen Superhelden am Ende, sah sich getäuscht. Zwar gab es auch in den fol-

16

genden Jahren — bis heute — immer wieder Filme, in denen interessante Frauenporträts geboten wurden; Filme über Frauen, die Berufe hatten und einen Bewußtseinshorizont über das Hausfrauendasein hinaus. Aber auch hier rückte die Mann—Frau-Beziehung wieder in den Mittelpunkt. Und die überwältigende Mehrheit des Hollywood-Kinos ist auch heute, nach wie vor, rein männlich: Männer besetzen die Hauptrollen, aus männlichem Blickwinkel werden die weiblichen Charaktere geschildert und männlich sind auch (so gut wie) alle Regisseure.

✳

Nach außen hin, im Verhältnis des Stars zu seinem Publikum, zielt das Starsystem darauf ab, die besondere Bedeutung des einzelnen Stars und dessen Unterschiede allen anderen gegenüber gebührend herauszustreichen. Ganze Unterabteilungen der Major studios sind einzig damit beschäftigt, dies mit enormem Aufwand durchzudrücken. Der Star wird somit zum Kunstprodukt der Illusionsfabrik — ist zugleich aber auch ein Gesamtkunstwerk, in dem physische Erscheinung, öffentlich gemachtes „Privat"-Leben und Rollenstereotyp aufgehoben und zu einem Image kondensiert sind. Dieses Abbild führt unabhängig von seinem Träger ein Eigenleben und existiert auch außerhalb des Kinos und zwischen den einzelnen Filmen weiter.

Im Binnenverhältnis zwischen Star und Studio erwies sich dieser sorgfältig inszenierte schöne Schein in Wahrheit als ein rigider Disziplinierungsprozeß. Die Persönlichkeit des Filmdarstellers, der sich auf die Star-Mühle einließ, wurde dem Verwertungsinteresse des Studios völlig unterworfen. Für die Firmenbosse waren Stars, beinahe ebenso wie eine Kamera oder ein Schneidetisch, ein Besitz — „der einzige Besitz, der über Nacht das Studio verläßt", wie es Louis B. Mayer einmal formulierte, der konsequenterweise seine Stars in ihrer Freizeit bespitzeln ließ. Man hatte in den Aufbau der Stars Kapital investiert, das sich nun amortisieren mußte. Mit Langzeitkontrakten an das Studio gefesselt, hatten sie jede vorgesehene Rolle zu übernehmen, Vertragsklauseln verpflichteten sie zu angepaßtem, „sittsamem" Verhalten, und es gab fein abgestufte Disziplinstrafen bis hin zur Suspendierung mit Gagenstopp. Namensänderungen, Schönheitsoperationen oder ein Wechsel in der Haarfarbe waren gängige Eingriffe in die Persönlichkeitsrechte, die vor allem weibliche Stars hinnehmen mußten.
Dies war eine überaus paradoxe Situation: In den Filmen und in der Öffentlichkeit hatten die Stars Individualität zu verkörpern, vom Studio wurde bedingungslose Subordination unter die Firmenpolitik gefordert. Hinzu gesellte sich eine weitere Ambivalenz: die zwischen der erwarteten Darstellung immer gleicher Rollenstereotypen und dem genuinen Anspruch nach künstlerischer Entfaltung, also Variabilität.

Daraus erwuchsen psychische Konflikte, die nach einem Ventil verlangten. Die berüchtigten Star-Allüren waren noch die harmloseste Erscheinungsform des emotionalen Stresses. Weitere waren hemmungsloser Hedonismus oder asketische Zurückgezogenheit und Flucht in eine hermetische Kunstwelt.

Vielen der weiblichen Stars blieb nichts anderes übrig, als sich mit geradezu masochistischer Bereitwilligkeit der Gewalt der Studiopatriarchen zu unterwerfen. Dies ging bis zur absoluten Verleugnung eigener Bedürfnisse, was zu inneren Konflikten führte — die sich, bei Marilyn Monroe etwa, nur in Selbsthaß und Suizid entladen konnten. Andere wiederum entzogen sich gerade noch rechtzeitig dem Apparat, flüchteten wie Greta Garbo ins Private oder wie Ingrid Bergman ins tolerantere europäische Kino. Auch gab (und gibt) es eine Reihe Stars, bei denen die Anpassung reibungslos funktionierte. Diese konnten ihre Interessen und die der Hollywood-Fabriken — tatsächlich oder scheinbar — in Einklang bringen, vermochten sich selbst zu verwirklichen.

Am interessantesten aber sind die — wenigen — weiblichen Stars, die sich dem männlich dominierten Hollywood weder unterordneten noch sich ihm durch „Flucht" entzogen. Quer durch die Filmgeschichte gibt es diese „anderen" Frauen Hollywoods — die, die genug Mut aufbrachten, sich dem Star- und Studiosystem zu widersetzen, gleichzeitig von ihrer Individualität und von ihrem Lebensentwurf nicht abließen. Dies gestaltete sich als eine gefährliche Gratwanderung, die gelegentlich sogar glücklich endete. Fast immer aber veranstalteten die Unangepaßten einen tüchtigen Aufruhr im Zelluloidparadies; faszinierend sind sie allemal.

Alla Nazimova etwa, der gefeierte Broadwaystar, stanislavskijgeschult und mit der Duse verglichen. Sie widerstand lange der Verlockung des schnellverdienten Kintoppgeldes, ließ sich dann doch von dem neuen Medium herausfordern. Schauspielkunst aber war und blieb ihr Prinzip, für das sie ihre Reputation und ihr Vermögen aufs Spiel setzte. Sie kümmerte sich nicht um den Verhaltenskodex der Moralapostel und wurde eine der ersten, die man aus dem Paradies vertrieb. Mehr aus persönlicher Abneigung gegen die Hypokrasie der Hautevolee in Hollywood verweigerte sich Louise Brooks der Vereinnahmung durch die Fabrik. Sie blieb — später auch in ihren hellsichtigen Essays — ironisch-distanzierte Beobachterin. Auch sie wurde mit der Verbannung bestraft, auch sie zahlte für ihre Eigen- und Widerwilligkeit einen hohen Preis.

Aber die Stummfilmstars der lauten zwanziger Jahre waren Göttinnen; ihnen verzieh man fast alles, nicht zuletzt menschliche Schwächen. Ausschweifung und Eigensinn wurden zumindest von ihren Anbetern akzeptiert. Sie verkörperten Ideale, waren dem Lebensstil der Fans ohnehin derart weit entrückt, daß sie nicht mit der Elle der gewöhnlichen Sterblichen gemessen wurden, sondern mit dem Maßstab der Einzigartigkeit. Nur die Studiotaikune rechneten in Cents und Dollars: So lange die Exzentriker Erfolg hatten, der sich an der Kinokasse auszahlte, räumte man ihnen Sonderrechte ein. Falls nicht, besann man sich mit einem Mal der moralischen Verpflichtung dem Publikum gegenüber und beschnitt den Wildwuchs.

Der gegenüber dem Stummfilm realistischere Tonfilm brachte einen Strukturwandel. Verkörperten die Stars bis dato ein Ideal, so waren sie nun nur noch Repräsentanten des Typischen. Die Fans betrachteten die Stars bloß als besonders gelungene Exemplare ihrer selbst; an die Stelle traumentrückter Projektion trat bodenständige Identifikation. Mit wem man sich aber identifiziert, der hat sich auch den Sitten und Gebräuchen der Allgemeinheit zu unterwerfen. Klatschgeschichten wuchsen sich nun zu handfesten Affären aus, über die man nicht mehr mit einem Augenzwinkern hinwegsehen konnte, sondern sich zu empören hatte.

So traf Frances Farmer die Intoleranz der amerikanischen Gesellschaft, der Hollywood-Society und der Studioherren in den Vierzigern weitaus heftiger als zuvor noch die charakterähnliche Louise Brooks. Beide waren zu taktischem Verhalten unfähig, waren ehrlich bis zur Selbstgefährdung. Nur vermochte die Farmer sich nicht in die Rationalität zu retten, zu einer Zeit, in der gefühlsmäßiges, irrationales Verhalten selbstmörderisch war. Während andere mit einer Gehirnwäsche halbwegs davonkamen: sie steckte man ins Irrenhaus, ihr öffnete man den Schädel.

Im Vergleich dazu schien es das Schicksal mit Marie Dressler noch gut zu meinen. Ein spätes Happy-End, wenn auch ein kurzes, krönte ihren lebenslangen Versuch, sich gegen eine Umwelt durchzusetzen, die Frauen nur akzeptierte, wenn sie schön und jung waren. Dresslers Reservat wurde die Komik und ihre Waffe der Humor. Nicht eine Aura des Göttlichen, Unnahbaren umgab sie, sondern die Sympathie des gemütlichen Kumpels. Ihr vielfaches Engagement, das patriotische, das gewerkschaftliche und das für die Frauenrechte, brachte ihr nur wenig Dank. Kaum ein anderer Star war wie sie gezwungen, mit eisernem Willen eine schier endlose Periode der Arbeitslosigkeit und Vergessenheit zu überwinden.

Mit dem Ego einer Dampfwalze überstand Mae West die Versuche, sie zum Schweigen zu bringen. Ihr Mutterwitz und ihre gnadenlose Ironie halfen ihr, gegen alle Klippen des Lebens zu laufen, ohne daran zu zerschellen. Zensur, Moralappelle und Berufsverbote, nichts schien ihr etwas anhaben zu können. Einen kurzen Gefängnisaufenthalt nutzte sie, um ein neues Stück zu verfassen; als sie keine Filme mehr machen konnte, ging sie zum Radio und von dort zur Bühne zurück. Ob sie letztendlich die perfekte Verkörperung des Starideals war und die Erfüllung aller Männerphantasien oder ob sie beides nur persiflierte und ad absurdum führte, wer vermag dies zu entscheiden? Je nach eigenem Blickwinkel läßt sich das eine ebenso wie das andere in sie hineinlesen.

Die Klammer von diesen großen klassischen Stars zu den modernen wie Jane Fonda und Shirley MacLaine bildet Katharine Hepburn. In ihrer mehr als ein halbes Jahrhundert umspannenden Karriere — in der sie durchaus nicht immer ein Star war — hat sie sich zu einer der schillerndsten Figuren des Hollywood-Kinos entwickelt. Mehr noch als die anderen rebellischen Frauen im Filmbusiness widersetzt sie sich jeder Kategorisierung. Sie vereinigt den glamourösen Hollywood-Star von einst und die selbständig-selbstbewußte Frau von heute zu einer singulären Erscheinung. Mit ihrem spröden Charme, ihrer kühlen Beherrschtheit und ihrem mit einem kräftigen Schuß Arroganz verstärkten Ego brachte sie das Kunststück fertig, die Anpassungsmaschinerie umzudrehen. Sie machte sich Hollywood untertan, gerade indem sie kein Fettnäpfchen und keinen Regelverstoß ausließ.

Die neuen Stars seit den späten sechziger Jahren bis heute betätigen sich zunehmend auch außerhalb des Filmemachens. Das Hollywood-Kino scheint ihnen gelegentlich nur als Mittel zu dienen — als Mittel für ein eigentliches Leben. Für politische — und auch geschäftliche — Aktionen bei Jane Fonda, für private Erfüllung und Selbsterforschung bei Shirley MacLaine. Wenn bei den früheren Stars, zumal bei denen des Stummfilms, deutlich wurde, daß dieser Status ihnen eine ungewöhnliche Aura verlieh, so lassen die heutigen erkennen, welche Vorteile darin liegen, Star zu sein. Dieser „Beruf", je nach Person als Job oder Profession aufgefaßt, liefert eine soziale und ökonomische Sonderstellung, läßt aber gleichzeitig genügend Zeit und Energie für außerfilmisches Engagement. So sind Jane Fonda nach ihrer Kollisionsphase mit dem Establishment und die MacLaine, nun endlich dem Zwang zu belanglosen Rollen entkommen, glücklicher dran als die meisten ihrer Vorgängerinnen. Für beide zahlt sich die jahrelange zähe Beharrlichkeit heute offenbar aus. Doch wer weiß? Wie schnell kann sich dies ändern, wenn ihre Filme nicht mehr den Erfolg haben wie jetzt?

Die Frauen einer noch jüngeren Darstellergeneration scheinen den Starstatus nicht mehr anzustreben — wenigstens nicht im herkömmlichen Sinne. Sie leben, wie Meryl Streep — oder unter den männlichen Akteuren Robert de Niro —, in New York anstatt in Kalifornien, verweigern sich den Rollenstereotypen und den herrschenden Schönheitsidealen. Wie ihre europäischen Kollegen verstehen sie sich mehr als Schauspieler denn als Darsteller, versuchen sich an einer möglichst nuancenreichen Rollenpalette und lassen die Person des Interpreten hinter den Charakter der Figur zurücktreten. Sie haben es kaum noch nötig, gegen den Würgegriff Hollywoods zu rebellieren — er vermag sie nicht zu erreichen.

✳

Unter den prestigevolleren Tätigkeiten bei der Filmproduktion ist die des Darstellers oder des Stars die einzige, die auch Frauen in größerem Maße offenstand. Über die biologische Notwendigkeit hinaus, daß Frauen (zumindest seit dem Ende des Shakespeare-Theaters) von Frauen dargestellt werden, fiel es den Männern um so leichter, in diesem Bereich Frauen gleichwertig zuzulassen, als dieser nicht eigentlich als „künstlerisch" angesehen wurde.

Der Beruf des Schauspielers gilt seit jeher mehr als reproduzierend denn kreativ, in manchen Zeiten haftete ihm sogar ein wenig der Ruch des „Weibischen" an. Schließlich handelt der Schauspieler — ob männlich oder weiblich — auf Weisung des Regisseurs und interpretiert einen vor-geschriebenen Stoff. Nicht von ungefähr betrachtet man oder betrachten sich im allgemeinen die Regisseure (in den USA vielleicht noch die Producer) als die „Macher" des Kinowerks. Und Macher können — nach männlichem Verständnis — eigentlich nur Männer sein. Daß aber auch Frauen Filmemacher(innen) sein können, und nicht erst seit heute, sondern von den frühesten Kindertagen des Films an, das hat die (männliche) Geschichtsschreibung nicht registriert, nicht wahrhaben wollen, verdrängt oder gar absichtsvoll unterschlagen. Man suche nur einmal die gerne als „Standardwerke" gehandelten Filmgeschichten nach weiblichen Regisseuren wie Alice Guy, Lois Weber, Dorothy Arzner, Ida Lupino usf. ab — man wird nichts oder so gut wie nichts finden.

1974 kam bei einer statistischen Untersuchung heraus, daß unter den 5000 Filmregisseuren auf der Welt gerade 150 Frauen zu finden sind. Dies ergibt ein groteskes Mißverhältnis, das wesentlich schlechter noch ist als das in allen anderen künstlerischen Berufen oder solchen mit vergleichbarem Sozialprestige. Das Kino — sieht man einmal von den weiblichen Darstellern ab — ist offenbar einer der sichersten Horte männlicher Dominanz. Dies gilt in noch weitaus größerem Maße für Hollywood, wie eine andere Zahl, aus dem Jahr 1980, verdeutlichen mag: Von den 7332 Spielfilmen, die in den USA zwischen 1950 und 1980 entstanden, wurden sage und schreibe 14 von Frauen gemacht. Das sind weniger als zwei Promille.

Trotz dieser Zahl haben sich die Möglichkeiten für Regisseurinnen im kommerziellen amerikanischen Kino in den letzten zehn Jahren, im Vergleich zur Blütezeit des Hollywood-Studiosystems, ein wenig verbessert. Verblüffen mögen aber die Angaben des englischen Filmhistorikers Anthony Slide über die Zahl der weiblichen Regisseure in der Frühgeschichte des US-Films. Er spricht, in seinem Buch *Early Women*

Directors (deutsch: „Engel vom Broadway"), von „mehr als dreißig Regisseurinnen in der amerikanischen Filmindustrie". Dies ist eine Zahl, von der die professionellen US-Filmemacherinnen von heute nur träumen können.

Wer daraus aber ableiten wollte, Regisseurinnen hätten es früher besser gehabt und der Sexismus in Hollywood habe seitdem kontinuierlich zugenommen, der vernachlässigt völlig die ökonomische Metamorphose des Films von einer Jahrmarktunterhaltung zu einer respektablen Industrie. In den Pioniertagen war der Zugang zum Film verhältnismäßig einfach, für Männer ebenso wie für Frauen. Das Sozialprestige dieses Mediums war minimal, Strukturen waren noch nicht ausgebildet, und vom Big Business war noch nichts zu sehen. Jedermann, jede Frau konnte sich in kürzester Zeit Kenntnisse genug aneignen, um mitzukonkurrieren; auch war der Kapitalbedarf gering. Allgemein herrschte ein Mangel an Leuten mit Ideen, und wer solche hatte, dem standen alle Türen offen. Die rasche Karriere von Alice Guy, in Frankreich und den USA, insbesondere aber auch, wie diese endete, sobald der Film sich etabliert hatte, belegt dies aufs deutlichste.

Die Betätigung als Regisseurin gestaltete sich für die Frauen in der Zeit vor 1925 auch deshalb unproblematisch und ohne größere Konflikte mit den männlichen Kollegen, da ihre Anpassungsbereitschaft nie eine Frage war. Die damalige Regisseurinnen verbanden die Arbeit im Film nicht mit der Durchsetzung frauenrechtlicher Ziele oder dem Anspruch auf Selbstverwirklichung, sondern versuchten, „ihren Mann zu stehen". Wie die Geschichte lehrt, honoriert dies die patriarchalische Gesellschaft immer dann, wenn Frauen „gebraucht" werden, d. h., wenn ein Arbeitskräftemangel vorhanden ist, den Männer nicht unmittelbar ausfüllen können oder wollen. Etwa war dies in den beiden Weltkriegen der Fall, als die Frauen in den Fabriken, Geschäften und Büros die Stelle der Männer, die an der Front kämpften, vorübergehend einnehmen durften. Mit dem Aufstieg der Filmindustrie begann auch die Verdrängung der Regisseurinnen durch die Männer, wobei überrascht, wie bereitwillig sie ihren Platz freimachten.

So gut wie keine der Frauen konnte sich im frühen Tonfilm noch als Regisseurin behaupten, Dorothy Arzner ist eine der wenigen Ausnahmen. Sie war dabei keineswegs auf eine bestimmte Sparte oder auf zweitrangige Streifen festgelegt und konnte, wenn auch unter Schwierigkeiten, selbst „große" Filme realisieren. Sie und Ida Lupino waren die weißen Raben unter den Regisseuren und sollten es für lange Zeit bleiben.

Erst unter dem Druck der weiblichen Emanzipation und durch das Interesse, das die Frauen seit den späten sechziger Jahren für das Filmemachen entwickelt hatten, brachen die Schotts. Allerdings waren diese ohnehin geschwächt durch die Krise, in die sich Hollywood hineinmanövriert hatte. Die Frauen fanden heraus, daß der Film mit seiner prinzipiell kollektiven Produktionsweise und mit seiner beachtlichen gesellschaftlichen Reichweite gerade den weiblichen Intentionen entgegenkam. Sie formten Kollektive, die sich zunächst auf den nichtkommerziellen Bereich, den Experimental- und Dokumentarfilm, bald auch auf den Off-Hollywood-Spielfilm konzentrierten. Aber sie stürmten dann auch gegen die Tore der Hollywood-Studios an und konnten in den Siebzigern einige Erfolge verbuchen.

Heute jedoch scheinen die Filmemacherinnen mit ihrem Anspruch, in der Filmindustrie kontinuierlich arbeiten zu können, gescheitert. Es bleibt abzuwarten, ob dies nur eine vorübergehende Phase ist. Wie Claudia Weills Erfahrungen mit Hollywood belegen, ist der Zugang zu Regieaufträgen, der auch für männliche Newcomer alles anders als leicht ist, für eine Frau nur über den Weg extremer Außenseitererfolge möglich. Und sie hat nur einen Versuch. Ist der erste Film, den sie dann tatsächlich in Hollywood und mit vollem Budget drehen kann, nicht gleich ein Kassenhit, so wird sie aus dem Paradies sofort wieder vertrieben. Bei den männlichen Kollegen ist dies anderes. Sie dürfen auch durchschnittliche Filme machen, ihnen sieht man sogar ein, zwei Mißerfolge beinahe verständnisvoll nach, gibt ihnen eine neue Chance. Das American Film Institute, das Mitte der siebziger Jahre den eklatanten Mangel an Regisseurinnen in Hollywood konstatierte, versuchte einen neuen Weg. Es richtete einen besonderen Lehrgang für Frauen ein, die bereits in der Filmindustrie — sei es als Schauspielerin, Drehbuchautorin oder in technischen Bereichen — arbeiteten und ins Regiefach wechseln wollten. Darüber hinaus gewährte das AFI Förderungsprämien für junge Filmemacher(innen). Dennoch ist die Situation der Frauenfilmerinnen in den USA mit denen in Europa nicht zu vergleichen. Durch das in Europa und besonders in Deutschland übliche Förderungssystem von Filmprojekten, hatten und haben Filmemacherinnen hierzulande seit den frühen siebziger Jahren bessere Möglichkeiten, auch Spielfilme zu realisieren. Es ist bezeichnend, daß es in den USA zur Zeit noch weniger weibliche Spielfilmregisseure gibt als beispielsweise in der BRD. Eine von Trotta, eine Sanders-Brahms, Filmemacherinnen also, die verhältnismäßig kontinuierlich Spielfilme realisieren können, gibt es im Hollywood-Kino zur Zeit nicht. Die wenigen Regisseurinnen, die in den letzten Jahren überhaupt noch Spielfilme machen konnten, arbeiteten wie Jane Wagner (MOMENT BY MOMENT) oder Joan Tewkesbury (OLD BOYFRIENDS) nur ein einziges Mal in Hollywood oder in sehr großen Abständen, oder sie drehen wie Joan Micklin Silver (HESTER STREET, BETWEEN THE LINES, HEAD OVER HEELS) oder Susan Seidelman (SMITHEREENS, DESPERATELY SEEKING SUSAN) mehr oder weniger „unabhängig" vom großen Hollywood-Geld in New York. Claudia Weill schaffte zwar mit ihrem auf eigenes Risiko gedrehten

23

GIRLFRIENDS scheinbar mühelos den Sprung nach Hollywood, aber den nur moderaten Erfolg von IT'S MY TURN verzieh man ihr nicht. Das einzige Mädchen unter den Wunderkindern des New Hollywood wurde wie ein illegitimer Sproß von der Familie verstoßen. Auch die an der Ostküste entstehenden Filme der *new independents* bieten nur begrenzte Freiräume. Auch sie unterliegen den Gesetzen des Marktes, müssen ihre Produktionskosten wieder einspielen, müssen sich daher an ein breites Publikum richten und weitgehend einem Unterhaltungsanspruch Genüge tun.

In der dritten künstlerischen Sparte, dem Drehbuchschreiben, sieht die Situation der Frauen auch nicht allzu rosig aus. In den dreißiger und vierziger Jahren hatten weibliche Drehbuchautoren, zumindest bei MGM, eine beachtliche Machtposition erreicht. Anita Loos, Frances Marion und Bess Meredyth bildeten in dem Studio eine Art Feminat. Im Laufe ihrer Karrieren konnten diese drei Frauen nicht nur Hunderte von Scripts verfassen, ihnen waren auch zahlreiche männliche Kollegen unterstellt, und sie hatten großen Einfluß auf den Stil und die Politik des Studios. Einen anderen Typus verkörpert Lillian Hellman, die nur wenig fürs Kino arbeitete. Weitaus mehr als im Film engagierte sie sich — ganz im Gegensatz zu Anita Loos — in der Politik. Dennoch war ihr Einfluß auf Hollywood keineswegs gering. Ihr auch persönlich motivierter Kampf gegen die Hexenjagd und die schwarzen Listen liefert das Beispiel einer De-facto-Emanzipierten, die für die Frauenbewegung jedoch keinerlei Interesse zeigte.

Herausragende Drehbuchautorinnen sind im New Hollywood nicht zu verzeichnen. Wie die Filmemacherinnen leiden auch sie unter dem Mangel an kontinuierlichen Arbeitsmöglichkeiten. Es bedarf offenbar eines Studiosystems mit seiner hohen Produktivität, damit sich professionelle Drehbuchautorinnen herausbilden können.

Die Art des Eigensinns, des Rebellischseins gegen das patriarchalische System des Hollywood-Films ist vielfältig. Und es hat sich im Laufe der 75jährigen Geschichte verändert. Ohne so weit gehen zu wollen, hier einen geradlinig fortschreitenden Prozeß zu unterstellen, so konnte doch jede der Frauen, die sich in und gegen Hollywood durchzusetzen versuchte, teilweise auf die Ansätze der Vorgängerinnen, auf deren Siege oder Niederlagen, aufbauen. Der vielbenutzte Begriff der Emanzipation muß als relativer, historisch zu differenzierender verstanden werden. Für die einen Frauen mag ein Riesensprung gewesen sein, was späteren nur wie ein winziger Schritt vorkam. Aber es war für Alice Guy sicherlich genauso mutig, überhaupt als Regisseurin arbeiten zu wollen, wie für Mae West, das Wort „Sex" öffentlich auszusprechen; für Jane Fonda, nach Nordvietnam zu fahren, wie für Claudia Weill, mit einer lächerlich geringen Summe im Rücken, einen Spielfilm über zwei Freundinnen zu beginnen. Sich auf den Film, auf Hollywood einzulassen, sich mit den von den Männern eingeräumten Nischen nicht zufriedenzugeben und von seinem persönlichen Weg, und sei er noch so gewunden, nicht abzugehen: Mut gehört allemal dazu. Denn das Paradies ist in Wahrheit auch die Höhle des Löwen.

PW

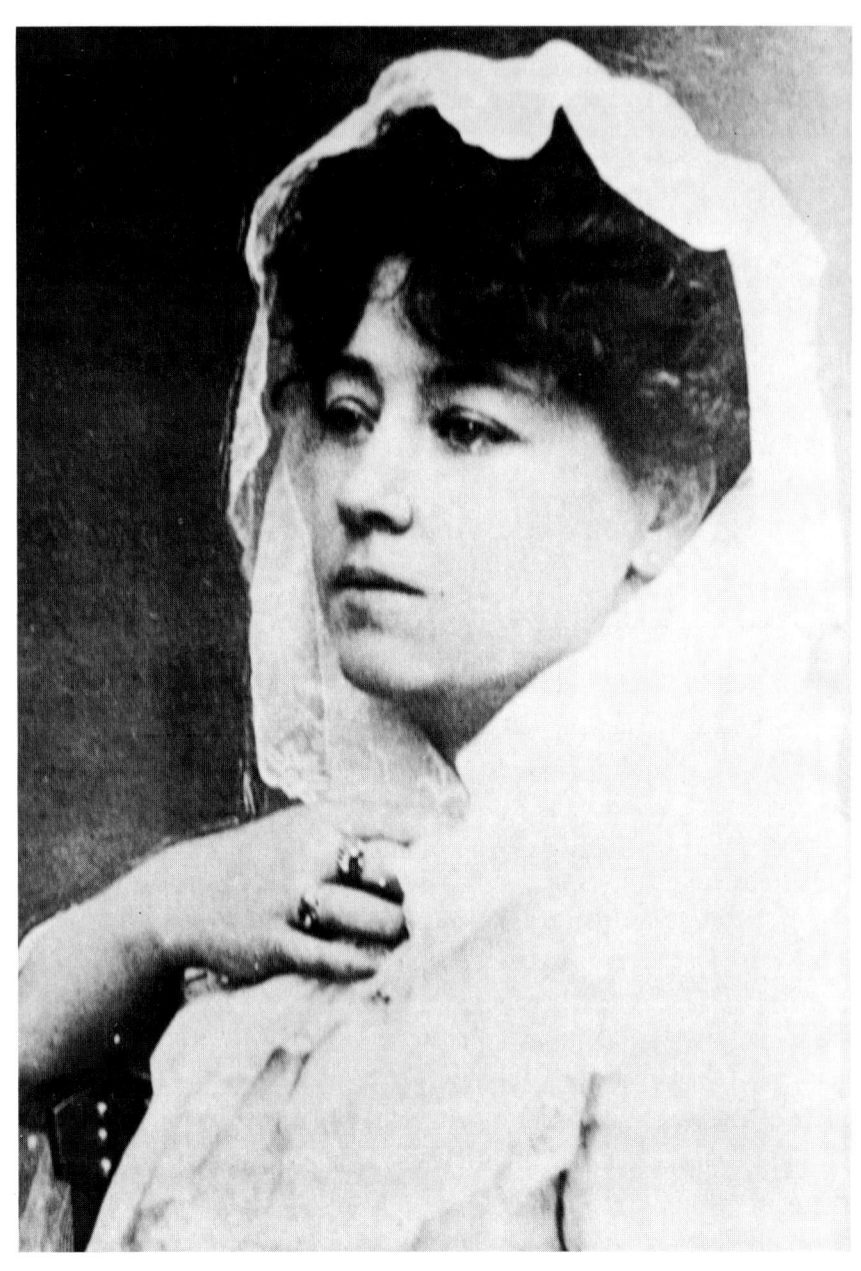

Alice Guy 1906

Pionierin im Wunderland
Alice Guy

„Sie bewegt sich völlig ruhig, fast unauffällig in den Atelierräumen. Sie ist zurückhaltend und unaufdringlich und doch gleichzeitig sehr tatkräftig. Ihre Anweisungen werden aufs Wort befolgt, und zwar sofort und nach besten Kräften. Und obwohl sie immer ganz bestimmte Vorstellungen hat und manchmal recht eigensinnig auf deren Durchführung beharrt, ist sie dennoch immer gerne bereit, auf die Vorschläge der anderen einzugehen und sie zu berücksichtigen" — mit einer solchen Lobeshymne charakterisierte die Zeitschrift *Photoplay* im Jahre 1912 die damals erste und einzige Filmregisseurin der Welt: Alice Guy-Blaché. 1914 gesellte sich mit der Amerikanerin Lois Weber eine Kollegin zu der Französin. Dreizehn Jahre später drehte Dorothy Arzner ihren ersten Spielfilm, und ihr gelang als einziger von insgesamt 27 Regisseurinnen in den USA der nahtlose Übergang von Stumm- zum Tonfilm.

Alice Guy, „dieses eindrucksvolle Beispiel der modernen Frau im Geschäftsleben" *(Photoplay),* mußte fünf Jahre vor der Jahrhundertwende noch den ganzen Mut zusammenraffen, um ihrem Boß einen außergewöhnlichen Vorschlag zu unterbreiten: Sie wollte Spielfilme drehen. Eigentlich wäre es von Léon Gaumont, dem Prokuristen des Pariser Comptoir général de Photographie, zu erwarten gewesen, die Idee der Sekretärin als Überspanntheit abzutun. Seine Entwicklung eines Apparates für bewegte Bilder machte zwar gute Fortschritte, doch Gaumont hatte dabei stets wissenschaftliche Zwecke im Auge und sah partout keinen Grund, mit dieser amüsanten kleinen Neuheit oder gar mit „Lustspielen", wie Mademoiselle Alice sie taufte, irgendwelche finanziellen Risiken einzugehen. Daß ihn das sonst so patente Mädchen mit einem derart lächerlichen Ansinnen belästigte, fand der Pariser Industrielle höchst erstaunlich; nachsichtig entschuldigte er den plötzlichen Enthusiasmus seiner Angestellten mit deren Jugend.

Alice zählte gerade 22 Jahre mehr, als der Film alt war. Sie gehörte zu den wenigen Auserwählten, die im März 1895 von den Brüdern Lumière zur ersten öffentlichen Filmvorführung der Welt geladen wurden. Begeistert und schockiert zugleich hatte sie auf der improvisierten Leinwand plötzlich Arbeiter aus den Lumièreschen Fabriktoren strömen sehen, die sich bewegten, lachten und plauderten, als ob sie aus Fleisch und Blut bestünden. Alice wäre beinahe das Herz stehengeblieben, als sich danach ein Pferdewagen von der Place Bellecour seinen Weg direkt durch den Zuschauerraum zu bahnen schien. Der Zug aus L'ARRIVÉE D'UN TRAIN EN GARE DE LA CIOTAT, der das entsetzte Publikum zu überrollen drohte, war auch nicht gerade geeignet, ihre Angst zu mildern; erst das niedliche Kind in LE DÉJEUNER AU BÉBÉ wirkte da entschieden harmloser.

Der Abschluß der Vorstellung entzückte Alice besonders: In L'ARROSEUR ARROSÉE spielte sich nämlich eine richtige kleine Geschichte ab. Ein Junge tritt auf den Wasserschlauch eines blumengießenden Gärtners; der untersucht erstaunt die Öffnung und bekommt eine volle Ladung Wasser ins Gesicht, als der Bengel den Fuß vom Schlauch nimmt. In diesem Moment ahnte Alice, daß der Kinematograph mehr war als die technische Kuriosität, als die ihr Chef und selbst Auguste und Louis Lumière ihn bewerteten. Doch auch ein anderer der Anwesenden spürte die Magie der bewegten Bilder: Georges Méliès, von Beruf Jahrmarktsgaukler. Der professionelle Illusionist fühlte sich plötzlich in ein Wunderland versetzt, in dem seine Phantasien lebendig werden durften, und er begann von einer anderen, bizarren Wirklichkeit zu träumen, in der die Zauberer und Hexen regierten. Bereits im nächsten Jahr konnte er in seinem Theater „Robert-Houdin" tatsächlich an die hundert Leinwandmärchen vorführen.

Alice aber schlug ihn um eine Nasenlänge. Als Gaumont seinen eigenen Filmapparat auf den Markt brachte, hatte sie endlich mit ihren Überredungskünsten Erfolg: Einige Wochen vor Méliès drehte Alice Guy im Frühjahr 1896 den mit hoher Wahrscheinlichkeit ersten Spielfilm der Welt: LA FÉE AUX CHOUX.

Als die Französin ihre Filmkarriere startete, nahm die erste preußische Abiturientin ihren Doktorgrad in Empfang, und in Wien löste Arthur Schnitzlers Theaterstück *Liebelei* einen gewaltigen Skandal aus. Darin rät Theodor seinem Freund Fritz: „Zum Erholen sind sie da. Darum bin ich auch immer gegen die sogenannten interessanten Weiber. Die Weiber haben nicht interesssant zu sein, sondern angenehm. Du mußt das Glück suchen, wo ich es bisher gesucht und gefunden habe, dort, wo es keine großen Szenen, keine Gefahren, keine tragischen Verwicklungen gibt, wo der Beginn keine besonderen Schwierigkeiten und das Ende keine Qualen hat, wo man lächelnd den ersten Kuß empfängt und mit sehr sanfter Rührung scheidet." Töricht und unbelehrt, wohlerzogen und ahnungslos wollte die Gesellschaft ihre jungen Mädchen sehen.

Diesem prüden Ideal aber entsprach Alice keineswegs, verkörperte jedoch auch nicht, was Theodor als „interessantes Weib" bezeichnet hätte: zur Femme fatale fehlte ihr wohl jede Begabung. Angenehm im Sinne des Schnitzlerschen Helden wird Alice ebenso nicht gewesen sein. Seit ihrem 17. Lebensjahr verdiente sie sich ihr Geld als Stenotypistin und hatte es schnell gelernt, aufdringliche Annäherungsversuche abzuwehren — ungeachtet jeglicher „sanften Rührung". Ihren Märchenprinzen hatte sie ja bereits gefunden: den Kinematographen. Und der verwöhnte sie mit so vielen Abenteuern und großen Szenen, Leidenschaften und tragischen Verwicklungen, wie sie nur wollte. Ob Alice Guy nun wirklich so schön aussah, wie ihre heutigen Bewunderer schwärmen, ist sehr fraglich. Fotos zeigen eine mittelgroße kräftige Frau mit dunklem, aufgestecktem Haar und einem breitflächigen Gesicht, in dem die klugen braunen Augen dominieren.

Doch Karrierefrau und Soufragette war Alice noch weniger; vielleicht kann man sie noch nicht einmal „emanzipiert" nennen. Ihren (Traum-)Beruf hat sie zufällig gefunden und ist dann aus Liebe zum Film Regisseurin geworden, nicht, weil sie partout unabhängig und frei sein wollte. Ohne innerlich zu rebellieren, schloß sich die 34jährige der allgemeinen Meinung an, daß es höchste Zeit zum Heiraten für sie wurde. Und als sie mit Herbert Blaché-Bolton einen Ehemann fand, kam es ihr völlig selbstverständlich vor, ihren Job aufzugeben. Die Direktorin von Gaumonts Filmproduktion trieb pflichtbewußt einen Nachfolger auf und zog brav mit ihrem Gatten nach Amerika, wo Herbert Blaché die Leitung von Gaumonts Überseefiliale in die Hände nahm. Alice Guy hatte sich entschlossen, in ihren beiden kleinen Kindern einen neuen Lebensmittelpunkt zu finden.

Obwohl sie sich tapfer bemühte, ihre Wünsche und Sehnsüchte in traditionelle, weibliche Bahnen zu lenken, obwohl die Vernunft ihr suggerierte, daß sie ihr Glück nur als Hausfrau und Mutter finden könnte, und obwohl ihre Regieambitionen nicht nur bei ihrem Mann auf heftiges Mißfallen stießen, erlag sie dann doch ihrer Leidenschaft. Alice ignorierte die Ablehnung ihrer Umgebung und verdrängte ihre eigenen Werte und Grundsätze; sie milderte ihren Konflikt, indem sie ihre Filmkarriere als ganz normale und die natürlichste Sache der Welt darstellte. 1914 schrieb sie in der *Moving Pictures World:* „Ich habe niemals verstanden, warum nicht weitaus mehr Frauen die wunderbare Möglichkeit, die ihnen die Filmkunst bot, ergriffen und ihren Weg zu Ruhm und Glück gemacht haben. Von allen Künsten gibt es sicher keine, in der die Frauen all die Talente einfließen lassen könnten, die zur Perfektion dieser Kunst notwendig sind und die ihnen viel mehr zu eigen sind als den Männern."

Die ehrliche Verwunderung der Alice Guy: Niemals verlor sie ein Wort darüber, daß ihre Regiekarriere in der damaligen Zeit eine Sensation bedeutete. Nicht eine Zeile widmete sie der Tatsache, daß man es ihr — so ein zeitgenössischer Kritiker — „als Frau verübelte, so viel Erfolg als Autorin, Regisseurin und Filmproduzentin zu haben". Selbst als Alices eigener „Weg zu Ruhm und Glück" abrupt gestoppt wurde, äußerte sie noch Erstaunen über die angebliche Distanz anderer Frauen zu der „neuen Kunst".

Die erste Filmregisseurin der Welt wurde nur gezwungenermaßen zur Revolutionärin, und ihr unfreiwilliges Rebellentum spiegelte sich stets in ihren Handlungen, niemals in einer Haltung. Die Film-Feministinnen dieser Tage könnten es sich sparen, in den wenigen verbliebenen Kopien der Frühwerke Alice Guys nach dem Phantom der „weiblichen Filmsprache" zu fahnden. Das Kino-Credo der Französin: Wenn der Zuschauer schon Geld für ein Billett ausgibt, hat er auch einen Anspruch darauf, unterhalten zu werden. Professionell, handwerklich sauber gemacht sollten die Streifen sein, spannend inszeniert und gewürzt mit Humor und Dramatik. Basta.

Obwohl sich Alice Guys Filme auch in Machart und Thematik nicht von denen ihrer Zeitgenossen unterscheiden, wird ihr Name erst seit kurzer Zeit zusammen mit anderen Leinwandpionieren genannt. Teils schrieben Filmhistoriker ihre frühen Filme irgendwelchen männlichen Regisseuren zu, teils ignorierten sie die Quellen, in denen Alices Werke rezensiert wurden. Wenn die erste Cinéastin in ihrer Autobiographie mit Klagen über Diskriminierung und Rückschläge auch sehr zurückhaltend war, schien sie diese filmhistorische Schludrigkeit dennoch verletzt zu haben. Besonders schmerzte es sie, daß Georges Sadoul 1955 in seiner *Histoire Générale du Cinéma* ihre sämtlichen Filme der Jahre 1897/98 anderen Regisseuren zugeordnet hatte: Fehler, die erst in der dritten Ausgabe von 1973 teilweise ausgemerzt wurden.

Nachdem Alice Guy 1920 zum letztenmal Regie geführt hatte, begann ihr Name zu verblassen. In ihrem Alltag spielte das Kino von nun an keine Rolle mehr, nur noch in ihren Erinnerungen. Alice versuchte sich als Kinderbuchautorin und als Übersetzerin, aber der Erfolg blieb aus. Von ihrem einstigen Märchenprinzen, dem Kinematographen, fühlte sie sich betrogen, und doch kam sie niemals wirklich los von ihm. Erst als dem Leiter der Cinémathèque Française das Gewissen schlug, fand sie einen kleinen Trost. Henri Langlois verhalf ihr zu einer Renaissance, nachdem ihn Alice Guys 1952 erschienenen Memoiren fasziniert hatten. Nach 38 filmlosen Jahren durfte sich die Pionierin das Kreuz der Ehrenlegion an die Brust heften.

Doch lange Zeit zuvor, mit dem Beginn der übermütigen *Roaring Twenties*, schien für Alice Guy das Leben vorbei zu sein. In ihrer Autobiographie handelt die Autorin die ihrer Karriere folgenden Jahre mit einer knappen Seite ab und schließt mit einem Roosevelt-Zitat: „Es ist hart, zu scheitern, aber es ist schlimmer, es niemals versucht zu haben." Nur zwischen den Zeilen schimmert der Vorwurf an eine Öffentlichkeit hindurch, die Alice Guys Verdienste unter den Teppich kehrte und den beiden Lumières, Méliès und Feuillade Anerkennung zollte.

Gerade in diesem Moment fühlte Alice etwas ganz Merkwürdiges, das sie

*sehr verwirrte, bis sie herausgefunden hatte, was es war. Sie fing an, grö-
ßer zu werden, und sie wollte erst aufstehen und aus dem Saal laufen, entschloß sich dann aber doch, zu bleiben, wo sie war, solange sie Platz hatte.
„Ich wünschte, daß du nicht so drücken würdest", sagte der Siebenschläfer, der neben ihr saß, „ich kann kaum atmen." „Ich kann nichts dazu",
sagte Alice sehr demütig, „ich wachse." „Du hast kein Recht, hier zu wach-
sen", sagte der Siebenschläfer. „Rede keinen Unsinn", sagte Alice, nun
sehr viel mutiger, „du weißt doch, daß du auch wächst." „Ja, aber mit einer vernünftigen Geschwindigkeit", sagte der Siebenschläfer, „und nicht
auf eine so lächerliche Weise."*

Lewis Carroll *(Alice im Wunderland)*

Auch für das Tempo, das die reale Alice nach LA FÉE AUX CHOUX an
den Tag legte, ist „vernünftig" nicht das richtige Wort, „atemberaubend" trifft da den Nagel auf den Kopf. Bis 1906 drehte die Regisseurin sämtliche Filme von Gaumonts blühender Produktionsgesellschaft,
die zusammen mit dem einzig ernstzunehmenden Konkurrenten dieser
Zeit, der Firma der Brüder Pathé, bald den französischen Filmmarkt
beherrschen sollte.

Nach Alices gelungenem Debüt tat Léon Gaumont einen entschlos-
senen Griff ins Portefeuille, damit seine Mitarbeiterin weitere ihrer
kleinen Geschichten erzählen konnte. Er ahnte, daß sich eine Investi-
tion in die kuriose Erfindung und das Talent der 23jährigen auszahlen
würde und richtete ihr in Belleville ein Studio ein. Gedreht wurde
meist auf der verglasten Terrasse des kleinen Pavillons an der Ruelle
des Sonneries. Die Bedingungen, unter denen das Gaumont-Team seine Mini-Streifen herunterkurbelte, wirken im Vergleich zu den technischen und organisatorischen Finessen von heute so antiquiert wie ein
Zeppelin neben der Concorde. Die Stative der Kameras bohrten sich
in die sumpfige Gartenerde, der Wind mähte hartnäckig die wackeli-
gen Dekors nieder und Alice Guy mußte Autorin, Regisseurin und
Darstellerin in einer Person spielen. Manchmal gelang es Alice, etwas
Zeit für Streifzüge durch die Pariser Cafés herauszuschinden. Sie suchte händeringend nach Schauspielern und spähte in den Bistros stets
nach friedlich dösenden Akrobaten aus, die sich zum Auftritt in ihren
Komödien und Märchen breitschlagen ließen.

Gerne zitierte die Regisseurin später den Filmpublizisten René Barjavel mit seinem Vergleich, der Stummfilm sei schön und unbeschwert
gewesen wie ein in der Sonne spielendes Kind. In ihren Memoiren erinnert auch sie sich etwas wehmütig an diese frühen Filme als „frische,
helle und klare Quelle, die fröhlich vor sich hinplätscherte".

„Es war wie im Märchen: Das Schiff schob sich behutsam und vorsich-

31

tig zwischen zwei Felsen. Jede Gletscherspalte brach das Sonnenlicht zu einem schillernden Funkenregen, und meine kindliche Phantasie bevölkerte jede Höhle, jeden versteinerten Wasserfall mit Feen und fremdartigen Tieren. Ich war vollkommen sicher, abends im Mondschein Eisbären gesehen zu haben, die unsere Durchfahrt bewachten. Meine Mutter behauptete zwar, daß es keine Feen und Eisbären gebe, aber noch heute bin ich mir dessen nicht sicher, und im Traum habe ich sie oft wiedergesehen": In ihrem Buch läßt Alice den unvergessenen Zauber ihrer ersten Schiffsreise als kleines Mädchen wieder lebendig werden.

Auf den ersten Blick konnte man Alice für spröde, kühl und reserviert halten, doch in ihrem Kopf brannte stets ein Feuer der Phantasie, das auch ihre Filme inspirierte. Ihr Ideenreichtum und ihre Sehnsucht nach fremden Welten sind wohl eine Frucht der buntbewegten Kindheit in Chile, Frankreich und der Schweiz. Diese Neugierde und der Hang zum Zigeunerleben sollten sie nie wieder loslassen.

Beinahe wäre Alice als Chilenin zur Welt gekommen. Doch ihre Mutter, die seit 1851 in Valparaiso mit dem gutsituierten Buchhändler Émile Guy verheiratet war, hatte es sich in den Kopf gesetzt, ihrem fünften Kind die französische Staatsbürgerschaft zu verschaffen; sieben Wochen lang segelte sie von Chile aus in ihre Heimatstadt Paris, wo ihre Tochter am 1. Juli 1873 geboren wurde. Die ersten Lebensjahre verbrachte Alice bei ihrer Großmutter in Genf, bis sie dann auf die elterliche Hacienda zurückkehrte. Die Schiffsreise, voller Abenteuer und phantastischer Ereignisse, erschienen der Vierjährigen wie ein Märchen. Auch ihr neues chilenisches Zuhause fand sie exotisch und aufregend. Zwei Jahre später mußte die Familie Guy Chile verlassen, und nur unter Tränen willigte Alice ein, in Frankreich zur Klosterschule zu gehen.

Als ihr Vater starb, fand Alice Guys behütete Kindheit ein Ende. Sie zog nach Paris, erlernte Stenografie und fand einen Job in einer Lackfabrik. Allein unter zwölf Männern, warf sie ziemlich schnell ihre mädchenhafte Schüchternheit über Bord und verwandelte sich in eine zielbewußte, energische junge Frau. Drei Jahre danach bekam sie ihre große Chance: Das Comptoir général de Photographie suchte eine Sekretärin. Die Schlagfertigkeit, die Alice sich in der Lackfabrik zugelegt hatte, zahlt sich nun aus, denn dem Prokuristen Léon Gaumont erschien die 21jährige ganz entschieden zu jung.

„Monsieur", bat Alice flehentlich, „das wird vorbeigehen."

Gaumont lächelte amüsiert. „Ja, da ist wohl wahr, das wird vorbeigehen. Also gut, versuchen wir es!"

Das Handwerk wurde zur Industrie: Gaumont und Pathé machten den

Alice Guy um 1918

Film zu *der* populären Unterhaltung für die Massen. Bald gehörte Léon Gaumont das damals größte Filmproduktionszentrum Europas, und er ernannte seine einstige Sekretärin zur Direktorin. Erst im Jahre 1905 leistete sich die Gaumont-Gesellschaft zwei Regieassistenten: Alices ehemalige Pathé-Rivalen Ferdinand Zecca und Victorin Jasset. Als Drehbuchautor engagierte die Direktorin Louis Feuillade, den späteren Regisseur der FANTÔMAS-Serie.

Inzwischen waren die Filme länger geworden und die Themen anspruchsvoller; mit den naiven kleinen Dramen der Anfangszeit hatten sie nur noch den Namen gemein. Die Filme ESMERALDA nach Victor Hugos *Notre Dame de Paris* (Der Glöckner von Notre Dame) und LA VIE DU CHRIST aus den Jahren 1905 und 1906 gelten heute als Alice Guys Meisterwerke, doch beide wurden lange Zeit ihrem Assistenten Jasset zugeschrieben. Wenige Monate später brachte Gaumont sein *Chronophone* auf den Markt, einen Urahnen des Tonfilms. Dieser Sprechfilmapparat mit Nadelton hatte bereits auf der Weltausstellung 1900 im amerikanischen St. Louis Furore gemacht. Kurz nach Georges Méliès begann Alice mit der Produktion der sogenannten *films parlants* und drehte mehr als hundert Opern- und Tanzfilme mit berühmten Pariser Künstlern.

Bald zeigte auch der Autor Feuillade Regieambitionen, und zusammen mit Alice verfilmte er in Südfrankreich Frédéric Mistrals Roman *Mireille*. Die Wertschätzung, die Alice Guy für Feuillade empfand, beruhte auf Gegenseitigkeit. In einem Rückblick auf seine Anfänge beim Film fand der als Regisseur berühmt gewordene Kollege lobende Worte für seine frühere Chefin: „Seit dem ersten Zusammentreffen erschien mir diese künstlerische Frau als ein fortschrittliches Geschöpf, sehr intelligent und voller Verständnis für den Film, wie er sich in dieser Zeit darstellte." Verständnis hatte Alice wohl auch für den Ehrgeiz des ungeduldigen jungen Mannes gehegt, denn ihn schlug sie als Nachfolger für ihren Direktorenposten vor, noch bevor Gaumont einen Regisseur von Pathé engagieren konnte.

Alice Guy wollte heiraten. Kurz nachdem sie für die Dreharbeiten zu MIREILLE in Les-Saintes-Maries-de-la-Mer ihr Team zusammengetrommelt hatte, begann ihr Herz für den neuen Kameramann zu schlagen. Herbert Blaché absolvierte in Paris ein Praktikum, nachdem er lange für den englischen Filmproduzenten Colonel Bromhead gearbeitet hatte. An Weihnachten 1906 verlobten sich die Mademoiselle und der Gentleman. Ein wenig traurig nahm Alice Abschied von der magischen Welt des Films, um die prosaischen Pflichten der Hausfrau und Mutter zu erfüllen. Doch überraschend öffnete sich ihr eine neue Wunderwelt: Amerika. Gaumont hatte Blaché die Leitung seiner neuen US-Filiale angetragen.

✳

„Die Überfahrt war schauerlich. Eine entsetzliche Seekrankheit verdarb mir die Reise, was für meinen Mann wie mich beklagenswert war. Morgens um vier kamen wir in New York an. Der Anblick der Freiheitsstatue und der im dichten Nebel versunkenen Wolkenkratzer konnte meine Wehmut nicht vertreiben. Ich sah alles nur durch einen Tränenschleier hindurch. Um mich herum vernahm ich enthusiastische Ausrufe in einer fremden Sprache, von der ich kein Wort verstand": In ihren Memoiren malt Alice ein lebendiges Bild der Greuel ihrer Hochzeitsreise.

Ihre erste Überfahrt als Kind hatte sie genossen — sie bot sich ihr dar als Aufbruch in ein Land voller Abenteuer. 20 Jahre später trauerte sie um das, was sie zurückließ, und fürchtete sich vor dem Unbekannten, das sie erwartete. Das Chaos New Yorks verwirrte sie, und ihre europäische Distanz und Damenhaftigkeit kontrastierten scharf mit der Unbekümmertheit der Neuen Welt. Aber ihre Pioniermentalität bewältigte auch die Widrigkeiten des American way of life, und schon bald fühlte sich sich heimisch in Flushing auf Long Island, wo Herbert Blaché mit dem Aufbau der amerikanischen Niederlassung Gaumonts begann. Kurz darauf bekam Alice Guy ein Baby.

Doch gerade drei Jahre lang konnte die kleine Simone die Unternehmungslust ihrer filmverrückten Mutter bändigen. Nach außen hin spielte Alice die begeisterte Hausfrau, während sie innerlich unter dem täglichen öden Einerlei litt. Daß ihr Mann mit der Filiale gute Fortschritte machte, fand sie zwar sehr schön; viel lieber aber hätte sie selber mit zugepackt, als zu den Erfolgsmeldungen Herbert Blachés bewundernd zu lächeln. 1910 entschloß sich Alice Guy zu einem außergewöhnlichen Schritt: Gegen den anfänglichen Widerstand ihres Mannes mietete sie ein Studio und gründete die unabhängige Filmproduktion Solax. Ihren Credits als Regisseurin und Autorin fügte sie nun auch noch das Etikett der ersten weiblichen Produzentin hinzu.

Bis 1914 produzierte die Solax über 300 Filme, von denen Alice bei etwa 40 selber Regie führte. Gleich der erste Film — das Melodram A CHILD'S SACRIFICE — ließ die Kassen der kleinen Firma klingeln. Mit den *Chronophone*-Streifen MIGNON und FRA DIAVOLO setzte die Regisseurin ihre Experimente mit Nadelton auch in Amerika erfolgreich fort. Insbesondere durch Abenteuerfilme machte sich die Solax schnell einen guten Namen; mit THE MILLION DOLLAR ROBBERY, THE ROGUES OF PARIS und THE SEWER traf die Französin haargenau den Geschmack des US-Publikums. Die Kritiken waren durch die Bank gut, geradezu euphorisch reagierten die Rezensenten auf das Melodram THE VIOLINMAKER OF NUREMBERG: „Eine Geschichte von zarter Empfindsamkeit — die schlichte, gefühlsbetonte Handlung entwickelt sich, ohne jemals ins Banale abzugleiten. Sie fesselt gleichermaßen durch ihren künstlerischen Reiz wie durch Erhabenheit und Würde." *(The Moving Pictures*

World) Doch nicht nur die Thriller und Dramen von Alice Guy erregten Aufsehen; die filmedrehende Madame selber galt als Sensation, und die Presse riß sich um Interviews mit ihr.

Die Entwicklung der amerikanischen Filmindustrie ging mit Riesenschritten voran — nicht zuletzt wegen des erbitterten Konkurrenzkampfes der zahllosen Produzenten. Im Januar 1909 hatten sich die sieben führenden Filmapparat-Fabrikanten zu einem Kartell zusammengeschlossen, um die Herstellung von Filmen zu monopolisieren. Den Leuten der Motion Picture Patents Company (MPPC) war jedes Mittel recht, um die „Independents" auszurotten; sie hetzten den unabhängigen Firmen Killer auf den Hals und ballerten mit Revolvern Löcher in deren Kameras.

Die Solax blieb zwar von diesen Wildwestmethoden verschont, aber auf die Bilanzen der jungen Firma hatten die Einschüchterungsmethoden des Trusts alles andere als einen fördernden Einfluß. Um ihre Filme weiterhin vertreiben zu können und nicht wie so viele andere kleine Produktionsgesellschaften plötzlich vom Tisch gewischt zu werden, beteiligte sich die Solax an der Gründung der Film Supply Company — einer Verleihgesellschaft für die Produktionen der Unabhängigen. Vier Jahre später, als die Macht des Trusts schon faktisch gebrochen war, löste das Ehepaar die Solax auf und gründete die Blaché Features. Der Vertrag von Herbert Blaché mit Gaumont war abgelaufen, und Alices Mann nutzte die Chance, ins florierende Unternehmen seiner Gattin einzusteigen. Die Ex-Solax-Präsidentin „überließ meinem Mann die Zügel mit Freuden", um wieder ausschließlich Regie zu führen. In dem einen Jahr ihres Bestehens produzierte Blaché Features 14 Filme, von denen zwölf von Alice Guy realisiert wurden.

Die Geschäftspolitik Herbert Blachés war nicht allzu glücklich: 1914 infizierte er sich nach dem Vorbild Pathés mit dem Film d'Art-Virus. Wie auch die französischen Kunstfilm-Fans schwärmte Alices Mann von vorgeblich „anspruchsvollen" Verfilmungen von Theaterstücken; Alice aber blieb ihren brisanten Abenteuerdramen treu. Private Probleme belasteten die Zusammenarbeit der Blachés zusätzlich, und so führte Alice nur noch bei drei Filmen der Firma ihres Mannes Regie. Hauptsächlich arbeitete sie nun für die New Yorker Produktionsgesellschaft Popular Plays and Players. Über THE ADVENTURER, einen dieser Streifen aus dem Jahre 1917, bemerkte ein Rezensent: „Ich habe noch keinen Film von Alice Guy gesehen, der nicht ehrlich und mit großem künstlerischen Können realisiert worden wäre, und THE ADVENTURER, einer ihrer jüngsten Produktionen, bildet keine Ausnahme."

Die 1916 gegründete US Amusement Company Herbert Blachés konnte sich genauso wenig halten wie zuvor Blaché Features: Mit seinem Spleen vom Kunstfilm und abenteuerlichen Börsenspekulationen hatte Alices Mann beide Firmen heruntergewirtschaftet. Es war ihm außerdem total entgangen, daß für die Unabhängigen die Ostküste längst nicht mehr das richtige Pflaster war. Der Schwerpunkt der Filmproduktion hatte sich nach Westen verlagert. Reihenweise waren die MPPC-Gegner auf dem Höhepunkt des Kartellkampfes nach Kalifornien geflüchtet. Dort fühlten sie sich einigermaßen sicher vor den Killerkommandos des Kartells, Grund und Boden wurden zu Spottpreisen verscherbelt, und vor allem schien zwölf Stunden am Tag die Sonne.

Während Herbert Blaché sich noch freute, daß das Kartell die Waffen strecken mußte, begann sich in einem Vorort von Los Angeles die neue filmische Macht zusammenzuballen: Hollywood wurde zunächst zum Mekka der „Independents" und dann zum Weltzentrum des Films. Die einst kleinen, unabhängigen Produzenten und Trust-Brecher William Fox, Carl Laemmle, Lewis J. Selznick und Jack L. Warner wuchsen zu Kinomogulen, die bald die Industrie beherrschten. Als Alices Mann einsah, daß seine Firma ruiniert war, zog auch er nach Hollywood, um dort als Regisseur bei den Giganten zu arbeiten. Alice Guy entschloß sich zunächst, an der Ostküste zu bleiben. Die wirtschaftliche Krise war ihrer Ehe nicht allzu gut bekommen, und beiden Partnern erschien eine zeitweilige Trennung als rettende Idee. Doch nach ihren beiden ersten Flops TARNISHED REPUTATIONS und THE GREAT ADVENTURE konnte Alice Guy im Filmbusiness kein Bein mehr auf den Boden bekommen.

In Hollywood hatte auch Alice einen neuen Anfang wagen wollen und zunächst ihrem Mann bei seiner Regiearbeit assistiert, um dann selber wieder Filme zu drehen. Doch alles, was sie dort vorfand, waren die Scherben einer heillos zerrütteten Ehe. Nicht nur der Traum vom Film, auch der von der Liebe war ausgeträumt. Desillusioniert kehrte Alice nach Frankreich zurück und zog dann acht Jahre später mit ihrer Tochter Simone nach Brüssel. Erst in den sechziger Jahren sah Alice die USA wieder, als Simone Guy einen Sekretärinnenjob in Washington annahm. Am 24. März 1968 starb Alice Guy in der amerikanischen Hauptstadt im Alter von 94 Jahren.

Das Ende eines Zigeunerlebens: Was war es doch noch, das Theodor an den „interessanten Weibern" nicht mochte? Große Szenen, tragische Verwicklungen, Gefahren... Alice hatte das Leben in seiner ganzen Fülle kennengelernt und auf die Leinwand gebracht.

✳

„Wer bist du?" sagte die Raupe. Das war keine ermutigende Einleitung zu einem Gespräch. Ziemlich schüchtern erwiderte Alice: „Ich... ich weiß es im Augenblick selber kaum, mein Herr..., ich wußte zwar, wer ich war, als ich heute morgen aufstand, aber inzwischen muß ich mehrmals verwandelt worden sein." „Was meinst du damit?" sagte die Raupe unwirsch.

„Drück dich klarer aus!" „Ich kann mich leider nicht ausdrücken, mein Herr", sagte Alice. „Ich bin nämlich nicht gar nicht ich, verstehen Sie?" „Ich verstehe nicht", sagte die Raupe. „Nun, vielleicht haben sie das noch nicht selbst erfahren", sagte Alice, „aber wenn Sie sich in eine Puppe verwandeln müssen — das werden Sie nämlich eines Tages —, und danach in einen Schmetterling, dann werden Sie sich wohl auch ein bißchen komisch vorkommen, oder?" „Nicht im mindesten", sagte die Raupe. „Nun ja, vielleicht empfinden Sie das anders", sagte Alice. „Ich weiß nur, daß ich mir dabei sehr komisch vorkommen würde." „Du", sagte die Raupe verächtlich. „Wer bist denn du?" Womit sie wieder beim Beginn ihres Gespräches waren.

(Alice im Wunderland)

Solche verwirrenden Fragen hätten Alice Guy wohl genauso in Verlegenheit gebracht wie ihre fiktive Namensschwester, denn: Wer war sie eigentlich? Vielleicht doch ein „interessantes Weib" mit resolutem Griff nach dem Leben? Oder nur ein kleines Mädchen, daß mit großen Augen durch immer neue Wunderländer stolperte?

„Eine leidenschaftliche und hochherzige Frau mit ganz ungewöhnlicher Tatkraft und Lebensfreude", antwortete ihre Tochter. „Wenn ich heute an sie denke, empfinde ich genau wie damals tiefe Zuneigung und Respekt für sie", schrieb ihre Lieblingsschauspielerin Olga Petrowa. Alice Guys Filme können keine Auskunft mehr über ihre Regisseurin geben, allzu viele sind irgendwo verschwunden. Und in ihren Memoiren verschweigt Alice alles Persönliche und schwärmt nur von ihrer geliebten Arbeit.

Man täte ihr wohl unrecht, legte man Alice Guy auf einen einzigen Charakter fest. Zu unruhig war dazu ihr Leben, zu unterschiedlich ihre Wünsche und Sehnsüchte. Sicher aber ist, daß sie neugierig und offen war, bereit, sich auf Risiken einzulassen, zu staunen, sich zu begeistern und zu empören — kurzum: sich ständig zu verwandeln. Und das ist vielleicht das Beste, was man über einen Regisseur sagen kann.

UvS

Filmographie Alice Guy:

Alice Guy hat Hunderte von Filmen gedreht, hier liegt eine kleine Auswahl vor. Die Filme ab 1910 wurden in den USA produziert. Bei nicht gesicherten Daten wurde der Entstehungszeitraum angegeben.

La Fée aux choux, 1896. *Les Fredaines de Pierrette*, 1897—1906. *J'ai un hanneton dans mon pantalon!*, 1897—1906. *La Fève enchantée*, 1997—1906. *Charmant frou-frou*, 1897—1906. *Démenagement à la cloche de bois*, 1897—1906. *Lui*, 1897—1906. *Le Fiancé ensorcelé*, 1897—1906. *Minuit*, 1897—1906. *Le Noël de Pierrot*, 1897—1906. *La Legende de Saint-Nicolas*, 1897—1906. *Faust et Mephisto*, 1897—1906. *La Voiture cellulaire*, 1897—1906. *Ballet de singes*, 1897—1906. *Le Baptême de la poupée*, 1904. *Les Petits coupeurs de Bois Vert*, 1904. *La Crinoline*, 1905. *Une Noce au lac Saint-Fargeau*, 1905. *Esmeralda*, 1905. *Le Vie du Christ*, 1906. *La Fée printemps*, 1906. *Descente dans les mines à Fumay*, 1906, Co-Regie: Victorin Jasset. *Rêves d'un fumeur d'opium*, 1906, Co-Regie: Jasset. *Le Cake-walk de la pendule*, 1906. *La Messe de Minuit*, 1906. *Mireille*, 1906, Co-Regie: Louis Feuillade. *Carmen*, 1906—1907. *Manon*, 1906—1907. *Mignon*, 1906—1907. *Le Couteau*, 1906—1907. *Les Ballets de l'opera*, 1906—1907. *Fanfan la tulipe*, 1906—1907. *La Vivandièce*, 1906—1907. *Les Dragons de villars*, 1906—1907. *Madame Angot*, 1906—1907. *Les Cloches de Corneville*, 1906—1907. *A Child's Sacrifice*, 1910. *Falling Leaves*, 1910. *The Violinmaker of Nuremberg*, 1911. *Mignon*, 1912. *Hotel Honeymoon*, 1912. *The Million Dollar Robbery*, 1912. *The Sewer*, 1912. *Mickey's Pal*, 1912. *The Yellow Traffic*, 1912, Co-Regie: Herbert Blaché. *The Rogues of Paris*, 1912. *The Beasts of the Jungle*, 1912. *Fra Diavolo*, 1912. *Kelly From the Emerald Isle*, 1913. *The Pit and the Pendulum*, 1913. *Dick Whittington and His Cat*, 1913. *The Shadows of the Moulin Rouge*, 1913. *The Ragged Earl*, 1914—1917. *House of Cards*, 1914—1917. *What Will People Say?*, 1914—1917. *My Madonna*, 1914—1917. *The Sea Wolf*, 1914—1917. *The Adventurer*, 1917. *The Empress*, 1917. *A Man and the Woman*, 1917. *The Great Adventure*, 1918. *Tarnished Reputations*, 1920.

Alla Nazimova in CAMILLE (1921)

Die maßlose Künstlerin
Alla Nazimova

Flaubert bekannte einmal, für ihn sei das Leben immer nur Mittel zur Kunst gewesen. Mit einiger Berechtigung hätte ebenso Alla Nazimova dies von sich behaupten können — gleichzeitig aber auch, daß die Kunst für sie stets Lebens-Mittel war. Gewiß, sie genoß ihr Leben in vollen Zügen, zumal in den „wilden Zwanzigern", als sich tout Hollywood einer ziemlich ungeziemenden Hemmungs- und Maßlosigkeit hingab. Aber bei all ihren Ausschweifungen und ihrer Verschwendungssucht, die selbst in der einiges gewohnten Filmmetropole noch zu Legenden Anlaß boten, wandte sie sich doch nie ab von ihrer wahren Leidenschaft — der Kunst.

Mit der gleichen planvollen Maßlosigkeit, mit der sie sich ihren Vergnügungen hingab und ihre sexuellen Freiheiten reklamierte, widmete sie sich auch ihrer künstlerischen Profession, und das war für sie in erster Linie Theaterschauspiel. Erst 1916 gab sie, als längst gefeierte Broadway-Künstlerin, endlich dem Drängen der Regisseure und Produzenten nach und trat in einem Film auf. Sie mußte wohl geahnt haben, daß sie ihre einzigartige Position, die sie zu Beginn des 20. Jahrhunderts im amerikanischen Theater innehielt und die nur mit der von Eleonora Duse in Europa zu vergleichen war, im Film nie würde erreichen können. Um es dennoch zu versuchen, trat sie ein in die Fabrik der Kinoträume.

Knapp vier Jahre und das Doppelte an Filmen später, etwa ab 1920, wurde sie immer unzufriedener mit dem, was sie dort tat — mit den gefeierten, ihr selbst aber unbedeutend vorkommenden Streifen, in denen sie dem Massenpublikum huldigte. Sie begann, allmählich zunächst, doch dann unübersehbar, sich von ihrem bis dahin gepflegten naturalistischen Darstellungsstil abzukehren. Ihre Filme wirkten nun stilisierter, und die Frauenfiguren, die sie auf die Leinwand brachte, wurden immer jünger, ja geradezu kindlich. Ihre Anhänger, insbesondere die Frauen unter ihnen, die in ihr — im Film wie auch auf der Bühne — stets ein Symbol der unabhängigen neuen Frau gesehen hatten, waren enttäuscht über ihren fast den Spuren der viktorianischen Unschuld Mary Pickford folgenden Jugendlichkeitswahn. Gerade die Frauen wollten sie in Rollen sehen, in die sie sich hineinzuträumen vermochten: als Dame von Welt, den Männern überlegen und mit einer geheimnisvollen Aura umgeben. Nicht aber als Verkörperung des naiven Frauenbildes, das sie selbst soeben überwunden hatten. Nazimovas Wunschtraum jedoch waren Filme, die wirkliche Kunst bedeuteten; Filme, die sich von der Masse der Unterhaltungsstreifen unterscheiden und sie selbst zur unsterblichen Filmkünstlerin erheben sollten.

Ihre Wahl eines dazu geeignetes Stoffes fiel auf eine an Effekten und leidenschaftlichen Gefühlen reiche Liebesgeschichte, die in der zweiten Hälfte des 19. Jahrhunderts zu den populärsten Theaterstükken zählte und auch als Sittenroman sich großer Beliebtheit erfreute: *La Dame aux camélias* von Alexandre Dumas dem Sohn. Daß diese *Kameliendame* bereits ein paarmal für das Kino ausgeschlachtet worden war, mit Stars in der Titelrolle wie Sarah Bernhardt, Clara Kimball Young, Francesca Bertini, Theda Bara und Erna Morena (bis heute zählt man mindestens 22 Verfilmungen), schreckte sie keineswegs. Sie sah darin eine Herausforderung. Sie wollte alles ganz anders machen: Ihre Freundin Natacha Rambova gestaltete ein bizarres, hypermodernes Bühnenbild, entwickelte einen einheitlichen Stil, dem alles unterworfen wurde — vom Bildhintergrund über Dekor, Kostüm, Frisur und Make-up bis hin zu den theatralischen Gesten der Darsteller. Doch sie tat des Guten zuviel; anstelle einer filmischen Abfolge miteinander verknüpfter Einstellungen und Szenen entstanden nur aneinandergereihte statische Tableaux. Jedes für sich war zwar wunderschön anzusehen, ganz besonders die der Kameliendame zusammen mit ihrem von Rudolph Valentino dargestellten Armand, aber das Ergebnis kam einem Fotoroman näher als einem Film.

Wie ihre vorangegangenen Werke entstand auch CAMILLE bei Metro, und als künstlerisches Experiment hatte er gewiß seine Daseinsberechtigung, nur erreichte er die Zuschauer so gut wie nicht. Man drückte der Nazimova nun das schnöde Etikett „Kassengift" auf, da auch ihre vorangegangenen Filme ihre Kosten nur mühsam wieder eingespielt hatten, und Metro war es mehr als recht, daß die Nazimova ihren Vertrag mit dem Studio nicht zu verlängern gedachte. Statt dessen drohte sie in der Presse ein neues Kunstwerk an, für das sie selbst das Drehbuch verfassen und die finanziellen Mittel aufbringen wollte. Das Projekt sollte die Leinwandfassung eines ihrer größten Theatererfolge sein, Ibsens Emanzipationsstück *Nora oder Ein Puppenheim*. Als Regisseur dieses A DOLL'S HOUSE von 1922 zeichnete offiziell Nazimovas Mann Charles Bryant verantwortlich, in Wahrheit aber hatte, wie Zeitgenossen bald herausfanden, einzig die Nazimova das Sagen — mit Einflüsterungen der Rambova allerdings. In der erneuten Zusammenarbeit der beiden Frauen entstand der wohl beste Film der Nazimova, die darin, verglichen mit CAMILLE, ihre Manierismen deutlich gebremst hatte — eine Folge wohl ihrer langjährigen realistischen Bühnendarstellung der Nora Helmer. Auch die Kritik war erneut voll des Lobes und gab der Hoffnung Ausdruck, die Nazimova würde sich in Zukunft von ihrem outrierenden Stil noch weiter abkehren.

Dies aber erfüllte sich keineswegs. Im folgenden Jahr erblickte eine überaus stilisierte SALOME nach Oscar Wildes Einakter das Licht der Kinowelt, dessen Drehbuch Alla Nazimova unter ihrem Nom de plume

Peter M. Winters selbst gefertigt hatte. Der eigentliche Schöpfer des Films aber war die Rambova, die sich dabei nach Herzenslust im Jugendstil Aubrey Beardsleys austoben durfte. Die mit aufwendigem Liliendekor gestalteten Bauten und Kostüme verschlangen Unsummen, die die Nazimova allein aufbringen mußte, da sich in Hollywood kein Produzent finden ließ, der auch nur einen Nickel auf den Erfolg des Films gesetzt hätte.

Gewaltiges Aufsehen erregte das Gerücht, die Nazimova habe — gewissermaßen als Hommage an Wildes Neigungen — ausschließlich schwule Schauspieler verpflichtet. Leider war das Publikum dann doch nicht neugierig genug, sich den Film auch anzusehen. Mit den richtigen feinsinnigen und kunstbesessenen Zuschauern hätte daraus ein Kultfilm werden können, so aber erntete er überwiegend Schmähung. Auch begann man sich in Hollywood Gedanken zu machen, ob man die sexuelle Exzentrität der Nazimova, die ja nun für die Produzenten nicht mehr der Goldesel von früher war, noch länger hinnehmen könne. Die Antwort der Heuchler und selbstgerechten Moralapostel mußte natürlich „nein" lauten. Toleranz und Freiheiten waren den Erfolgreichen vorbehalten.

War SALOME künstlerisch ein Flop, so war er finanziell geradezu ein Fiasko. Er besiegelte nicht nur das Aus für Alla Nazimovas Karriere als Hollywood-Star, er hatte sie auch noch um sämtliche Ersparnisse gebracht. Sie war am Ende. Zwar bot ihr der Regisseur Edwin Carewe 1924 in MADONNA OF THE STREETS eine altersgemäße, beinahe negative Charakterrolle, doch Starglamour fiel nicht dabei ab. Dies war kaum anders bei dem darauffolgenden THE REDEEMING SIN, in dem die Nazimova eine Frau der Pariser Unterwelt verkörperte. Für beide Filme wurde sie, gemessen daran, wie tief ihr Stern gesunken war, zwar noch fürstlich bezahlt, aber die Zwangspausen zwischen den einzelnen Filmen hatten sich beträchtlich vergrößert — verglichen mit ihrer Hoch-Zeit bei Metro, als sie in drei, vier Streifen pro Jahr auftrat.

Wieder unter der Regie von Carewe stellte sie 1925 in MY SON eine portugiesische Fischersfrau mittleren Alters dar und erhielt damit eine Rolle, die sie noch weiter in Richtung Charakterdarstellerin hätte führen können. Ähnliche Angebote schlug die Nazimova danach jedoch aus und kehrte lieber zur Bühne nach New York zurück — dorthin, wo sie einst angefangen und ihre größten Triumphe gefeiert hatte.

∗

Es war zu Beginn des Jahres 1905, als Alla Nazimova und ihr damaliger Ehemann mit einem Schiff aus London in New York eintrafen. Zu diesem Zeitpunkt war sie 25 Jahre alt und voll gespannter Erwartung auf die Neue Welt, und der Weg, der bereits hinter ihr lag, war beträchtlich: Am 4. Juni 1879 hatte sie in Jalta, an der Südspitze der

Alla Nazimova in SALOME (1923)

Krim, das Licht der Welt erblickte. Ihr Vater Jakov Leventon war ein wohlhabender Apotheker jüdischen Glaubens und stammte von spanischen Vorfahren ab, die einst Lavendera geheißen hatten, was soviel wie „Wäscherin" bedeutet. Sie wurde als jüngstes von drei Kindern geboren und erhielt den Namen Adelaide Orleney Leventon. Ihr Bruder Wolodja war später Auslandskorrespondent in Berlin, ihre Schwester Nina studierte in Dresden Gesang und Klavier und folgte der Nazimova 1909 nach Amerika. Dort amerikanisierte sie ihren Nachnamen zu Lewton, arbeitete sich zur Leiterin des Story Departments von Metro hoch und wurde die Mutter des späteren Horrorfilmproduzenten Val Lewton.

Im Alter von sechs Jahren kam Adelaide, genannt Allah, in ein katholisches Internat in Montreux, in dem sie sechs Jahre blieb. Zurück in ihrer Geburtsstadt, trat sie ins Philharmonische Musikkonservatorium ein, wo sie im Hauptfach Geige belegte und auch von Tschaikowsky und Rimski-Korsakow unterrichtet worden sein soll. Nach dem Tod ihres Vaters wechselte sie über zur Moskauer Schauspielakademie. Dort erhielt sie nach ihrem dreijährigen Studium eine Goldmedaille, mit der jeweils nur einer unter Tausenden von Eleven ausgezeichnet wurde. Ihre Abschlußrolle stammte aus Ibsens *Klein Eyolf* und verschaffte ihr die Möglichkeit, ein weiteres Studienjahr am Moskauer Künstlertheater zu verbringen, wo sie mit den Methoden Konstantin S. Stanislavskijs vertraut wurde. Die Nazimova konnte somit später als erste Schauspielerin Stanislavskijs psychologischen Realismus nach Amerika tragen, wo die Lehren des Meisters begeistert aufgenommen wurden.

Anstatt aber am Künstlertheater sich allmählich zu den bedeutenderen Rollen hochzudienen, setzte sie darauf, an einer Provinzbühne rasch Karriere zu machen. Sie wurde gefeierte Hauptdarstellerin verschiedener Provinztheater, brillierte, gelegentlich auch mit ihren beachtlichen tänzerischen Fähigkeiten, in über 200 Stücken und konnte sich bis 1903 auch in die russische Hauptstadt Sankt Petersburg emporspielen, wo sie führende Darstellerin am Nemetti-Theater wurde. Dies zählte allerdings nicht zur obersten Kategorie, dort aber lernte sie einen Kollegen namens Paul Orleneff kennen, der ihr wie ihr eigenes Spiegelbild vorgekommen sein muß. Beide waren sie von ähnlich kleiner Statur, hatten das gleiche unbändige Temperament und die gleiche künstlerische Besessenheit, mit der sie an jeder Rolle so lange herumfeilten, bis sie ihren hohen Ansprüchen genügte. Es dauerte nicht lange, und die beiden waren verheiratet.

Orleneff durfte wegen eines Erlasses der Zensurbehörde, die von den ersten revolutionären Regungen gegen das zaristische Regime beunruhigt war, ein Stück über die zionistische Bewegung nicht aufführen und entschloß sich, es im Ausland herauszubringen. Er und die

Nazimova reisten mit einer Truppe von Schauspielern 1904 nach Berlin und London, wo sie das Stück, in russischer Sprache, auf die Bühne stellten. Obwohl der Zulauf nicht allzu groß gewesen sein dürfte, wollten sie nun auch die Amerikaner mit der Inszenierung beglücken: Sie schifften sich nach Amerika ein.

Im Frühjahr 1905 hatte das Schauspiel in New York Premiere. Zunächst interessierten sich nur jüdisch-russische Emigranten für die Aufführungen, bald aber hatte sich die Kunde vom naturalistischen Spiel der Hauptdarstellerin, die damals als Mme. Nasimoff oder Nasimov annonciert wurde, in Theaterkreisen wie ein Lauffeuer verbreitet. Ermutigt von dem Zuspruch des Publikums, gründeten die beiden Theaterenthusiasten „Oreneff's Russian Lyceum", das sich Stanislavskijs Methoden verpflichtet fühlte und Stücke moderner europäischer Autoren wie Ibsen, Strindberg, Hauptmann, Gorki, Tschechow und Dostojewski auf den Spielplan setzte. Die Reputation der Nazimova, der man schon bald den Vergleich mit der Duse wie einen Theaterorden umhängte, überstieg bei weitem die ihres Mannes und wirkte wie ein Keil auf die künstlerische und private Beziehung der beiden. Orleneff entschied sich, in seine Heimat zurückzukehren, die Nazimova aber blieb und machte sich daran, den Broadway zu erobern.

Der Theaterproduzent Lee Shubert bot ihr die Möglichkkeit, bei ihm, in einem Stück ihrer Wahl, ihren ersten englischsprachigen Auftritt zu absolvieren und sich somit auch dem einheimischen Publikum zu stellen. Sie akzeptierte sofort und engagierte als Englischlehrerin die ehemalige Schauspielerin Caroline Barthelmess. Bei den täglichen Unterrichtsstunden war stets der neunjährige Richard, der Sohn von Mrs. Barthelmess, zugegen, dem die Nazimova ein Jahrzehnt später in ihrem Erstlingsfilm eine Rolle verschaffte. Auch danach förderte sie Richard Barthelmess' Karriere, der später zum Star aufstieg.

Fünf Monate genügten der sprachbegabten Nazimova, bis sie allein durch die tägliche Konversation das Amerikanische soweit beherrschte, daß sie Ende 1906 mit Ibsens *Hedda Gabler* debütieren konnte. Shubert ließ sie nun in Großbuchstaben und ohne Vornamen nur als NAZIMOVA ankündigen, und in kürzester Zeit wurde sie zum Idol der Theatergänger. Ihre an Stanislavskij geschulte realistische Darstellungsweise feierte man als Theaterrevolution, und sie konnte mit weiteren Ibsen-Werken und mit anderen Stücken europäischer Provenienz Erfolg an Erfolg reihen.

Im November 1912 erschien sie in *Bella Donna* von Robert S. Hichens als Femme fatale, die weniger die seriösen Kritiker entzückte, um so mehr aber die Zuschauer. Zuerst am Broadway, dann auf einer US-weiten Tournee stand sie über zwei Jahre mit dem Stück auf der Bühne und erspielte sich ein Vermögen. Ein gutaussehender, gleichaltriger Engländer namens Charles Bryant war ihr Bühnenpartner und wurde es bald auch in ihrem Leben. Die beiden gaben sich als Ehepaar aus, und über ein Jahrzehnt lang galt die Nazimova als Mrs. Charles Bryant. In Wahrheit aber hatte sich Orleneff einer Scheidung stets widersetzt — nach einer Weile war dies der Nazimova auch gleichgültig geworden, da es offenbar ebensogut ohne Trauschein ging und niemand ihr Geheimnis kannte.

Mit dem Einakter *War Brides* machte die Nazimova einen Seitensprung vom ernsten Theater zum Vaudeville. Im Jahre 1915, als die Schlachten in Europa auch die Amerikaner beunruhigten, traf das Stück mit seiner entschiedenen Antikriegshaltung präzise die Gefühlslage des Publikums, das die Nazimova in der Rolle der melodramatischen Heldin liebte. Eine Riesentournee führte durch das ganze Land, und wenig später sollte man die Nazimova in ihrer Heldinnenrolle auch auf der Leinwand bewundern können.

Schon in den zehner Jahren hatte die Nazimova ein wohlwollendes, aber distanziertes Interesse am Kino gezeigt. Doch selbst die verlockendsten Angebote der Filmindustrie konnten sie nicht dazu bewegen, ihre hehre Schauspielkunst dem noch unreifen Medium anzuvertrauen. Sie hatte David W. Griffith kennengelernt und ihn bei den Dreharbeiten beobachtet, und auch von anderen Regisseuren, die ihr Stoffe offerierten, sah sie sich aufmerksam die neuesten Werke an, aber ihre Skepsis blieb. Ein Bekannter schwärmte ihr Anfang 1916 in den höchsten Tönen von dem Regisseur Herbert Brenon vor, und sie willigte ein, sich dessen gerade fertiggestellten A DAUGHTER OF THE GODS vorführen zu lassen. Die Nazimova war von der künstlerischen Qualität des Streifens angetan und wußte, noch bevor sie Brenon persönlich kennengelernt hatte, diesem Regisseur würde sie sich blind anvertrauen können. Im selben Jahr bereits stand sie unter seiner Regie für die Verfilmung ihres Vaudeville-Hits vor der Kamera, und es entstand mit WAR BRIDES ein Werk, das als ein Entwicklungssprung der noch jungen Filmkunst angesehen wurde. Die Kritik schien kaum zu fassen, wie sehr die Nazimova ihre natürliche Spielweise instinktiv den kinematographischen Gesetzen anzupassen wußte — und das als Filmdebütantin!

Für die Dreharbeiten verlangte und erhielt sie die unverschämte Gage von 1000 Dollar pro Tag, was sie nach Ende der Drehzeit um 30 000 Dollar reicher dastehen ließ. Das schien die Begeisterungsfähigkeit der Nazimova für das immer noch leicht degoutante Kino gewaltig zu beflügeln. Obendrein hatte sie ihren Schützling Richard Barthelmess und ihren Quasi-Ehemann Charles Bryant als Nebendarsteller unterbringen können. Wie nach einem Erfolgsfilm üblich, wurde der Star mit Rollenangeboten überhäuft. Zunächst aber kehrte die Nazimova zur

Bühne und zu ihren geliebten Ibsen-Rollen zurück. Erst anderthalb Jahre später willigte sie in einen Metro-Vertrag ein, der ihr ungewöhnlich großzügige Mitbestimmungsrechte über Stoff, Drehbuchautor, Regisseur und Co-Darsteller zugestand und ihr eine Traumgage von dreizehntausend Dollar die Woche garantierte — zu einer Zeit, als ein Bandarbeiter bei Ford fünf Dollar am Tag verdiente und damit noch gut dastand. Nie wieder sollten die Stars — gemessen an der Kaufkraft — derart fürstlich entlohnt werden wie in den Blütejahren des Stummfilms.

Bereits die beiden ersten Metro-Filme, REVELATION und TOYS OF FATE, in denen die Nazimova mit ihren vielfältigen darstellerischen Mitteln brillieren konnte, hoben sie in den Olymp der Stars. Dennoch war zu beobachten — und das gilt für die meisten Filme ihrer Metro-Jahre —, daß sie als Darstellerin den Stoffen und der filmischen Gestaltung weit überlegen war. Es schien, als suchte sie sich ihre Sujets in erster Linie danach aus, inwieweit sie ihr die Möglichkeit boten, ihre Virtuosität unter Beweis zu stellen. Ein Indikator dafür war nicht zuletzt, daß von den elf Filmen für Metro vier sie in einer Doppelrolle zeigten und auch fast alle anderen um eine Hauptfigur kreisten, die entweder stark gegensätzliche Charakterzüge aufwies oder im Lauf der Handlung große Entwicklungssprünge durchmachte. Stets konnte so die Nazimova in diesen mittleren Filmen hervorragende Charakterdarstellungen abliefern; niemand anders als sie selbst war aber auch für die Wahl der unbedeutenden Stoffe verantwortlich.

In den vier Filmen, die sie dann im Jahr 1920 für Metro drehte, entschied sie sich gar für jugendliche Frauenrollen, für die sie mit über 40 einfach zu alt war. Zumal zu einer Zeit, in der die noch unvollkommene Schminktechnik und das grelle Licht der Scheinwerfer die Darsteller ohnehin älter erscheinen ließen, als sie in Wirklichkeit waren. Als indische Tänzerin in STRONGER THAN DEATH, als Chorusgirl in THE HEART OF A CHILD (wie auch 1919 bereits in THE BRAT), als „Pfauendame" und arroganter Theaterstar in MADAME PEACOCK und als junge russische Prinzessin in BILLIONS wirkte sie — bei allem Respekt vor ihrer darstellerischen Brillanz — schlicht fehlbesetzt.

Es ist nur zu verständlich, daß die Nazimova ihre Filme als „Tand" abtat und zunehmend unzufrieden mit dem Verlauf ihrer Leinwandkarriere wurde. Es muß ihr damals selber wie eine groteske Diskrepanz vorgekommen sein, im Theater immer noch als eine künstlerisch einflußreiche Schauspielerin gehandelt zu werden, im Kino aber einen seichten Plot an den anderen zu reihen. Erst nachdem ihre Starkarriere zu Ende war, kam ihr, in einem Interview im Jahre 1927, die späte Erkenntnis über das Wesen der Filmkunst, an die sie sich bedauerlicherweise nur in wenigen Arbeiten selbst gehalten hatte: „Nichts läßt sich auf der Leinwand verbergen, vor allem unechte Gefühle nicht. Wenn

Alla Nazimova Anfang der dreißiger Jahre

ein Darsteller nicht exakt das fühlt, was er vorgibt zu empfinden, so ist es, als ob *Lüge!* in seine Stirn gebrannt wäre. Die Leinwand verrät seine wahren Emotionen, offenbart seine intimsten Gedanken und zerrt Geheimnisse ans Licht, die er vielleicht selbst nicht einmal kennt. Wie kann man da noch behaupten, der Film vergröbere die Kunst der Darstellung? Das genaue Gegenteil ist der Fall."

Als bester Film der Metro-Jahre hat der 1919 entstandene THE RED LANTERN überlebt, in dem sie eine Eurasierin darstellte — und gleichzeitig auch deren Halbschwester, eine hochnäsige Engländerin —, die, in den Jahren des chinesischen Boxeraufstands, ihre Liebe und ihr Leben den Zielen der Rebellen opfert. Das damalige Publikum rühmte an dem Film nicht nur die überzeugende Darstellung der Nazimova, sondern auch das wohlgetroffene chinesische Ambiente — wobei letzteres im Spiegel der damaligen Zeit gesehen werden muß, als jegliche Art von „Exotik" im Film mit den immergleichen billigen Versatzstücken angedeutet wurde.

*

Für die Drehbuchautorin Frances Marion war die Nazimova eine „enigmatische Persönlichkeit", und schier unlösbar schien ihr das große Nazimova-Rätsel: „Ist sie schön oder eher häßlich, hat sie ein feuriges Temperament, das sie zu verzehren droht, oder gefällt sie sich in der Pose der leidenschaftlichen Frau, die ihre Gefühle erstickt?" Frances Marion sah Schönheit in den unregelmäßigen Zügen der Nazimova, entdeckte die Tiefe ihrer suchenden Augen und einen Mund, der in einem Augenblick noch ein Kinderlächeln hervorzaubern konnte, um im nächsten schon von einem grausamen Zug verzerrt zu sein. Niemand vermochte von sich zu behaupten, die Nazimova zu kennen, und jeder Versuch, ihrem Geheimnis näherzukommen, konnte in den Augen der Marion einzig der Akt eines Tölpels sein: Wer sonst wollte so dicht an die Sphinx herantreten, daß sie ihre Aura verliert?

Zeitgenossen beschrieben die Nazimova als künstlerisch umfassend interessiert und gebildet, als eine intelligente Unterhalterin, deren Hang zu realitätsferner Selbstüberschätzung allerdings groteske Züge hatte. Vor allem Kollegen und Regisseure, die noch am Anfang ihrer Karriere standen und mit der Reputation der Diva nicht gleichziehen konnten, wußten ein Lied von ihrer Eiseskälte zu singen. Sie war ein Star, war sich dessen bewußt und nahm für sich mit größter Selbstverständlichkeit die Privilegien in Anspruch, von denen sie glaubte, daß sie einer Göttin und nur einer solchen gebührten.

Mit dem exorbitanten Einkommen, das ihr die frühen Filme bei Metro garantierten, konnte sie sich buchstäblich jeden Luxus erlauben. Am Sunset Boulevard, an der Peripherie Hollywoods, führte sie ein gastfreundliches Haus mit einem prächtigen Grundstück, das von Zedern und Palmen umgeben war und einen Swimmingpool mit den Umrissen des Schwarzen Meers aufzuweisen hatte. Diese Anlage trug den doppelsinnigen Namen *The Garden of Alla*. Hier fanden die rauschenden Ballnächte statt, hier konnte auch die „Nazimova-Clique", ein illustrer Kreis bisexueller und lesbischer Frauen, mehr oder minder verschwiegen ihrer Leidenschaft frönen. Aber in diesem Paradies der Lüste wurden auch literarische und kunstsinnige Zirkel abgehalten, in denen die Nazimova die Lehrsätze ihres Meisters Stanislavskij weitergab und so mancher beginnenden Kollegin mit Ratschlägen half.

Nachdem ihre Hollywood-Karriere Mitte der Zwanziger in die Brüche gegangen war, mußte sie sich von der Prachtvilla, die sie auf 99 Jahre in Erbpacht erworben hatte, trennen. Auf dem Grundstück entstand eine nun *The Garden of Allah* genannte Hotelanlage mit 25 Bungalows, die sich bei zahllosen Hollywood-Stars großer Beliebtheit erfreuten. Dort fanden die Filmgrößen vorübergehend diskreten Unterschlupf, wenn sie wegen Ehekrisen, Scheidungsprozessen, Hausumbauten oder finanziellen Klemmen nicht in ihren Beverly-Hills- oder Bel-Air-Villen wohnen konnten. Die Nazimova erhielt, als großzügiges Trostpflaster, Wohnrecht auf Lebenszeit für ein kleineres Apartment im Haupthaus, was ihr stets einen zwar kostenfreien, aber von schmerzlichen Erinnerungen an bessere Tage getrübten Aufenthalt in Hollywood ermöglichte. Heute findet man unter derselben Hausnummer 8150 das pompöse Gebäude einer Filiale der Great Western Savings. Auf dem dahinterliegenden, riesigen Parkplatz kann man sich noch einen guten Eindruck davon verschaffen, welch grandiosen Blick über das tiefer liegende Zentrum von Los Angeles die Nazimova von ihrem Grundstück aus hatte. Ganz verschwunden ist die Erinnerung an frühere Zeiten auch heute noch nicht: Ein am hinteren Ende des Geländes liegendes kleineres Restaurant trägt den Namen „Garden of Allah".

Der wohl häufigste Gast in Allas Garten war Natacha Rambova. Im Jahre 1920 hatte die Nazimova die damals 23jährige Schönheit mit dem russisch klingenden Namen kennengelernt. In Wirklichkeit hieß sie ganz profan Winifred Shaunessy und stammte aus Salt Lake City. Ihre wohlhabende Familie ließ sie in Europa erziehen, und sie kam in England, als Ballettelevin des Russen Koslow, in engen Kontakt mit den führenden Bühnenbildnern jener Zeit. Ihr Interesse an dieser Kunst wurde rasch geweckt, und nach und nach eignete sie sich beachtliche Fähigkeiten darin an. Eine Tournee mit der Koslow-Compagnie brachte sie nach Hollywood, wo sie sich als Filmarchitektin etablieren konnte. Die Nazimova war von ihr als Person wie als Szenenbildnerin angetan, nahm sie in ihre „Clique" auf und machte sie bald zu ihrer intimsten Vertrauten.

Auch künstlerisch geriet die Nazimova zunehmend unter den Einfluß der jüngeren Freundin. Deren mitreißende Begeisterung erst gab der Nazimova den Mut, sich auf das Wagnis der Kunst-Filme einlassen und CAMILLE zu realisieren. Und niemand anders war es auch, der der Nazimova den nach THE FOUR HORSEMEN OF THE APOCALYPSE rapide emporsteigenden Rudolph Valentino für die Hauptrolle nahelegte. Aber die Russin und der Italiener kannten sich bereits lange vor dieser gemeinsamen Arbeit, die im übrigen die einzige blieb. Valentino gab jahrelang so etwas wie ein lebendes Alibi für die jeweilige „beste Freundinnen" der Nazimova ab, und es ist nicht unwahrscheinlich, daß auch Valentino für ein heterosexuelles Deckmäntelchen dankbar war. Jedenfalls hatte die Nazimova ihre damalige Freundin — und damit Vorgängerin der Rambova —, die nicht gerade erfolgverschprechende Schauspielerin Jean Acker, an „Rudy" vermittelt, und im November 1919 waren die beiden vor den Traualtar getreten. Wie bei den späteren Scheidungsverhandlungen herauskam, dauerte das traute Zusammensein der Frischverheirateten gerade eine Nacht lang, in der die Ehe, wie es im Jargon der Zeit hieß, „nicht vollzogen" werden konnte. Nach einem Monat trennten sich die Ehepartner offiziell, „vergaßen" jedoch, sich scheiden zu lassen, und Jean Acker kehrte in das Haus und die Arme der Nazimova zurück.

Nach den Dreharbeiten zu CAMILLE kuppelte die Nazimova erneut, und im Mai 1922 heirateten in dem mexikanischen Grenzstädtchen Mexicali Valentino und die Rambova, nachdem zwei Monate früher die Ehe Valentino—Acker geschieden worden war. Als fatal aber stellte sich für Rudy heraus, daß er damit die einjährige Sperrfrist nach Scheidungen mißachtet hatte, und unversehens fand er sich mit einer Bigamieklage vor den Schranken eines Gerichts wieder. Dies war um so absurder, als auch die zweite Ehe nur auf dem Papier bestand. Immerhin registrierte der scharfe Blick der Justiz und der Öffentlichkeit mit Interesse, daß Valentino brav das „Sklavenarmband" aus Platin trug, das die Rambova ihm bei Tiffany's hatte schmieden lassen. Aber der Eindruck inniger Verbundenheit war nur eine Täuschung, in Wahrheit trübte die Scheinehe mit Valentino für keinen Augenblick die Beziehung der Rambova zu Alla Nazimova.

Dies taten bald aber die Mißerfolge der Kunst-Filme, ganz besonders das SALOME-Desaster. Danach war nicht nur die Hollywood-Karriere der Nazimova bloß noch Glanz vergangener Zeiten — und der seit geraumer Zeit ohnehin nur die zweite Geige spielende Charles Bryant mit dem Versiegen des Geldstroms verschwunden —, sondern nun begann auch die Nazimova ihrer geliebten Natacha ernsthafte Vorwürfe zu machen. Sie bereute plötzlich ihre hochfliegenden künstlerischen Experimente und schob die Schuld an deren Scheitern der Rambova zu. Als die Nazimova dann 1925 nolens volens Hollywood endgültig den Rücken kehrte, schien sie alles verloren; aber eine Russin, die es einmal geschafft hat, daß ihr ganz Amerika zu Füßen liegt, hält sich nicht mit Wehklagen auf. Zumal auch eine gewisse Erleichterung darin bestand, das bigotte Heuchlertum der Hollywood-Society gegen den frischen Liberalismus der Weltstadt New York eintauschen zu können. Geschlagen, aber nicht besiegt, kehrte sie an die Stätte ihrer frühen Triumphe zurück, zum Theater und zum Broadway.

✳

Drei bittere Jahre sollten jedoch vergehen, bis die Nazimova wieder auf halbwegs angemessenem künstlerischen Niveau arbeiten konnte. Drei Jahre, in denen sie bei drittklassigen Tourneetruppen zweitklassige Rollen spielte, in denen sie mit einem Stück in London auftrat und in denen der Publicity-Verwöhnten die einzigen Schlagzeilen einbrachte, daß ihr „Ehemann" Charles Bryant plötzlich heiratete und alle Welt erfuhr, daß es eine Ehe Bryant—Nazimova nie gegeben hatte.

1928 endlich kam die Chance zum Neubeginn. In New York stand sie in Tschechows *Kirschgarten* und in Andrejews *Jekaterina Iwanowna* auf der Bühne und erntete ähnlich ekstatische Akklamation wie zwei Jahrzehnte zuvor. Weitere Markierungssteine auf ihrem Triumphzug waren Stücke von Turgenjew *(Ein Monat auf dem Lande)*, O'Neill *(Trauer muß Elektra tragen)*, Pearl S. Buck und G. B. Shaw. Mit einer US-weiten Tournee als Helene Alvig in Ibsens *Gespenster*, die dann 1935 von einer langen Vorstellungsreihe im New Yorker Empire Theatre gekrönt wurde, hatte sie sich nicht nur ein glänzendes Comeback erkämpft, sie hatte ihre frühere Reputation noch übertroffen: Die Kritik jubilierte, Miss Nazimova befinde sich auf der Höhe ihrer Schauspielkunst, und bescheinigte ihr, nach wie vor eine der führenden Darstellerinnen des amerikanischen Theaters zu sein. Im folgenden Jahr erinnerte sie mit einer reifen Darstellung der Hedda Gabler an ihren nun exakt drei Dekaden zurückliegenden allerersten Erfolg in der Neuen Welt.

Auch das Kino rückte wieder in greifbare Nähe. Wenige Jahre zuvor noch hatte sie eine demütigende Begegnung mit dem MGM-Wunderkind und -Produzenten Irving Thalberg hinnehmen müssen, als sie ihn um einen Studiovertrag anging. Thalberg aber hatte ein Gedächtnis wie ein Elefant. Nur zu genau erinnerte er sich, wie er als Anfänger im Filmbusineß von dem damaligen Star abgekanzelt worden war, als sei er der Gehilfe des Studiopförtners. Nun war es an ihm, eine — wenn auch überaus sanfte — Rache zu üben: Er plauderte genüßlich über die einstige Arroganz der Nazimova und lehnte anschließend jegliche Zusammenarbeit mit ihr freundlich, aber entschieden ab. 1938 dann bahnte George Cukor der schnöde Verstoßenen den Rückweg ins Mekka der Filmindustrie. Er ließ sie als „Beraterin" für seinen Film ZAZA anheuern, und ein Jahr darauf wurde sie auch als Schauspielerin wieder begehrt. ESCAPE bot ihr mit einer kleinen, dramatischen Rolle ein spätes Tonfilmdebüt, gefolgt von einer bescheidenen Aufgabe in dem 1941er Remake des Valentino-Klassikers BLOOD AND SAND von 1922. Doch ihr Film-Comeback kam nicht recht in Gang.

Erst das Jahr 1944 bescherte ihr drei weitere Rollen, ihre letzten: THE BRIDGE OF SAN LUIS REY nach dem Roman von Thornton Wilder; IN OUR TIME, in dem sie eine polnische Gräfin im nazibedrohten Polen spielte; und SINCE YOU WENT AWAY, der sie in einer Minirolle als polnischstämmige Amerikanerin zeigte. Anschließend war sie wieder ohne Aussicht auf ein neues Engagement, bastelte von Zeit zu Zeit an ihren nie vollendeten Memoiren herum und bereute gelegentlich, ihr Talent an so viele unbedeutende Filme vergeudet zu haben, anstatt ihrer Schauspielkunst treu geblieben zu sein. Nach einem mehrwöchigen Krankenhausaufenthalt starb sie am 13. Juli 1945 in Los Angeles im Alter von 66 Jahren.

Ein tragisches Leben? Weil sie hätte mehr erreichen können? Vielleicht. Sicher aber ein erfülltes Leben, maßlos und voller Überschwang in den zehner und frühen zwanziger Jahren, unfreiwillig gezügelt im letzten Dezennium. Ihr Name wird verbunden bleiben mit der Geschichte des stummen Films, und man wird sich ihrer erinnern als der Frau, die dem Unterhaltungsmedium Film einen Platz in den Tempeln der Kunst erobern wollte und daran, wie auch andere, scheiterte. Ein Scheitern, das alles andere als unrühmlich ist.

PW

Filmographie Alla Nazimova:

War Brides, 1916, Herbert Brenon.* *Revelation,* 1918, George D. Baker.* *Toys of Fate,* 1918, George D. Baker.* *Eye for an Eye,* 1918, Albert Capellani.* *Out of the Fog,* 1919, Albert Capellani.* *The Red Lantern,* 1919, Albert Capellani. *The Brat,* 1919, Herbert Blaché.* *Stronger than Death,* 1920, Herbert Blaché, Charles Bryant.* *The Heart of a Child,* 1920, Ray C. Smallwood.* *Madame Peacock,* 1920, Ray C. Smallwood.** *Billions,* 1920, Ray C. Smallwood.* *Camille,* 1921, Ray C. Smallwood. *A Doll's House,* 1922, Charles Bryant.** *Salome,* 1923, Charles Bryant.** *Madonna of the Streets,* 1924, Edwin Carewe. *The Redeeming Sin,* 1925, J. Stuart Blackton. *My Son,* 1925, Edwin Carewe. *Escape,* 1940, Mervyn LeRoy. *Blood and Sand* (König der Toreros), 1941, Rouben Mamoulian. *The Bridge of San Luis Rey,* 1944, Rowland V. Lee. *In Our Time,* 1944, Vincent Sherman. *Since You Went Away* (Als du Abschied nahmst), 1944, John Cromwell.

* Mit Charles Bryant als männlichem Hauptdarsteller
** Drehbuch von Alla Nazimova

Louise Brooks in THE CANARY MURDER CASE (1929)

Das animalische Kind
Louise Brooks

Ihr zweites Leben verdankte sie einzig einem riesigen Standfoto aus ihrem besten Film — etwas Bezeichnenderes für einen der ganz großen Stummfilmstars des amerikanischen Kinos könnte es wohl kaum geben. Dieses Foto, das Louise Brooks vor dem endgültigen Versinken im tiefen Tal der Anonymität bewahrte, diente 1955 als Blickfang für die Ausstellung *60 Ans du Cinéma* in der Pariser Cinémathèque. Deren legendärer Leiter Henri Langlois hatte zwei Filmstills ausgewählt, die die Besucher gleich am Eingang auf die Rückschau einstimmen sollten. Das von Louise Brooks stammte aus dem 1929 aufgeführten deutschen Stummfilm DIE BÜCHSE DER PANDORA von G. W. Pabst und zeigte den amerikanischen Filmstar in der Rolle der Wedekindschen Lulu. Auf dem anderen Foto sah man die französische Bühnenschauspielerin Maria Falconetti in Carl Theodor Dreyers LA PASSION DE JEANNE D'ARC, der zur selben Zeit wie der Brooks-Film entstanden war.

Die Auswahl der beiden Fotos wurde als exzentrisch abgetan. Hier eine völlig vergessene US-Darstellerin in einem deutschen Film, von der niemand wußte, ob sie noch lebte und wo, und an deren wenige Filme man sich kaum noch erinnerte; dort eine neun Jahre zuvor verstorbene Theatergröße, die nur ein einziges Mal mit dem Film in Berührung gekommen war. Warum kein Foto der Garbo, der Dietrich, der Pickford oder der beiden Gishs? Langlois aber wußte genau, was er tat. Für ihn war die Brooks die einzige amerikanische Darstellerin, die wirklich zählte, und in seinem Katalog zur Ausstellung hieß es: „Sie ist die moderne Schauspielerin par excellence, weil sie, wie die Statuen der Antike, zeitlos ist. Vor der Kamera zeigt sie eine Natürlichkeit, wie sie nur Urwesen sich erhalten können. Sie ist die Essenz des Kinos. Die perfekte Inkarnation des Photogenen — all dessen, zu dem das Kino in den letzten Jahren des Stummfilms zurückkehrte: der absoluten Natürlichkeit und Einfachheit."

Langlois beließ es nicht bei dieser Hymne, er stellte Nachforschungen an über das private Schicksal der Gelobten; und damit nahm deren zweites Lebens seinen Anfang, ohne daß sie bereits etwas davon ahnte. Bald bekam Langlois heraus, daß die Brooks noch lebte, und zwar in der amerikanischen Mittelstadt Rochester im Staat New York. Um den Exstar persönlich kennenzulernen, flog er 1957 dorthin, und schon im Jahr darauf konnte die Brooks den Atlantik in entgegengesetzter Richtung überqueren: Sie sollte einer ihr gewidmeten Retrospektive der Cinémathèque beiwohnen. Die Filme der Brooks ernteten enthusiastischen Beifall — allen voran DIE BÜCHSE DER PANDORA. Jean-Luc Godard, der zu den Bewunderern dieses Werks und seines Stars gehörte, erwies ein paar Jahre später gleich beiden Darstellerinnen, deren Fotos Langlois an den Eingang seiner Ausstellung postiert hatte, seine Reverenz: Er ließ in dem 1962 entstandenen VIVRE SA VIE seine damalige Frau Anna Karina in der Rolle der Prostituierten Nana mit einer schwarzen Louise-Brooks-Frisur agieren und sich in einem Kino Dreyers LA PASSION DE JEANNE D'ARC mit der Falconetti ansehen.

Aber nicht nur die Franzosen begannen Louise Brooks wiederzuentdecken, auch in amerikanischen Cinéastenzirkeln wurden ihre Filme wie Kultobjekte weiterempfohlen. Entscheidend für ihr zweites Leben wurde darüber hinaus ihre Begegnung mit James Card, dem damaligen Filmkurator am Eastman House in Rochester. Dieses Photo- und Filmmuseum, von Kodak-Erfinder Eastman initiiert, besaß und besitzt eine bedeutende Sammlung von Stummfilmen, darunter auch sieben von Louise Brooks. Card holte die Brooks 1956 von New York nach Rochester und vermittelte ihr einen Forschungsauftrag am Eastman House. Zweieinhalb Jahre beschäftigte sie sich nun ausführlich mit der Filmgeschichte, von der sie selbst ein Teil war, schrieb für *Film Culture* (New York) und *Sight and Sound* (London) mehr als zwanzig Essays über die Genese ihres Startums, über Kollegen und Regisseure und über die unterschiedlichen Methoden von Darstellung und Inszenierung und erwies sich als eine begnadete Autorin, deren literarische Qualitäten über jeden Zweifel erhaben sind.

Ein paar dieser stets persönlich gefärbten und aus der eigenen Anschauung schöpfenden Essays und einen neugeschriebenen Text faßte sie 1982 unter dem Titel *Lulu in Hollywood* zu einer autobiographischen Skizze zusammen, die das kultische Interesse an ihrer Person und an ihren Filmen neu entfachte. In diesem Buch findet man auch ein paar vorläufige Antworten auf die Frage, wer dieser kleine, zarte Filmstar mit der schwarzen, helmartigen Frisur, dessen Karriere in Hollywood — zählt man das halbe Dutzend der späteren, schwächeren Filme nicht — nur die fünf Jahre zwischen 1925 und 1930 überstand, wer diese Louise Brooks eigentlich war.

Auf dem Höhepunkt des *Jazz Age* und der Welle der Flapper-Filme kam Louise Brooks 1927 im Alter von 20 Jahren nach Hollywood, um rasch zum Star aufzusteigen. Die Filmstadt und deren gesellschaftliches Leben mochte sie vom ersten Augenblick an nicht. In New York dagegen hatte sie sich überaus wohl gefühlt. Dort hatte sie, mit einem zwei Jahre zuvor erhaltenen Fünfjahresvertrag in der Tasche, für Paramount in sieben Filmen kleine bis mittlere Rollen gespielt, nachdem sie in STREET OF FORGOTTEN MEN bei der New Yorker Firma Famous Players-Lasky (die mit Paramount seit 1917 eng kooperierte) debütiert hatte.

Aber nicht nur Paramount wollte sich 1925 ihrer Talente versichern, auch MGM bot ihr einen Vertrag über fünf Jahre, und die Brooks wußte nicht, welche der beiden Offerten sie vorziehen sollte. Wie so oft in ihrem Leben gab eine private Affäre den Ausschlag bei dieser beruflichen Entscheidung. Zu diesem Zeitpunkt unterhielt Louise Brooks eine sporadische Beziehung zu dem Paramount-Produzenten Walter Wanger, und als sie ihn um Rat fragte, riet er ihr zu ihrer Überraschung von dem Paramount-Angebot ab. Er befürchtete, daß Gerüchte aufkommen würden, er habe ihr wegen seiner privaten Gefühle den Vertrag verschafft. Louise Brooks fand Wangers Skrupel lächerlich, und trotzig unterschrieb sie nun erst recht bei Paramount.

Wider Wangers Erwartungen lief alles glatt. Die Brooks trat als Bathing Beauty in THE AMERICAN VENUS auf, in A SOCIAL CELEBRITY an der Seite Adolphe Menjous und in IT'S THE OLD ARMY GAME mit W. C. Fields, dem berühmten Komiker und Misanthropen. Es folgten THE SHOW-OFF und JUST ANOTHER BLONDE, für den sie an First National ausgeliehen wurde, und LOVE 'EM AND LEAVE 'EM, eine recht erfolgreiche Flapper-Farce, bei der allerdings Evelyn Brent der Star war und Louise Brooks nur deren jüngere Schwester spielen durfte. Alle diese sechs Filme entstanden zwischen Ende 1925 und Ende 1926.

Louise Brooks hatte den Regisseur von IT'S THE OLD ARMY GAME, den elf Jahre älteren Edward Sutherland, im Juli 1926 nach Abschluß der Dreharbeiten geheiratet. Sie mußte jedoch rasch feststellen, daß kurze, aber intensive Abenteuer mit Filmleuten ungeheuer reizvoll, daß die Ehe dagegen nicht ihre Domäne war, und im April 1928 bereits ließ sich sich von Eddie Sutherland wieder scheiden. Zu ihren heißesten Affären vor dem langweiligen Ehejoch zählte sie die zwei Monate mit Charlie Chaplin im Sommer 1925 und die sich daran anschließende Zeit mit einem Bühnenkollegen, der noch ein paar Jahre auf Ruhm und Filmkarriere warten mußte — Humphrey Bogart, über den sie viele, viele Jahre später einmal einen hellsichtigen Essay verfassen sollte.

Das Astoria-Studio auf Long Island, in dem ihre Filme bislang entstanden waren, wurde Ende 1926 geschlossen und die Produktion nach Hollywood verlagert. So mußte Louise Brooks ihr geliebtes New York hinter sich zurücklassen und 1927 in Hollywood in vier Filmen mitwirken, die an ihre vorher entstanden Komödien anknüpften und deren Titel bereits alles sagen: EVENING CLOTHES, ROLLED STOCKINGS, NOW WE'RE IN THE AIR und THE CITY GONE WILD.

Ende 1927 wurde auf den Nachwuchsstar dann ein junger, 32jähriger Regisseur aufmerksam, der Howard Hawks hieß und bereits vier Filme inszeniert hatte. Zwar war der Stoff, den Hawks mit der Brooks dann realisierte — wofür sie an die Fox ausgeliehen werden mußte —, wie so oft bei diesem Regisseur in erster Linie ein Männerfilm, aber ihre Rolle hob sich doch wohltuend ab von den simplen Figuren, die sie bislang zu verkörpern hatte. In A GIRL IN EVERY PORT ist die Brooks die Hauptattraktion eines Marseiller Zirkus, wo sie in einem gewagten Trikot eine erotische Vorstellung darbietet, die mit einem neckischen Sprung in ein Wasserbassin endet. Die Hauptpersonen in dieser Komödie sind zwei Matrosen, die in den verschiedenen Häfen dieselben Seemannsbräute haben und auch beide hinter der Brooksschen Zirkusartistin her sind. Schon bald hat diese die beiden Männer fest im Griff.

Hawks war somit der Regisseur, der – absichtslos – Louise Brooks zum ersten Mal die Rolle bot, die ihr gewissermaßen auf den Leib geschrieben war: die der hemmungs- und skrupellosen Hedonistin, die Männer aus reiner Spiellust verführt und nach Belieben ausnützt. In nuce war dies bereits die Rolle, die Pabst dann später mit der Lulu-Figur perfektionierte und für die er die Brooks als einzig mögliche Besetzung ansah, nachdem er in Berlin den Hawks-Film und die schöne Artistin geradezu mit den Augen verschlungen hatte.

Diese Hedonistinnenrollen waren aber — ebenso wie die vorangegangenen als Flapper — für die Brooks nicht bloß irgendeine Kinopose, sondern deckten sich weitgehend mit ihrem Lebensstil. Sie genoß die „wilden Zwanziger", das Jahrzehnt, aus dem Prüderie, Sittlichkeit, Reue oder asketische Zurückhaltung verbannt waren, in New York, Hollywood und später in Berlin und Paris in vollen Zügen. Und obwohl sie sich einen Großteil ihres Lebens von nicht wenigen vermögenden Männern mehr oder minder offen aushalten ließ, was sie später ohne Scheu bekannte, erhielt sie sich dabei doch stets ihre Autonomie. Sie nahm das Geld und die Geschenke ihrer Freunde und Liebhaber und war dennoch nicht käuflich; sie wählte aus, und was sie tat, tat sie aus Überzeugung und Lust, ohne sich auf Kompromisse einzulassen.

Zwar zahlte sie für ihre Unabhängigkeit und ihre Unbeugsamkeit — und für ihre scharfzüngigen Wahrheiten — später, zumal im Alter, den hohen Preis der Einsamkeit und Vergessenheit, aber sie blieb ihren Charaktereigenschaften, ihren von ihr selbst klar erkannten Stärken und Schwächen, ein Leben lang treu. Ihre Kompromißlosigkeit, vor allem im Umgang mit anderen Menschen, resultierte aus Herkunft und Kindheit und gereichte ihr zum Segen wie auch zum Fluch. Für Louise Brooks gilt der Satz, den F. Scott Fitzgerald 1925 für seine Frau Zelda fand: „Sie ist in allen Dingen auf tragische Weise brillant, nur nicht in jener einen Sachen von zentraler Bedeutung — als gesellschaftliches Wesen hat sie versagt."

✳

Das Elternhaus der Brooks war, zumal für die damalige Zeit und für den Landstrich, in dem es sich befand, ungewöhnlich offen und freizügig. Ihr Vater Leonard Porter Brooks, dessen Vorfahren einst englische Bauern gewesen waren, arbeitete als Rechtsanwalt einer Ölgesellschaft

Louise Brooks in BEGGARS OF LIFE (1928)

in Cherryvale, einem kleinen Ort in Kansas, dort, wo die amerikanische Provinz am tiefsten ist. Er hatte mit 36 Jahren die 16 Jahre jüngere Myra Rude geheiratet, die Tochter eines Landarztes. Zwei Jahre später, am 14. November 1906, kam Louise in Cherryvale zur Welt. Ein Bruder war ein Jahr älter, ein weiterer Bruder wurde 1912 und eine Schwester 1914 geboren. 1919 zog die Familie in eine ähnliche Kleinstadt in Kansas, nach Wichita, wo der Vater eine Anwaltskanzlei eröffnete. Sein Einfluß auf Louises Entwicklung war denkbar gering. Der Vater verbrachte seine Freizeit meist zurückgezogen in seiner riesigen Bibliothek mit dem Studium von Fachliteratur und bei belletristischer Lektüre oder mit ausgedehntem Geigenspiel. Um die Kinder kümmerte er sich weniger, und schon gar nicht um deren Erziehung. Einzig seine Liebe zu Büchern wußte er ihnen ans Herz zu legen, und bereits in jungen Jahren war Louise mit den Klassikern der Weltliteratur wohlvertraut.

Auch die Mutter hatte mit Kindererziehung wenig im Sinn. Sie hatte, da ihre Mutter früh verstorben war, acht jüngere Geschwister großziehen müssen und wollte nun nicht weitere Jahrzehnte mit der Erziehung ihrer eigenen vier Kinder vergeuden. Statt dessen führte sie ein aktives, eigenständiges Leben und nahm die Probleme und gelegentlichen Streiche ihrer Kinder mit Gelassenheit und großem Humor hin — ebenso wie auch der Vater. Die Brooks-Kids konnten in dieser Atmosphäre sehr früh Selbständigkeit und Selbstbewußtsein entwickeln, zumal die Mutter die diversen Talente und Interessen ihrer Kinder förderte, ohne sie jedoch unter Leistungszwang zu stellen. Die Mutter spielte leidenschaftlich gerne Klavier, beschäftigte sich mit Buchkritiken und Wagner-Vorlesungen, die sie in ihrem Frauenklub vortrug, und war trotz oder vielleicht gerade wegen ihrer oft ungewöhnlichen Meinungen wohlrespektiert.

Es war für Louise fast selbstverständlich, daß sie, als sie sich im Alter von zehn Jahren für den Tanz zu interessieren begann, von ihrer Mutter jedwede Unterstützung verlangen konnte. Die Mutter engagierte für Louise eine Tanzlehrerin aus der nahegelegenen Stadt, die regelmäßig in den Ort kam und sie unterrichtete, und schon bald konnte die junge Elevin bei diversen Gelegenheiten ihre tänzerischen Fortschritte der wohlwollenden Gemeindeöffentlichkeit vorführen. Dazu begleitete ihre Mutter sie auf dem Klavier und hatte auch ihre Kostüme geschneidert und die Frisur entworfen, die zu ihrem Markenzeichen werden sollte: Die langen Zöpfe waren — zum Entsetzen des Vaters — der Schere zum Opfer gefallen, und übrig blieb ein helmartiger Pagenkopf aus schwarzem, glattem Haar mit Ponyfransen in der Stirn. Das einzige, was noch an ihrem späteren Look fehlte, waren die auf den Wangenknochen nach vorne gebogenen Seitensträhnen.

Der Tanzunterricht wurde nach dem Umzug nach Wichita mit Hilfe einer professionellen Tanzlehrerin intensiviert. Doch nach kurzer Zeit bereits erkannte Louise Brooks die Grenzen der Fähigkeiten ihrer Lehrerin — wie auch die Begrenztheit ihres Lebens überhaupt in diesem scheinheiligen Kansas, „wo die angelsächsischen Farmer im Wohnzimmer beteten und in der Scheune Inzest praktizierten", wie sie später höhnte, als sie sich des „netten Nachbarn" erinnerte, der sie im Alter von neun Jahren zu vergewaltigen versuchte. Vom Elternhaus an grenzenlose Ehrlichkeit — bis hin zur Grausamkeit — gewohnt, ließ sie ihrer Meinung über die Tanzlehrerin freien Lauf, und die beiden steigerten sich in gegenseitigen Haß, bis Louise schließlich den Kursus verlassen mußte. Dies war eine der frühen Manifestationen ihrer Unfähigkeit zu mitfühlendem oder auch nur taktischem Verhalten, ihrer großen Schwäche, aus der später die meisten ihrer Konflikte mit den Filmbossen erwuchsen und die mit Schuld war, daß ihr Stern derart rasch verglühte.

Glücklicherweise kam nach Louises Rauswurf eines Tages ein professionelles Tanzensemble zu einem Gastspiel nach Wichita, und Mrs. Brooks stellte im Anschluß an die Aufführung ihre Tochter den Akteuren, darunter Ted Shawn und Ruth St. Denis, vor. Bei dieser Begegnung entwickelte sich der Gedanke, Louise solle ein halbes Jahr später in die neueröffnete New Yorker Ballettschule der beiden Tänzer eintreten. Geschickt bearbeitete die Mutter ihren Mann so lange, bis er in den Plan einwilligte und das nicht unbeträchtliche Schulgeld von 300 Dollar zuzüglich Verpflegungs- und Unterbringungskosten zu zahlen versprach.

Endlich war es so weit, und im Sommer 1922 reiste die 15jährige Louise Brooks zusammen mit einer mittelalten Dame aus dem Ort, die auf sie aufpassen sollte, nach New York und erhielt dort jeden Werktag im Keller einer Kirche am Broadway Tanzunterricht von Ted Shawn. Erst in dieser Umgebung, als sie die anderen Jungen und Mädchen aus dem Hinterland vor der Kulisse des weltstädtischen Ambientes beobachten konnte, wurde ihr das Ausmaß der Provinzialität der anderen sowie ihrer eigenen bewußt. Sie haßte diese; und sie verliebte sich Hals über Kopf in New York.

Wie Louise Brooks es in ihren biographischen Essays später formulierte, beschloß sie auf der Stelle, aus sich eine „Traumfrau" zu machen. Dazu hatte sie sich zu „kultivieren". Wenn sie auch aus einem weltoffenen und wohlhabenden Elternhaus kam, so war sie dennoch nicht viel mehr als ein x-beliebiger Hinterwäldler aus Kansas. Sie mußte lernen, ihren singenden Tonfall und ihre schleppende Sprechweise zu unterdrücken. Sie mußte lernen, all die unbekannten und „schwierigen" Gerichte wie Fisch, Hummer und Artischocken stilgerecht zu essen. Sie mußte lernen, sich nicht wie eine Provinzbraut, sondern wie eine elegante New Yorkerin zu kleiden. Sie mußte vor allem aber lernen, über alles und jedes mühelos parlieren zu können. Und sie lernte — bei Experten: Akzentfreies und unaffektiertes Sprechen studierte sie bei einem Englischstudenten, der in einer Eisbar jobbte; von einem Kellner ließ sie sich im Umgang mit Spezialbestecken unterweisen, bis sie ohne Fauxpas die Speisekarte rauf und runter essen konnte; und Barbara Bennett, die talentlose Schwester der beiden späteren Filmstars Joan und Constance Bennett, unterwies sie in der Etikette der Kleidung und der Kunst der Konversation und brachte ihr en passant noch ein paar der sexuellen Weisheiten bei, über die ein junges Mädchen im Großstadtdschungel verfügen können muß.

Inzwischen war sie in der Spielzeit 1922/23 mit der Truppe ihres Ballettlehrers, den Denishawn Dancers, auf Tournee gewesen und hatte einen weiteren Denishawn-Sommerkursus absolviert. Barbara Bennett entwickelte nach und nach auch den Haarschnitt der Brooks zur Perfektion, riet ihr zu einem Aubrey-Beardsley-Make-up, um die Kansas-Sommersprossen zu verdecken, und verschaffte ihr Zugang zu den illustren Kreisen zahlungskräftiger und unverheirateter Wall-Street-Broker. Diese sahen in den Theater- und Ballettdebütantinnen die idealen Geschöpfe für Abenteuer, die nicht in Ehen zu münden drohten, und zahlten den jungen Schönheiten fürs Ausgehen und für weiteres beachtliche Preise: ein Schmuckstück hier, ein Abendkleid dort und einen Pelzmantel obendrein — etwa einen Hermelin, wie ihn die Brooks von einem Börsenmakler erhielt, für eine „Gegenleistung", die — angeblich — aus nicht mehr bestand als einem einzigen Rendezvous zum Tanztee.

In Wahrheit dürften sich die schicken Junggesellen wohl kaum mit gemeinsamen Abendessen, gelegentlichem Händchenhalten, ein wenig Aufsehenerregen beim Besuch von Theatern und Nachtklubs oder mit Kamingesprächen in ihren Park-Avenue-Apartments zufriedengegeben haben. Wie dem auch sei, Louise Brooks und ihre Kolleginnen ließen sich aushalten und hatten ihren Spaß; und die Brooks wurde nicht nur ein beachtetes Chorusgirl in einer der Revuen des großen Florence Ziegfeld, bald auch Mitglied der berühmten *Ziegfeld Follies*, sondern sie wurde, spätestens bis Ende 1924, auch wie geplant zur Traumfrau. Kein Wunder, daß man ihr 1925 eine erste kleine Filmrolle offerierte und gleich zwei Studioverträge obendrein.

Nachdem der Film mit Howard Hawks abgedreht war und die Scheidung von Sutherland vollzogen, setzte sich Louise Brooks zunächst einmal von Hollywood ab. Schon häufiger hatte sie zwischen zwei Filmen die Filmstadt verlassen, aber diesmal geriet die Sache ernster. Die Brooks war gerade heftigst in eine Affäre mit George Preston Marshall verwickelt, den sie bereits 1925 kennengelernt hatte. Marshall besaß eine einträgliche Wäschereikette, und als begeisterter Football-Aficionado konnte er sich ein paar Jahre später eine eigene Profimannschaft, die in ganz Amerika bekannten Red Skins, zulegen. Als Paramount nun die Brooks für einen neuen Film benötigte, stellte man fest, daß der begehrte Star verschwunden war. Man folgte ihrer Spur nach New York, Florida, Havanna und fand sie schließlich in Washington an der Seite von Marshall.

Der für ihren Film angeheuerte, wie Hawks 32jährige Regisseur William A. Wellman hatte inzwischen gegen die „fahnenflüchtige" Schauspielerin eine Antipathie entwickelt. Trotz der damit verbundenen Schwierigkeiten entstand ein rundum gelungener Film, BEGGARS OF LIFE. Louise Brooks spielte ein Mädchen, das auf einer Farm lebt und seinen Adoptivvater erschießt, als er es zu vergewaltigen versucht. Ein zufällig auftauchender Tramp verhilft ihr zur Flucht, bei der sie sich mit schlotteriger Männerkleidung tarnt. Ein älterer Landstreicher durchschaut jedoch die Maskerade, verliebt sich ebenso wie der jüngere in sie, und die beiden Männer kämpfen um ihre Gunst. Auf ihr Markenzeichen, ihre Pagenkopffrisur, mußte die Brooks in diesem Film zugunsten einer enormen Schirmmütze verzichten, nicht aber auf Augen- und Lippen-Make-up, und ihre erotische Ausstrahlung erweiterte sich um eine androgyne Komponente. Diese Verkleidungsrolle ebenso wie später ihre Lulu gaben ihrem Star-Image einen bisexuellen Touch, und nicht wenige ihrer Anhänger(innen) hielten sie — fälschlicherweise — für eine Lesbierin, was die Brooks amüsierte.

Ein bezeichnendes Licht auf die Nonchalance, mit der Louise Brooks an ihre Starkarriere heranging, wirft eine Episode aus dieser Zeit. Wellman wollte die Brooks auch für seinen nächsten Film haben, für THE PUBLIC ENEMY, der mit James Cagney in der Titelrolle einer der drei klassischen, genrebildenden Gangsterfilme wurde. Sie aber lehnte ab, weil sie eine geplante Reise nach New York nicht verschieben mochte, und anstelle der schwarzhaarigen Brooks erhielt die blonde Jean Harlow den interessanten Job. Selbst wenn man bedenkt, daß niemand bei Beginn der Dreharbeiten ahnen konnte, was für ein Meisterwerk entstehen würde, ein „normaler" Filmstar hätte die Rolle kaum ausgeschlagen.

Ihr nächster Film entschädigte die Brooks für diesen freiwilligen Verlust mit einem besonders exotischen Kostüm: In THE CANARY MURDER CASE (1929), nach einem Kriminalroman von S. S. Van Dine, stellte sie eine Tänzerin in einem Feder-Kleid dar, das einen Kanarienvogel neidisch gemacht hätte. Dieser Detektivstreifen war noch als Stummfilm abgedreht worden; da aber mittlerweile die Warner Brothers mit ihren neuartigen Tonfilmen das große Geschäft zu machen begannen, entschlossen sich die Paramount-Leute zur Nachsynchronisation. Ohne Frage rechnete man auf die Mitwirkung der Brooks, aber die Her-

Louise Brooks in NOW WE'RE IN THE AIR (1927)

ren der Chefetage sollten mit dem widerspenstigen Star noch ihr blaues Wunder erleben.

Mit dem aufkommenden Tonfilm wurde so mancher Star wegen wirklicher oder vermeintlicher stimmlicher Mängel über Nacht arbeitslos, und unter den Hollywood-Darstellern ging das große Zittern um die zukünftige Karriere los. Dies gereichte den Studiochefs als willkommene Gelegenheit, Verträge zu mißachten und die enormen Stargagen zu drücken oder zumindest auf dem bestehenden Niveau einzufrieren. Genau das hatte auch B. P. Schulberg, der Leiter des Paramount-Studios, vor, als er die Brooks zu sich bat und vor die Alternative stellte, entweder (entgegen der vertraglich fälligen Gagenerhöhung) weiterhin für 750 Dollar die Woche zu arbeiten oder aus den Diensten des Studios „freigestellt" zu werden. Louise Brooks' Widerstandsgeist wurde somit herausgefordert, und sie traf eine der glücklichsten Entscheidungen ihres Lebens. Kühl gab sie dem staunenden Schulberg zu verstehen, dann sei für sie eben Schluß mit der Filmerei.

Bei der unfreundlichen Unterredung kam zufällig heraus, daß sich bereits seit geraumer Zeit ein deutscher Regisseur für sie interessierte und ihr eine Wochengage von immerhin 1000 Dollar zu zahlen bereit war. Schulberg aber hatte alle Anfragen, den Star nach Deutschland „auszuleihen", negativ beschieden. Nun jedoch war die Brooks von vertraglichen Bindungen frei, und es traf sich besonders gut, daß sie und ihr Liebhaber Marshall im Oktober 1928 ohnehin auf eine längere Europareise gehen wollten. Warum also nicht das Angebot dieses ihr zwar unbekannten Regisseurs namens Georg Wilhelm Pabst annehmen?

Zu dem Zeitpunkt, als Louise Brooks diesen Entschluß faßte, war Pabst, von monatelanger Suche nach einer geeigneten Lulu-Darstellerin entnervt, in Berlin drauf und dran, der noch unbedeutenden und allenfalls als zweite Wahl durchgehenden Marlene Dietrich die Rolle zu geben. Gerade noch rechtzeitig erreichte ihn die frohe Botschaft von der Einwilligung der Brooks. Aus dieser transatlantischen Zusammenarbeit, die derart knapp und zufällig zustande kam, entwickelte sich — was noch niemand ahnen konnte — dann der Höhepunkt der Karriere von Louise Brooks.

✳

DIE BÜCHSE DER PANDORA (1929) faßte die beiden Wedekindschen Theaterstücke *Der Erdgeist* und *Die Büchse der Pandora* zusammen und schilderte Aufstieg und Niedergang der triebhaften und völlig ungehemmten Lulu, die aber im Grunde unschuldig bleibt an dem Chaos und dem Leid, das sie bei den Personen ihrer Umgebung auslöst. Durch ihre Attraktivität und ihre Hemmungslosigkeit bringt sie ihrem Geliebten Dr. Schön ebenso den Untergang wie der lesbischen Gräfin

Geschwitz, dem Sohn Dr. Schöns wie zahlreichen anderen Männern in ihrer Nähe, so lange, bis sie schließlich durch die Hand des legendären Jack the Ripper stirbt. Die Reaktion auf den Film, auf Brooks' Darstellungsweise und besonders auf die Tatsache, daß eine (im damaligen Deutschland) nahezu unbekannte Amerikanerin diese heißbegehrte, erotischste und auch deutscheste aller Frauenrollen der zehner und zwanziger Jahre spielen durfte, war extrem feindlich. Die größten Bühnendarstellerinnen der Zeit wetteiferten miteinander um die „gültigste" Interpretation der Lulu, und sechs Jahre vor der Brooks hatte die berühmte Asta Nielsen in ERDGEIST bereits „ein großartiges Gebärdenspiel der Erotik" (Béla Balász) auf die Leinwand gebracht. Die subtile Rollenauffassung der Brooks dagegen, deren Natürlichkeit kein Schauspielunterricht je gezähmt hatte, wurde nun als mangelndes schauspielerisches Talent diffamiert, und für ein Vierteljahrhundert galt der Film als mißlungen. Ähnliches gilt auch für den wenig später gedrehten DAS TAGEBUCH EINER VERLORENEN, der die Brooks wieder unter der Regie von Pabst in einer vergleichbaren freizügigen, sexuell definierten Rolle zeigte.

Es dauerte immerhin bis 1955, also dem Jahr, in dem auch Langlois das Brooks-Foto an den Eingang seiner Kinoausstellung plazierte, bis die seit 1933 in Paris lebende, 1983 verstorbene deutsche Filmhistorikerin Lotte H. Eisner die Brooks als „eine Art Mirakel" mit „intuitiver Begabung" rühmte und über die beiden Brooks/Pabst-Filme und deren Star in ihrer *Dämonischen Leinwand* schrieb: „Louise Brooks existiert nämlich mit einer erschütternden Eindringlichkeit, sie wandelt durch diese beiden Filme mit einer rätselvollen Unpersönlichkeit. Ist sie wirklich eine große Schauspielerin oder ist sie lediglich ein blendendes Geschöpf, dessen Schönheit den Zuschauer verführt, ihr vielfältige Eigenschaften zu verleihen, denen sie im Grunde fremd bleibt?"

Bei heutiger Betrachtung des Films wird deutlich, worin das Ungewöhnliche der Brooks in der LULU-Rolle bestand: in der genauen Kongruenz von Darstellerpersönlichkeit und Rollenfigur; zwischen diesen bleibt keine Lücke, in die Schau*spiel,* der Gestus des „Als ob", dringen und somit die emotionale Kraft der Brooksschen Erscheinung bändigen könnte. Der Betrachter verspürt Beunruhigung darüber, daß da nicht jemand eine „Rolle" angenommen hat, deren Interpretation seine Profession ist, sondern daß ein Mensch sein tiefstes Inneres dem kinematographischen Apparat und der voyeuristischen Anteilnahme preisgibt. Louise Brooks selber beschrieb recht genau den Vorgang, wie Pabst sie zu dieser Selbstoffenbarung provozierte und sogar die privaten Animositäten der Darsteller untereinander noch funktionalisierte. Kein Wunder, daß die Brooks, die damals bereits eine scharfe Beobachterin war, die psychologische Regieführung von Pabst als befreiend und als „Offenbarung" empfand. Kein Wunder auch, daß sie nach dieser Erfahrung nur noch Spott und Verachtung für die Filmindustrie Hollywoods übrig hatte. Doch auf Mangel an Respekt pflegten die Taikune der Traumfabrik stets ihre schärfsten Waffe, die Verbannung, aufzufahren; somit war auf dem Höhepunkt ihrer künstlerischen Entwicklung Louise Brooks' Ende als Filmstar bereits vorauszuahnen.

✳

Zwischen den Dreharbeiten zu DIE BÜCHSE DER PANDORA und denen zu DAS TAGEBUCH EINER VERLORENEN kehrte Louise Brooks im Frühjahr 1929 für kurze Zeit nach Amerika zurück. Sie hielt sich mit Marshall in New York auf und weigerte sich, nach Hollywood zu reisen. Weder ein Angebot der neugegründeten RKO noch der dringende Befehl der Paramount, bei der Synchronisation des stumm gedrehten THE CANARY MURDER CASE mitzuwirken, ließen sie in ihrem Entschluß wanken. Selbst eine überaus üppige Gagenerhöhung von Paramount zeigte auf die Brooks keine Wirkung. Damit war der endgültige Bruch mit Hollywood so gut wie vollzogen. Das Studio rächte sich auf die übliche Art; es ließ verlauten, Paramount habe sich von Louise Brooks trennen müssen, da ihre Stimme für Tonfilme absolut ungeeignet sei. Diese Presseerklärung kam einem Todesurteil gleich. Aber die Brooks war immer noch nicht bereit, reumütig die Filmbosse um Gnade anzuflehen und wieder unter deren Fittiche zurückzukehren.

Statt dessen reiste sie erneut nach Europa, wo sie mit René Clair PRIX DE BEAUTÉ drehen sollte. Das Projekt scheiterte jedoch zunächst, und an seine Stelle trat DAS TAGEBUCH EINER VERLORENEN. PRIX DE BEAUTÉ wurde dann doch noch realisiert unter der Regie von Augusto Genina. Es wurde der erste Tonfilm der Brooks, bei dem sie aber, da sie kein Wort Französisch sprach, nachsynchronisiert werden mußte. Der Film war bereits ein deutlicher Abstieg gegenüber den beiden mit Pabst, und da ihr auch in Europa keine überragenden Rollen mehr winkten, kehrte sie 1930 auf den eindringlichen Rat eines Freundes hin doch wieder nach Hollywood zurück. Einen größeren Part bei Columbia sollte sie nur via „Besetzungscouch" von Harry Cohn erhalten, und sie lehnte dankend ab. Ein paar Leute, die sie von früher kannten, verschafften ihr noch einige kleinere Nebenrollen in meist zweit- und drittklassigen Streifen, die ihr wie das Gnadenbrot für einen in Ehren ergreisten Filmveteranen vorgekommen sein mußten. Eine demütigende Vorstellung für eine Schauspielerin von nicht einmal 25 Jahren, die gestern noch ein Star war. Nach drei dieser unbedeutenden Parts floh sie wieder einmal nach New York, wo sie durch Vermittlung von Marshall in dem Stück *Louder Please* auftreten konnte, nach einer Woche aber bereits wegen Auseinandersetzungen mit dem Regisseur hinausflog. Der letzte Auftritt, den sie je auf einer Theater- oder Ballettbühne hatte, fand genau am Vorabend ihres 25. Geburtstages statt.

Der Rest ihres ersten Lebens bis zum Tiefpunkt Mitte der fünfziger Jahre ist rasch erzählt: 1933 heiratete sie zum zweiten Mal, einen reichen Chicagoer Geschäftsmann namens Deering Davis, doch diese Ehe dauerte noch kürzer als ihre erste — nur knapp sechs Monate. Es folgten ein Jahr lang Auftritte in Nachtklub-Varietés, dann erschien und verglühte der Hoffnungsschimmer, an der Seite der Garbo in einer *Faust*-Verfilmung von Pabst mitzuwirken. Zwischen 1936 und 1938 tauchte sie wieder in die Hollywood-Society ein, blieb aber stets nur deren kritischer Zaungast, der zwischen offen gezeigter Langeweile und insgeheimem Ekel schwankte; sie wirkte bei vier Filmen mit — in ihrem letzten, dem B-Western OVERLAND STAGE RAIDERS (1938), zusammen mit dem noch unbekannten John Wayne —, und konnte sich, ohne Arbeit, mühsam zwei weitere Jahre in der Filmstadt halten. In dieser Zeit drohte die vollends abzusacken, da ihre Methode, sich von diversen Männern „aushalten" zu lassen, allmählich professionelle Züge annahm, wie sie es später in ihren Artikeln anklingen ließ. Sie begann sich nach der Geborgenheit ihrer Heimat Kansas zu sehnen und flüchtete für eine Weile in den Schoß ihrer Familie zurück. Sie versuchte sich dort in Wichita zwischen 1940 und 1943 an einem kleinem Tanzstudio, vermochte aber die Enge des Provinzstädtchens nicht mehr zu ertragen.

Zurück in New York, arbeitete sie um 1945 eine Zeitlang in der Werbung und bei einem lokalen Radiosender und landete 1946 bei dem Nobelkaufhaus Saks auf der Fifth Avenue, wo sie sich für 40 Dollar die Woche als Verkäuferin durchschlug. Dies stand sie fast zwei Jahre durch, bis wieder eine Phase des „Ausgehaltenwerdens" folgte — diesmal seitens dreier wohlhabender Männer gleichzeitig. Das dauerte bis 1953, und dann folgte ihr schrecklichstes Jahr, in dem sie sehr viel trank und Selbstmordpläne wälzte — bis Langlois' Ausstellung kam und die Renaissance ihrer Filme. Gerade noch rechtzeitig, bevor es zu spät war.

Wie viele ehemalige Filmstars aus den Zwanzigern und Dreißigern hätte auch sie nun wieder gelegentliche Gastrollen in Kultfilmen junger Regisseure erhalten können, in denen sie von ihrem vergangenen Mythos gezehrt hätte, aber seit Ende der fünfziger Jahre litt sie zunehmend an Hüftarthritis, in den letzten Jahren auch an einem Lungenemphysem, so daß sie ihre Wohnung nur noch mühsam verlassen konnte. Sie bezog ihr bescheidenes Zweizimmerapartment in Rochester und begann mit ihren filmhistorischen Studien und ihrer Autorentätigkeit, die sie nach ein paar Jahren wieder beendete, weil sie — so erklärte sie der inzwischen eng mit ihr befreundeten Eisner — es leid war, Wahrheiten zu schreiben, die im Gewühl des Publicity-Schunds untergingen. Dort in Rochester verstarb sie dann, 78jährig, am 8. August 1985 an den Folgen eines Herzinfarkts.

Zu ihrer späten Wertschätzung, auf die sie stolz war, gehörte auch die Comic-Strip-Heldin Valentina, die der italienische Cartoonist Guido Crepax 1965 nach ihrem Lulu-Vorbild schuf und mit der er die Brooks als „Mythos des zwanzigsten Jahrhunderts" feierte.

✳

Wenn ihr Mythos auch einzig ihrer Lulu, der Rolle ihres Lebens und ihrer Lebensrolle zugleich, entsprang, so folgte ihre Vita über weite Strecken einer ganz anderen Fabel, einer uramerikanischen, die von jedem Kind Amerikas gekannt und geliebt wird. In *The Wizard of Oz* sehnt sich ein unglückliches Mädchen — in genau dem Alter, als Louise von New York träumte — danach, die Enge ihres Kansas-Farmlebens zu verlassen und „über den Regenbogen" zu steigen. Und tatsächlich trägt ein Wirbelsturm es in eine Phantasiewelt, in der die Frauen gut oder böse, jedenfalls stark, und die Männer schwach sind, und in der es — als Metapher des Erwachsenwerdens — gefährliche Abenteuer durchstehen muß. Nachdem es manchen faulen Zauber entlarvt und zu sich selbst gefunden hat, freut es sich darauf, in den Schoß ihrer vertrauten Heimat zurückzukehren. Doch hier trennen sie die Parallelen: das Farm-Girl Dorothy wird dort für immer glücklich, wo der ehemalige Star Louise Brooks nur bedrückende Enge verspürte, im heimischen Kansas.

Wie sehr die Brooks, trotz ihrer ausgedehnten sexuellen Erfahrungen, die sie in den Metropolen der Welt sammeln konnte, dem tiefreligiösen und bigotten Provinzamerika des *Bible Belt* verhaftet blieb, verrät eine Begebenheit aus den späten Vierzigern. Damals begann sie, auch um ein wenig Geld zu machen, an ihren Memoiren zu basteln, die sie kühn und vielsagend nach einem Zitat aus dem Walpurgisnachttraum aus *Faust* mit *Naked on My Goat* überschrieb:

> Der Puder ist so wie der Rock
> Für alt' und graue Weibchen,
> Drum sitz' ich *nackt auf meinem Bock*
> Und zeig' ein derbes Leibchen.

Dies sagt bei Goethe eine junge Hexe zu einer Matrone, die darauf giftig erwidert:

> Wir haben zu viel Lebensart,
> Um hier mit euch zu maulen;
> Doch hoff' ich, sollt ihr jung und zart,
> So wie ihr seid, verfaulen.

Selbst eher „alt und grau" geworden als "jung und zart verfault", warf sie, in einem Akt der Selbstreinigung, ihre Aufzeichnungen ins Feuer und lieferte in einem 1977 veröffentlichten Artikel eine überraschende Begründung nach. In *Why I Will Never Write My Memoirs* schreibt sie, daß sie das Leben einer Person nur zu schildern vermag, wenn sie deren sexuelle Vorlieben, Abneigungen und Konflikte nicht ausspart. Dies gilt um so mehr für ihre eigene Vita, in der sie, die nie wirklich geliebt hat und zur festen Bindung unfähig war — wie sie an anderer Stelle einmal freimütig eingestand —, nur allzu oft den Kurs ihres Weges von ihren Beziehungen zu Männern bestimmen ließ und sich nicht selten männlicher Dominanz bereitwillig unterstellte. Und ihre Erklärung endet mit dem festen Entschluß: „Ich bin nicht gewillt, die sexuellen Wahrheiten mitzuteilen, die mein Leben lesenswert machen würden. Ich kann den Bibel-Gürtel nicht öffnen. Dies ist der Grund, weshalb ich meine Memoiren niemals schreiben werde."

PW

Filmographie Louise Brooks:

The Street of Forgotten Men, 1925, Herbert Brenon. *The American Venus,* 1926, Frank Tuttle. *A Social Celebrity,* 1926, Malcom St. Clair. *It's the Old Army Game,* 1926, Edward Sutherland. *The Show-Off,* 1926, Malcom St. Clair. *Just Another Blonde,* 1926, Alfred Santell. *Love 'Em and Leave 'Em,* 1926, Frank Tuttle. *Evening Clothes,* 1927, Luther Reed. *Rolled Stockings,* 1927, Richard Rosson. *Now We're in the Air,* 1927, Frank Strayer. *The City Gone Wild,* 1927, James Cruz. *A Girl in Every Port* (In jedem Hafen eine Braut), 1928, Howard Hawks. *Beggars of Life,* 1928, William A. Wellman. *The Canary Murder Case,* 1929, Malcolm St. Clair. *Die Büchse der Pandora,* D 1929, G. W. Pabst. *Das Tagebuch einer Verlorenen,* D 1929, G. W. Pabst. *Prix de beauté,* F 1930, Augusto Genina. *Windy Reilly in Hollywood,* 1931, William Goodrich (= Roscoe Arbuckle). *God's Gift to Women,* 1931, Michael Curtiz. *It Pays to Advertise,* 1931, Frank Tuttle. *Empty Saddles,* 1936, Lesley Selander. *King of Gamblers,* 1937, Robert Florey. *When You're in Love,* 1937, Robert Riskin. *Overland Stage Raiders,* 1938, George Sherman.

Marie Dressler Anfang dieses Jahrhunderts

Die ernsthafte Komödiantin
Marie Dressler

Im März des Jahres 1930 hatte ein Film Premiere, der den Titel ANNA CHRISTIE trug und für den überall, auf Plakaten, in ganzseitigen Zeitungsanzeigen und auf den Anzeigetafeln über den Kinoeingängen, mit dem Slogan *Garbo Talks* die Reklametrommel gerührt wurde. Dieser schlicht-und-ergreifende Werbespruch verkündete den zahllosen Anhängern der göttlichen Garbo von einer Sensation. Wie würde sich die Stimme der Angebeteten in ihrem Tonfilmdebüt anhören? Würde sie ihr enigmatisches Spiel in den sprechenden Film hinüberretten können? Oder würde sie, wie so viele Stars der späten Zwanziger, daran zerbrechen?

Diese Fragen hatten auch den Bossen von MGM schlaflose Nächte bereitet, und den Zeitpunkt, die Garbo sprechen zu lassen, hatten sie mit Bedacht immer wieder hinausgezögert. Nun aber war der Augenblick der Wahrheit gekommen: Die Garbo betritt, in der Rolle einer Prostituierten, eine Bar und verlangt nach einem Whiskey mit Ginger Ale — und ihre Stimme hat einen rauhen und sinnlichen Klang, der die Fans im Parkett erschauern ließ. Das war nicht ganz das Timbre, das man sich vorgestellt hatte, aber, nach kurzer Eingewöhnung war man sich einig: es gefiel.

Die eigentliche Überraschung des Films stellte aber nicht die nun sprechende Göttin der Leinwand dar, sondern eine Schauspielerin, die bei Garbos Kneipenszene an einem Tisch sitzt und den Auftritt gelassen beobachtet: eine gut 60jährige Matrone „mit dem Körperumfang einer Regentonne", wie einmal ein Rezensent sie wenig charmant, aber treffend beschrieb, „und dem Faltengesicht eines Bernhardiners". Der Name der auffallenden Akteurin mit dem widerspenstigen tizianroten Haar, von der mancher meinte, sie habe in ihrer Rolle als heruntergekommene Hafenschreckschraube dem 25jährigen schwedischen Star ganz einfach die Show gestohlen, lautete Marie Dressler — und nur die ältesten unter den Zuschauern dürften sich dabei noch an die Vaudeville-Veteranin der Vorkriegsjahre erinnert haben. Das Aufeinanderprallen der beiden völlig unterschiedlichen Darstellerinnen in ANNA CHRISTIE brachte der Garbo-Biograph Robert Payne einmal auf die griffige Formel: „Die vollkommene Schönheit begegnet der vollkommenen Menschlichkeit."

Für die Anfang der Dreißiger nicht gerade hoch im Kurs stehende Vollblutschauspielerin aus längst vergessenen Zeiten war es alles andere als leicht gewesen, eine Rolle in dem Prestigefilm zu erlangen. Zwar hatte die Top-Drehbuchautorin und langjährige Freundin der Dressler, Frances Marion, das Erfolgsstück von Eugene O'Neill (das dennoch zu seinen schwächsten zählt) zum Drehbuch umgearbeitet, aber Produktionschef Irving Thalberg dachte den Part jemandem zu geben, der mehr Public Appeal aufzuweisen hatte als die Dressler. Frances Marion aber besaß als jahrelanger Erfolgslieferant bei MGM eine gewisse Machtposition und konnte Probeaufnahmen mit der Dressler durchsetzen, die dann auch die beharrlichsten Skeptiker überzeugten.

Die Rolle der unansehnlichen und trinkfreudigen Marthy Owen katapultierte die Dressler in die obersten Ränge der MGM-Stars, und endlich, endlich waren die bitteren Jahre des Wartens vorüber. Sie erhielt einen Siebenjahresvertrag, und das Unglaubliche nahm seinen Lauf: Bald sollte ihr Name an der Kinokasse mehr Zugkraft besitzen als der der Garbo — oder jedes anderen Stars bei MGM oder sonstwo zwischen 1932 und 1934. In dieser Zeit kletterte die Wochengage von Marie Dressler bis zur 5 000-Dollar-Marke — eine ganze Menge für jemand, der ein paar Jahre zuvor noch am Hungertuch genagt hatte.

Noch im selben Jahr 1930, in dem sie mit ANNA CHRISTIE ihren späten Durchbruch erreichte, trat sie in sechs weiteren Filmen auf, zunächst in der zweiten oder dritten Rolle, bald auch in der Hauptrolle. Für ihren letzten der Filme dieses Glücksjahres, für MIN AND BILL, wurde sie, vor den ebenfalls Nominierten Marlene Dietrich und Norma Shearer, sogar mit einem „Oscar" belohnt, den die Garbo im übrigen nie erhielt — bis auf einen *Special Award* im Jahre 1955, der dieses unverständliche Versäumnis korrigieren sollte. MIN AND BILL war eine von Frances Marion verfaßte Komödie, in der die Dressler mit einem ähnlichen Original, mit Wallace Beery, ein skurriles Ehegespann abgab, das ein ziemlich heruntergewirtschaftetes Hafenhotel betreibt. Die mit Superlativen nie geizende MGM scheute sich nach dem Erfolg des Films nicht, die Dressler als „Die größte Schauspielerin der Welt" zu apostrophieren.

Frances Marion versorgte die Dressler mit weiteren Komödien; zwei davon — REDUCING und POLITICS — zeigten sie 1931 (wie bereits früher schon einmal) im Team mit Polly Moran, und mit TUGBOAT ANNIE konnten sie und Beery 1933 an ihren gemeinsamen Erfolgsfilm wieder anknüpfen. Vorher war sie mit EMMA noch einmal für einen „Oscar" im Gespräch gewesen, aber es hatte nur für eine Nominierung gereicht. In dem All-Star-Vehicle DINNER AT EIGHT, das George Cukor 1933 nach einem Broadway-Hit inszenierte und dessen spritzige Dialoge und ausgezeichnete Charakterzeichnungen Filmgeschichte machten, stahl sie nun tatsächlich allen die Show, selbst der erotischen Jean Harlow. Im selben Jahr folgte CHRISTOPHER BEAN, in dem die Dressler wieder einen ihrer Lieblingscharaktere darstellte, eine von allen herumgestoßene Küchensklavin.

Die Dressler genoß den späten Rummel um ihre Person sehr. Ihr Startum kam ihr nach der langen Wartezeit nun noch lohnender vor als die frühen Triumphe ihrer jungen Jahre, und ihre größte Genugtuung war es, sich das ignorante und in den Zwanzigern jugendverrückte Hollywood durch ihre Beharrlichkeit (zurück)erobert zu haben. Sie war stolz, im August 1933 auf dem Titelbild von *Time* zu erscheinen, und rühmte sich nicht wenig ihrer — teils engen, teils fernen — Bekanntschaft mit sieben US-Präsidenten, angefangen bei Grover Cleveland bis hin zu F. D. Roosevelt. Zu der Tragik ihres Lebens gehört, daß sie sich ihres wohlverdienten und späten Status nicht allzulange erfreuen durfte. Während der Dreharbeiten zu ihren letzten drei Filmen wußte sie, daß sie unheilbar krebskrank war. Die Aufnahmen mußten des öfteren unterbrochen werden, und ihr Arbeitstag dauerte zuletzt nur noch ein paar Stunden. Es zeugte von ihrem professionellen Willen, daß sie unter einer derartigen Belastung noch in der Lage war, Komödienrollen zu spielen. Als sie spürte, daß es mit ihr zu Ende ging, zog sie sich von Hollywood in ein abgelegenes Haus in Santa Barbara zurück, um ihren zahlreichen Freunden ihren Anblick zu ersparen. Nach zweiwöchigem Koma starb sie am 28. Juli 1934, und es ist keine Übertreibung zu behaupten, daß sie noch viele Jahre eine Filmkomödiantin der obersten Kategorie hätte bleiben können — zumal im Gespann mit Wallace Beery, wofür es feste Pläne gab.

Das Leben der Marie Dressler wäre wohl in entscheidenden Momenten völlig anders verlaufen, hätte sie nicht 1907 zufällig die Bekanntschaft von Frances Marion gemacht. Diese stieg in den dreißiger (und auch vierziger) Jahren zur höchstbezahlten Drehbuchautorin Hollywoods auf und bildete zusammen mit Anita Loos und Bess Meredyth eine Art Drehbuch-Feminat bei MGM, das die Film-Politik des Studios deutlich mitbestimmte. Die Marion war nicht nur die Drehbuchautorin oder Verfasserin der Originalstory zu sieben Dressler-Filmen zwischen 1927 und 1933, sondern ihr alleine verdankte Marie Dressler, daß sie aus ihrer schmerzlichen Anonymität ins Scheinwerferlicht der Ateliers zurückkehren durfte. Frances Marion verarbeitete ihre Kenntnis von Episoden aus dem Leben der Dressler im Jahre 1937 zu einem Roman mit dem Titel *Molly, Bless Her* — der 1945 wiederum unter dem Titel MOLLY AND ME auch verfilmt wurde.

Zum ersten Mal waren sich die beiden Frauen im San Francisco des Jahres 1908 begegnet. Marion hatte mit knapp 20 Jahren eine Stelle als Nachwuchsreporterin beim *San Francisco Examiner* angetreten und sollte den gefeierten Bühnenstar Marie Dressler, der mit seinem Erfolgsstück *Tillie's Nightmare* endlich auch in Frisco gastierte, interviewen und eine biographische Skizze über ihn anfertigen. Die schüchterne und zarte Frances stand also inmitten eines Pulks routinierter männlicher Kollegen und wartete auf den Presseauftritt des Stars. Dieser erschien gutgelaunt in der Garderobentür und empfing die Journalisten mit einem tiefen und lautstarken „Seid gegrüßt, Freunde. Macht eure Interviews, aber zack, zack, wenn ich bitten darf — der Zirkus wartet bereits auf seinen Elefanten". Irgendwie muß der Dressler das völlig verloren wirkende Mädchen aufgefallen sein, jedenfalls nahm sie es nach der Vorstellung mit in ihre Garderobe, unterhielt sich mit ihm und schloß es in ihr mütterliches Herz.

Sechs Jahre später sahen sich die beiden zufällig auf einem Bahnhof in Los Angeles wieder, aber nur für einen Moment, denn die Dressler war auf dem Weg nach New York. Es verging mehr als ein Jahr, bis sie dort erneut aufeinandertrafen und sich dieses Mal anfreundeten. Zwar wurden die beiden Frauen nicht gerade enge Freundinnen, das verhinderten die fast zwanzigjährige Altersdifferenz, das völlig andere Aussehen und der unterschiedliche Lebensstil. Man hielt von nun an aber lockeren Kontakt, und 1917 kam es zu einer ersten Zusammenarbeit: Die Marion verfaßte das Drehbuch zu dem dritten (und erfolglosesten) TILLIE-Film der Dressler.

In Frances Marions Vorstellung blieb die Dressler stets der gefeierte Bühnenstar der Vorkriegsjahre, bis sie 1927 von einer gemeinsamen Bekannten einen Brief erhielt, der sie schockierte. Darin mußte sie lesen, daß die Lage der Dressler mehr als verzweifelt war. Seit über neun Jahren hatte sie, bis auf ein paar winzige Jobs, nicht mehr als Schauspielerin arbeiten können — nun trage sie sich ernsthaft mit dem Gedanken, in Paris eine Pension für Amerikaner aufzumachen, und habe sich auch schon in den Zeitungen nach offenen Haushälterinnenstellen umgesehen. Der Brief schloß mit der Bitte, für die desperate Dressler irgend etwas zu tun. Wie der Zufall wollte, war die Marion kurz zuvor in einem Fachblatt auf den Namen Marie Dressler gestoßen, im Zusammenhang mit ihrem Auftritt in THE JOY GIRL, für den sie hoch gelobt wurde. Zwar war sie nur in einem Minipart zu sehen gewesen, der ihr im Vorjahr gerade zwei Drehtage eingebracht hatte, aber dies war nach acht Jahren die erste Filmrolle überhaupt.

Frances Marion suchte nach einem geeigneten Stoff für die Dressler und kam auf eine satirische Komödie, in der sie sich die Dressler und Polly Moran, eine MGM-Komödiantin ähnlichen Zuschnitts, als lustiges Gespann vorstellen konnte. Sie erzählte Thalberg von dem Projekt, der damit einverstanden war, nur der Name der Dressler sagte dem 28jährigen Produzenten nichts. Nach einigem Hin und Her setzte die Marion sich durch, und ihre Bekannte aus besseren Tagen erhielt die Rolle. Hochbeglückt reiste Marie Dressler mit ihrer Wohngenossin Nella Webb, einst eine populäre Diseuse, aus ihrem geliebten New York ins weit weniger geliebte Hollywood und arbeitete eisern an ihrer Aufgabe in THE CALLAHANS AND THE MURPHYS.

Die Dressler und die Moran spielten darin zwei klatschsüchtige älte-

Marie Dressler in DINNER AT EIGHT (1933)

re Ehefrauen, die sich den lieben langen Tag über ihre Familien, Verwandten und Nachbarn auslassen, Gerüchte in die Welt setzen und sich an Bier und Picknicks erfreuen. Bei den Previews war der Film ein Bombenerfolg, doch als er gerade ein paar Tage in den Kinos lief, entzündete sich an ihm der Zorn irischstämmiger Amerikaner. Sie behaupteten, der Film mache sich in diskriminierender Weise über ihre Volksgruppe lustig — dabei verwies einzig der Titel auf die Iren. Die einflußreiche irische Lobby begann die Kinos zu boykottieren, die den Film spielten, schickte Protestschreiben los und zwang das Studio, das „Machwerk" zurückzuziehen. Wieder war die Dressler *out of business.* Nicht von ungefähr soll von ihr einer der wichtigsten Glaubenssätze der Traumfabrik stammen, der gleichsam geflügelte Zynismus: „Du bist nur so viel wert wie dein letzter Film." Demnach war sie momentan keinen Pfifferling mehr wert.

Von Frances Marion und anderen Freunden — auch finanziell — unterstützt, hielt sie aber in Hollywood mit der ihr eigenen Zähigkeit durch, klapperte routinemäßig die Besetzungsbüros ab, bot sich auch für die winzigste Rolle an und bekam, nach fast einem Jahr zwischen Hoffnung und Resignation, tatsächlich drei Filmauftritte. Anschließend war endlich die Welle der Flapper-Schönheiten zu Ende, und als der Tonfilm kam, stiegen auch ihre Aktien erneut im Kurs — jetzt waren wieder Schauspielerinnen mit Stimmausbildung gefragt. Sie absolvierte ihr Tonfilmdebüt bei First National, stieg als komische MGM-Venus in dem Prestige-Tonfilm THE HOLLYWOOD REVUE OF 1929 aus dem Meer, und dann kündigte sich auch schon ANNA CHRISTIE an als nächste Sprosse der Leiter zum Hollywood-Olymp.

Zu diesem Zeitpunkt rechnete man den ersten Film der Dressler, den sie bereits anno 1914 gedreht hatte, längst zur Filmgeschichte, Abteilung Jungsteinzeit. Damals thronte sie auf dem Gipfel ihres Ruhms als Theaterschauspielerin und hatte mehr als fünf Jahre lang landauf, landab ihr populärstes Stück, die Komödie *Tillie's Nightmare,* vorgeführt. Noch ein Jahrzehnt später sollte das Publikum, wenn überhaupt, dann den Namen Dressler mit ihrer „Tillie" in Verbindung bringen. So hieß das geplagte Dienstmädchen, das in der Pension seiner Mutter die gesamte Arbeit verrichten muß, während sich seine Schwester faul in der Sonne aalt. Tillies einziger Trost sind ihre Träume, in denen sie sich als feine Dame in eleganten Kleidern sieht. Diese Cinderella-ähnliche Figur bot der Dressler nicht nur die Darstellung eines facettenreichen Charakters, sie konnte dabei auch, von Arbeitslumpen bis zu Abendkleidern, in den unterschiedlichsten Kostümen paradieren. Vor allem aber hatte sie in dieser so bezeichneten „Melange von Munterkeit und Melodie in drei Akten" die Gelegenheit, eine Reihe flotter

Songs vorzuführen, von denen *Heaven Will Protect the Working Girl* zum Hit und zu ihrer „Erkennungsmelodie" wurde.

Das Stück hatte die Dressler nicht nur berühmt, es hatte sie obendrein reich gemacht. Auch war es keine Überraschung, daß sich die Filmleute, immer auf der Jagd nach verheißungsvollen Stoffen, bald Gedanken machten, wie sie die Geldströme des Stücks von der Bühne in ihre Kinokasse umlenken könnten. Mack Sennett, der Erfinder und Meister der Slapstick-Komödie, war der quickeste. Er holte die Dressler nach Los Angeles und drehte mit ihr und den beiden Keystone-Akteuren Charles Chaplin und Mabel Normand unter dem Titel TILLIE'S PUNCTURED ROMANCE eine Art Fortsetzung des Theaterstücks. Der Film wurde ein wahnsinniger Erfolg — auch für Chaplin und Normand — nicht zuletzt deswegen, weil er mit seiner Länge von (je nach Projektionsgeschwindigkeit) zirka einer Stunde die erste abendfüllende Filmkomödie überhaupt darstellte und eine entsprechend komplexe Handlungsstruktur aufwies. Sennett konnte, mit Marie Dressler als Erfolgsgarant, das Wagnis eingehen, für die Dreharbeiten ganze 14 Wochen aufzuwenden — zu einer Zeit, als Filme üblicherweise innerhalb einer Woche entstanden. Zwei Fortsetzungen wurden diesem Renner hinterhergeschoben, die aber schwächer waren und beim Publikum nur wenig Anklang fanden.

Im Anschluß an diesen Doppelerfolg als Bühnen- und als Filmstar wäre es für die Dressler nur natürlich gewesen, weiterhin ähnliche Rollen in beiden Medien zu verkörpern. Sie aber traf eine ganz andere Entscheidung. In diesen Jahren, als die USA in den Ersten Weltkrieg verwickelt zu werden drohten, sah sie es als ihre patriotische Pflicht an, die Verteidigungsanstrengungen ihres Landes zu unterstützen. Wie viele andere Zelebritäten half auch sie, Liberty Loans, mit denen der Krieg finanziert werden sollte, an die Bevölkerung zu veräußern. Ihr Engagement wie auch ihre große Popularität spiegelten sich darin, daß sie bis Kriegsende mehr dieser Pfandbriefe losgeworden war als jede andere Einzelperson in den USA. Obendrein trat sie in den Trainingscamps unentgeltlich vor Soldaten auf und spielte, nach dem Kriegseintritt der USA im Frühjahr 1917, auch für die Verwundeten in den Lazaretten. In dieser Zeit lebte sie von ihren Ersparnissen, die bis Kriegsende bedenklich zusammenschmolzen. Sie wollte nun zur Bühne zurückkehren, aber sie engagierte sich in eine neue Pflicht, die ihr ebenfalls keinen Cent für ihren Lebensunterhalt einbrachte.

1919 waren es die Bühnenschauspieler New Yorks endgültig leid, sich weiterhin dem Diktat der Theaterproduzenten zu beugen. Sie gründeten die Actors Equity Association, um fairere Verträge und insbesondere bezahlte Probenzeiten durchzusetzen, was bislang unüblich war. So konnte es passieren, daß die Schauspieler sechs Wochen lang unbezahlt ein neues Stück probten, das dann möglicherweise schon nach einer Woche, da für die Theaterbesitzer unprofitabel, abgesetzt wurde. Die in der Equity organisierten Schauspieler überwanden ihre individualistischen Neigungen und Eifersüchteleien und traten, zur Überraschung der Produzenten, in den Streik.

Alle Theater New Yorks mußten geschlossen werden, und Abgesandte beider Lager begannen mit Verhandlungen. Marie Dressler übernahm, da sie einst als Chorusgirl angefangen hatte, bereitwillig die Vertretung dieser Sparte, die am entschlossensten war und zwei Jahre zuvor bereits einmal einen Ausstand geprobt hatte. Sie nahm an Kundgebungen teil, organisierte Diskussionen und saß in der Kommission. Bei den Theaterproduzenten war sie wegen ihres Mundwerks gefürchtet und konnte bei den Verhandlungen viele Vorteile herausschlagen. Letztlich hatte die Equity Erfolg; die Produzenten mußten nun von der zweiten Probewoche an die halbe Gage zahlen und, bevor man auf Tournee ging, eine Art Kaution hinterlegen, die den Schauspielern zumindest das Rückticket nach New York garantierte.

Marie Dressler hatte sich spätestens seit den frühen zehner Jahren nicht mehr aktiv um Rollen bemühen müssen, im Gegenteil, man hatte mit Angeboten bei ihr Schlange gestanden. Anfang der Zwanziger sah die Sache anders aus. Ihr Agent kam mit leeren Händen von seinen Touren zurück und hatte ihr schonend beizubringen, daß ihr Rollenfach nicht mehr gefragt war. Nun regierten Schönheit, Jugendlichkeit, Sportlichkeit und Magerkeit, und eine fünfzigjährige, hochgewachsene und vollbusige 90-Kilo-Darstellerin mit komischem Gesicht war so ziemlich das letzte, was die Leute sehen wollten. Hinzu kam, daß die Produzenten ihre Exponiertheit bei dem Theaterstreik nicht vergessen hatten. Sie war ideal, um ein Exempel zu statuieren: einerseits bekannt genug, um auch ihre Kollegen einzuschüchtern, andererseits, in der Ära des androgynen Frauenideals, nicht mehr unverzichtbar. Also boykottierte man sie und ließ sie wissen, ihre Karriere sei zu Ende.

Gute Freunde, insbesondere ihre Wohnungsgenossin Nella Webb, glaubten fest an ihr Comeback und bemühten sich schier unermüdlich. Aber alle Hoffnungen zerstoben noch in der Planungsphase oder stellten sich als Drei-Tage-Wunder heraus, die kein Geld brachten — ähnlich wie die beiden Reisefilme, die sie 1918 mit Harry Reichenbach in Frankreich angefertigt hatte, die aber derart mißlungen waren, daß man sich nicht einmal traute, sie in die Kinos zu bringen. Frustriert von ihren fruchtlosen Anstrengungen, verkaufte Marie Dressler die letzten der für sich selbst erworbenen Kriegsanleihen, lieh weiteres Geld bei Freunden und startete zu einer längeren Europareise; sie fuhr durch Deutschland und Österreich und suchte Orte auf, an denen ihr Vater einst gelebt hatte, bereiste auch Frankreich und Italien. Zurück in Amerika, fand sie das Land noch jugendverrückter als zuvor und begann sich, wie so viele Stars vor ihr, damit abzufinden, daß ihre Zeit passé war. Sie trat jahrelang bei Wohltätigkeitsveranstaltungen auf, arbeitete als Empfangs- und Gesellschaftsdame im Ritz Supper Club und hauste zeitweise in einer kleinen Kammer des Hotels.

Eine der befriedigendsten Tätigkeiten in diesem Lebensabschnitt war ihre Mitarbeit bei der American Woman's Association, die von der Frauenrechtlerin Anne Morgan in New York gegründet worden war. Die Gruppe hatte sich darangemacht, zwei Millionen Dollar für ein Frauenhaus aufzutreiben, das alleinstehenden berufstätigen Frauen als Wohn- und Versammlungsstätte dienen sollte. Anne Morgan war eine schillernde Persönlichkeit, die im Kampf um Frauengewerkschaften und für das Frauenwahlrecht so manche Schlacht erfolgreich durchstanden hatte; nun bat sie die Dressler, bei Veranstaltungen aufzutreten, Radioreden zu halten und mit kleinen Sketchen die Leute zu Spenden zu animieren. Wie bei ihren Liberty-Loans-Verkäufen stürzte sich die Dressler mit Begeisterung in die Sache und war sehr erfolgreich.

Weitere Jahre verstrichen, in denen sie sich nur durch die Hilfe von Freunden und mit Gelegenheitsarbeiten über Wasser halten konnte, bis sie 1926/27 der fixen Idee verfiel, nach Frankreich überzusiedeln. Dort wollte sie eine spezielle, auf die Bedürfnisse ihrer amerikanischen Landsleute zugeschnittene Pension eröffnen und vertraute dabei ganz auf ihre Kochkünste und ihre auf diversen Tourneen erworbenen Hotelerfahrungen. Sie besorgte sich eine Schiffspassage, verschob dann ihre Abreise auf Drängen von Nella Webb noch einmal für ein paar Monate, bis dann das Unglaubliche eintrat: der erlösende Anruf aus Hollywood — von ihrer alten Bekannten Frances Marion.

Schon früh in ihrem Leben hatte Marie Dressler lernen müssen, sich durchzusetzen, und ebenso früh hatte sie die Erfahrung gemacht, daß sie ihre Umgebung nicht mit Liebreiz, sondern nur durch große Willensanstrengung für sich einzunehmen vermochte. Ihr eigener Vater führte ihr beinahe täglich vor Augen, wie sehr Menschen andere in erster Linie nach ihrem Aussehen beurteilen — und daran mangelte es ihr, nicht aber der vom Vater bevorzugten, fünf Jahre älteren Schwester Bonita. Die frühen Auseinandersetzungen mit dem sie hassenden und von ihr gehaßten Vater trieben Marie Dressler im Alter von 14 Jahren aus dem Haus, und sie wurde Mitglied einer fahrenden Theatertruppe, wo sie sich mit ihrer komischen Begabung die Zuneigung erwerben konnte, die ihr wegen ihres Äußeren oft versagt wurde.

Marie Dressler kam am 9. November 1869 in dem kanadischen Kleinstädtchen Cobourg unter dem Namen Leila von Koerber zur Welt. Ihr Vater Alexander Rudolph von Koerber war in Österreich geboren und in Deutschland aufgewachsen. Als Kind steckte man ihn in eine Militärschule, in der er auch eine umfassende musikalische Aus-

bildung erhielt; er spielte recht gut Klavier und Orgel und komponier-
te gelegentlich kleinere Musikstücke. Er wurde Soldat in der englischen Armee, nahm am Krim-Krieg teil und ließ sich kurzfristig in
England nieder, bevor er in die Neue Welt emigrierte. Als Musiklehrer
und Gelegenheitspianist schlug er sich recht und schlecht durch und
kam irgendwie auch nach Kanada, wo er Anne Henderson, die Tochter
eines wohlhabenden irischstämmigen Geschäftsmannes und Reeders,
kennenlernte und bald heiratete. Mr. Henderson war entschieden gegen diese Ehe und lehnte jede Unterstützung der von Koerbers ab, deren finanzielle Lage sich stets zwischen schlecht und äußerst schlecht
bewegte.

Der Vater war kaum fähig, der Familie einen geregelten Lebensunterhalt zu bieten. Wegen seines überaus cholerischen und starrsinnigen
Temperaments verlor er seine Klavierschüler und seine Organistenstel-
len oft schon nach kürzester Zeit, und die Familie mußte alle paar Monate ihre geringe Habe zusammenpacken und umziehen. Koerber war
daran zerbrochen, daß sich sein Wunschtraum von einer großen musi-
kalischen Karriere nicht erfüllte, und er ließ seine Unzufriedenheit, seine Enttäuschung und seine Wut an den Kindern und an seiner Frau
aus. Die Sorge um den Unterhalt der Familie übertrug er weitgehend
seiner Frau, die sich ein Zubrot verdiente, indem sie in den Episkopal-
Gemeinden, in denen Koerber jeweils als Organist verpflichtet war,
kleine Laienspiele einrichtete. Bei den sehr beliebten Aufführungen erhielten die beiden Koerber-Töchter fast immer exponierte Rollen. Mit
fünf Jahren stand Leila zum ersten Mal auf der Bühne — als Kupido.
Schnell fand sie heraus, daß sie die Aufmerksamkeit der Zuschauer auf
sich lenken konnte, indem sie sie zum Lachen brachte, und wenn es
dann hieß: „Ist sie nicht komisch?", so schmeichelte ihr das ebenso
wie das „Ist sie nicht hübsch?", das ihre Schwester stets erntete.

Als Leila älter wurde, mit zwölf, dreizehn, nahmen die Konflikte mit
ihrem Vater, von dem sie nicht nur die Gesichtszüge, sondern auch das
störrische Temperament geerbt hatte, immer heftigere Formen an. Sie
verzieh ihm nicht, daß er ihrer geliebten Mutter das Leben unnötig
schwermachte, und sie faßte den Plan, möglichst früh Geld zu verdienen und für ihre Mutter zu sorgen. Mit 14 war Leila derart groß und
entwickelt, daß sie im Ort gastierenden Theaterleuten vormachen
konnte, sie sei bereits 18 Jahre alt, und man gab ihr, wie auch ihrer
Schwester, ohne weiteres einen Job. Dafür hatte sie jedoch nicht nur
ihr Alter, sondern auch ihre schauspielerischen Erfahrungen beträchtlich aufwerten müssen.

Die Schwester verließ die Truppe bereits nach ein paar Wochen wieder, doch Leila blieb und nahm, nach einer entfernten deutschen Tan-
te, den Namen Marie Dressler an. Ihr Vater wollte nicht, daß der Name derer von Koerber durch ihre Schauspielerei „in den Schmutz gezo-

84

gen" würde. Die Gage betrug sechs Dollar die Woche, von denen sie die Hälfte nach Hause sandte. Bei dieser drittklassigen Wanderbühne war sie gezwungen, in raschem Wechsel alle möglichen Rollen und Sujets zu spielen, und erhielt auf diese Weise eine umfassende Ausbildung — im dramatischen ebenso wie im komischen Fach, im Gesang wie im Tanz, in der Improvisation wie in der Conférence. Was sie nie lernte, war, ihr Lampenfieber unter Kontrolle zu bringen.

Nach etwa einem Jahr konnte sie, da sie eine wunderschöne Gesangsstimme besaß, in die etwas bessere George Baker Opera Company aufsteigen, mit der sie mehr als drei Jahre durch die Lande tingelte.In dieser Zeit erarbeitete sie sich ein breites Repertoire an Opernpartien, und da sie mit ihren 1,70 Meter die größte Frau in der Truppe war, wurde sie abonniert auf die Darstellung königlicher Hoheiten. Mehr aber lagen ihr Außenseiter und Underdogs, vor allem, wenn sich in diesen Figuren komische und tragische Züge mischten. Sie spürte, daß solchen Charakteren die Herzen der Zuschauer offenstanden, und sie erntete Erfolg um Erfolg. In der komischen Oper *The Princess Nicotine* spielte sie wieder einmal eine Herzogin und lernte den Star des Stückes, die berühmte Lillian Russell, kennen. Zwischen der Dressler und „La Russell", wie sie damals überall hieß, entwickelte sich eine lebenslange Freundschaft, und wenn die beiden unterschiedlichen Frauen irgendwo gemeinsam auftauchten, sprach man von „the Beauty and the Beastie". Die Russell war zwar selbst völlig unpolitisch, aber über sie bekam Marie Dressler Zugang zur Suffragettenbewegung, in der Cynthia Leonard, die Mutter der Russell, überaus aktiv war. Sie hatte sich bei der Wahl zum Bürgermeister von New York einmal als Kandidatin der Frauenliste aufstellen lassen und im Wahlkampf zumindest für einen ziemlichen Wirbel gesorgt.

Marie Dresslers erster großer Erfolg war die Rolle der Flo Honeydew in der englischen Opernkomödie *The Lady Slavey*, bei deren Premiere im Jahre 1896 in Washington nicht nur Grover Cleveland, der amtierende Präsident der USA, sondern auch der legendäre Buffalo Bill Cody im Publikum saß. Mit diesem Stück ging sie anschließend für zwei Jahre an den Broadway und zwei weitere auf eine Tournee durch die gesamten Vereinigten Staaten. Sie genoß ihre Erfolge, legte sich ein hübsches Holzhaus auf Long Island zu und holte ihre Eltern zu sich — endlich konnte sie ihren Traum wahrmachen und ihrer Mutter ein angenehmes Leben bieten.

Wegen einer ernsthaften Erkrankung mußte sie ihre Erfolgsrolle in *The Lady Slavey* aufgeben, was nicht nur ihre finanzielle Situation rapide verschlechterte, sie zog sich obendrein noch den Zorn des mächtigen Produzenten Abe Erlanger zu, der sich in die Show eingekauft hatte. Sie geriet in ein heftiges Wortgefecht mit Erlanger, bei dem sie mit ihrer Meinung über dessen Methoden nicht hinter dem Berg hielt. Der

Marie Dressler und Greta Garbo in ANNA CHRISTIE (1930)

„Zar vom Broadway" schwor, Rache für dieses unbotmäßige Verhalten zu nehmen, und schaffte es tatsächlich, vier Jahre lang jede Bühnentür am Broadway vor ihr verschlossen zu halten. Ihre einzige Befriedigung war, daß Erlanger bis an sein Lebensende Respekt vor der scharfen Zunge der Dressler behielt und es Jahre später bei der Actors Equity ablehnte, einem Verhandlungskomitee anzugehören, in dem die Dressler die Gegenseite vertrat.

Marie Dressler wich in dieser Zeit auf die Vaudeville-Bühne aus und absolvierte mehrere Tourneen. Nachdem 1907 ihre Mutter gestorben war, ging sie für eine Weile mit ihrem Vater nach England, wo ihre Schwester Bonita mit einem Dramatiker lebte, und kehrte, nach einer längeren Typhuserkrankung hochverschuldet, in die USA zurück. Bald bekam sie ihre *Tillie*-Rolle und wurde zum gefeierten Bühnenstar.

1935 erschien posthum die Autobiographie der Dressler unter dem Titel *My Own Story* (zehn Jahre zuvor waren große Teile daraus bereits als *The Life Story of an Ugly Duckling* veröffentlicht worden), in der sie sich ausführlich zur Rolle der Frau in der Gesellschaft — insbesondere der nicht-gutaussehenden, älteren und berufstätigen — ausläßt und sich als eine Art liberale Frauenrechtlerin erweist. Doch obwohl sie sich uneitel als „häßliches Entlein" tituliert, fällt sie an manchem Punkt in Verhaltensweisen zurück, die damals vermutlich als „weiblich" galten: Sie verschweigt ihr Geburtsdatum und macht sich bei indirekten Hinweisen auf ihr Alter manchmal drei, des öfteren gar vier Jahre jünger. Ein anderes Feld, auf dem ihre sonstige Offenheit an enge Grenzen stößt, sind ihre Beziehungen zu Männern, die schmerzlich gewesen sein müssen. Sie deutet eine frühe Enttäuschung mit einem Bühnenkollegen an und erwähnt en passant zwei Ehen — was der Wahrheit allenfalls nahekommt.

In *Off with Their Heads!*, der Autobiographie ihrer Freundin Frances Marion, lassen ein paar Episoden über die Dressler dagegen erahnen, daß diese selbständige und ihr Leben meisternde Frau, deren große Stärke ihre Fähigkeit zu lang andauernden Frauenfreundschaften war, im Umgang mit Männer eine weniger glückliche Hand hatte. Ihre erste Ehe mit dem Schauspieler George Hoppeit, die sie 1899 einging, dauerte nur ein, zwei Jahre, dann war, wie sie es formulierte, der *thrill* vorüber. Die zweite längere Beziehung, zu dem Schauspieler und ihrem so bezeichneten „Manager" James Dalton, begann 1914. Dalton brachte nicht nur das gesamte Vermögen der Dressler durch, einschließlich der weißen Vermont-Farm — ein Kindheitstraum, den sie sich nach ihrem Erfolg mit *Tillie's Nightmare* erfüllt hatte —, sondern verwickelte sie auch noch in dubiose Grundstücksgeschäfte in Florida. Er scheiterte als Entrepreneur von Musicals in England und mußte ihr bei der Rückreise in die USA gestehen, daß seine „Hochzeit" mit ihr ein inszenierter Schwindel war. Auch hatte er die von der Dressler gezahlte Abfindung für seine Ehefrau, von der er sich angeblich hatte scheiden lassen, in seine eigene Tasche gesteckt und verspielt. Die Dressler wollte sich von ihm trennen, doch nachdem ihn ein Schlaganfall gelähmt hatte, fühlte sie sich verpflichtet, ihn bis zu seinem Tod im Jahre 1921 aufopfernd zu pflegen.

Wie ein makaberer Epilog zu dieser langjährigen Verbindung mußte ihr vorkommen, daß ihr auch Daltons Leiche durch einen Gerichtsbeschluß seitens seiner Witwe noch weggenommen wurde. Nur zu verständlich, daß sie von da an lieber Freundschaften zu Frauen suchte und bereitwillig die Mühen ihrer schauspielerischen Profession jeder Rolle als Ehefrau und Mutter vorzog. Als sie mit fast 65 Jahren starb, konnte sie auf ein abwechslungsvolles und erfülltes Leben zurückblikken, in dem sich ihr Lieblingsspruch bewährt hatte: „Es nie versucht zu haben, ist der alleinige Tod." Sie versuchte viel und erreichte nicht wenig.

PW

Filmographie Marie Dressler:

Tillie's Punctured Romance, 1914, Mack Sennett. *Tillie's Tomato Surprise,* 1915. *Tillies Wakes up,* 1917, Harry Davenport.* *The Scrublady,* 1917, Vincent Bryan. *The Agonies of Agnes,* 1918, Harry Reichenbach. *The Red Cross Nurse,* 1918, Harry Reichenbach. *The Joy Girl,* 1926, Allan Dwan. *The Callahans and the Murphys,* 1927, George W. Hill.* *Breakfast at Sunrise,* 1927, Malcolm St. Clair. *Bringing up Father,* 1928, Jack Conway.* *The Patsy,* 1928, King Vidor. *The Divine Lady,* 1929, Frank Lloyd. *The Hollywood Revue of 1929,* 1929, Charles F. Riesner. *The Vagabond Lover,* 1929, Marshall Neilan. *Chasing Rainbows,* 1930, Charles F. Riesner. *Anna Christie,* 1930, Clarence Brown.* *One Romantic Night,* 1930, Paul L. Stein. *The Girl Said No,* 1930, Sam Wood. *Caught Short,* 1930, Charles F. Riesner. *Let Us Be Gay,* 1930, Robert Z. Leonard.* *Derelict,* 1930, Rowland V. Lee. *Call of the Flesh,* 1930, Charles Brabin. *Min and Bill,* 1930, George W. Hill.* *Reducing,* 1931, Charles F. Riesner. *Politics,* 1931, Charles F. Riesner. *Emma,* 1932, Clarence Brown.* *Prosperity,* 1932, Sam Wood. *Dinner at Eight,* 1933, George Cukor.* *Tugboat Annie,* 1933, Mervyn LeRoy. *Christopher Bean,* 1933, Sam Wood. *MGM's Big Parade of Comedy,* 1964, kompiliert von Robert Youngson.

* In Zusammenarbeit mit Frances Marion.

Anita Loos

Die triviale Philosophin
Anita Loos

Vielleicht werden Blondinen wirklich bevorzugt, wie es Anita Loos im Titel ihres berühmtesten Romans behauptet. Aber sie, eine zierliche Brünette, führte auch nicht gerade ein langweiliges Leben. Die einstmals jüngste Autorin Hollywoods konnte sich eigentlich nie über ihr Schicksal beklagen. Bis zu jenem 18. August 1981, an dem sie, 88jährig, in New York starb, war sie unvergessen, erfolgreich und wohlhabend. Mit ihrem Bubikopf und einer Größe von 1,48 sah sie einer *garçonne* ähnlicher als einem Vamp, galt jedoch als sehr attraktiv. Hätte sie an der Schauspielerei Gefallen gefunden, wäre Anita Loos die ideale Besetzung für einen Flapperfilm der zwanziger Jahre gewesen.

Mit fünf Jahren spielte sie auf Wunsch ihrer Eltern bereits Theater, mit 17 verfaßte sie ihre ersten Drehbücher, mit 21 war sie eine der begehrtesten Autorinnen der Stummfilmzeit, und mit 32 schrieb sie den Bestseller *Gentlemen Prefer Blondes*, der ihr mit einem Schlag Weltberühmtheit bescherte. Auf 85 Auflagen und Übersetzungen in 14 Sprachen — darunter auch ins Chinesische — brachte es dieses fiktive Tagebuch der Lorelei Lee: eine jener entzückenden hohlköpfigen Blondinen, die nach Auffassung der klugen und dunkelhaarigen Autorin alle Männer postwendend in brünftige Tölpel verwandeln. Zu Neid hatte Anita keinen Anlaß. Die Männer liebten sie, und sie liebte die Männer, zumindest eine bestimmte Sorte. Die Autorin bezeichnete sich als *cérébrale*, als Frau, bei der die Liebe durch den Verstand geht. Sie war das, was die Amerikaner *sophisticated* nennen, und bevorzugte diese Eigenschaft auch bei ihren Liebhabern.

Für Sorgen schien sich in Anitas Leben kein Platz zu finden; über die lächelnde Leichtigkeit, die ihren Filmkomödien Esprit und Zauber verlieh, verfügte die Schriftstellerin auch in ihrem realen Alltag. Doch nur auf den ersten Blick besitzt sie jenen linearen, eindimensionalen Charakter, den sie sich in ihren Autobiographien selbst andichtet. Dort läßt sie ein sonniges Geschöpf agieren, das sich, mit Talent, Erfolg und Geld gesegnet, seinen Weg durchs Leben spielt, und dessen Gedanken um Modellkleider und Poloponys kreisen. In *A Girl Like I* und *Kiss Hollywood Good-Bye* kultiviert Anita ihre eigene Oberflächlichkeit, füllt Seite um Seite mit Beschreibungen eleganter Hotels und gibt eine Anekdote über ihre High-Society-Freunde nach der anderen zum besten. Sie modellierte ihr Leben zu einer der satirischen, geistvollen Komödien, die ihre Stärke als Autorin waren, bar jeder Ernsthaftigkeit, aber auch ohne den bitteren Zynismus, der sich so oft unter der Maske des grinsenden Clowns verbirgt. Gloria Swanson hätte auch Anita meinen können, als sie in ihrem Vorwort zur Autobiographie der Frances

Marion, einer Kollegin und Zeitgenossein der Loos, bedauernd fest-stellte: „Sie sagt uns nur allzuwenig über sich selbst."

Doch wäre Anita Loos wirklich ein heiterer Schmetterling ohne jeden Tiefgang gewesen, sie hätte sich wohl zur Gestaltung ihres Lebens einen anderen Plan ausgedacht. Seit sie sich erinnern konnte, war sie von dem Bewußtsein geprägt, nicht so wie die anderen zu sein, und ebenso von dem Wunsch, eine gefeierte und charmeversprühende Ostküstenschönheit zu werden. Dafür allerdings wäre die Quälerei an der Schreibmaschine nicht notwendig gewesen; mehr als einmal kokettierte die Loos, mit der vordergründigen Ernsthaftigkeit einer Pseudo-Femme-fatale, mit dem Gedanken an eine Geldheirat, um dann doch wieder ihrem wahren Charakter treu zu bleiben, den sie so gerne kaschierte. Nur allzu leicht hätte Anita, deren zarte kleine Gestalt in jedem Mann den Beschützer hervorlockte, ihren spendablen Sugardaddy finden können.

Unter all ihrer vorgetäuschten Süße und Flatterhaftigkeit verbarg sie brennenden Ehrgeiz und Willensstärke, Eigenschaften, die ihren Charakter stärker formten als Eitelkeit und Impulsivität. Letztlich verhielt sie sich in allen entscheidenden Situationen ihrem eigentlichen Wesen gemäß. Obwohl sie ihrer Umwelt gerne die männermordende Schönheit vorgaukelte, zeigte sie sich eher treu und verantwortungsbewußt, wenn sie sich zu etwas entschlossen hatte. Ihren Mann, den Regisseur John Emerson, einen brillanten Blender, der sie belog und betrog und den sie nach den ersten verliebten Jahren keineswegs mehr verehrte, verließ Anita selbst dann nicht, als Emersons Krankheit — er war manisch-depressiv — das Zusammenleben unerträglich machte. Sie lehnte Heiratsangebote des reichen englischen Grafen Edgar D'Abernon und des attraktiven Bonvivants Wilson Mizner ab und beschränkte sich auf platonische Freundschaften mit diesen von ihr sehr bewunderten Männern. Es scheint, als habe Anita Loos in der Lorelei Lee ihr eigenes Gegenbild konzipiert; die Blondine war all das, was Anita nicht darstellte. Sie verfügte über die unbeschwerte Oberflächlichkeit und mit Naivität getarnte Skrupellosigkeit, die ihrer Schöpferin abging. Lorelei Lee personifizierte jenen leichtfertigen Wesenszug der Autorin, der Anitas Charakter nach außen hin dominierte, während das wahre Ich ein Geheimleben führte.

Anita war stets ungemein fleißig; die Schriftstellerei muß den größten Teil ihre Gedanken und Zeit eingenommen haben. Doch in ihren Erzählungen spielt nur das Anekdotische ihrer Tätigkeit eine Rolle. Nie erzählte sie, daß ihr immenser Erfolg eine Frucht von Talent und disziplinierter Arbeit war, stets stellte sie es so dar, als sei ihr der Ruhm zugeflogen wie die Goldstücke dem Sterntaler-Mädchen. Anita gab sich immer große Mühe, die hämischen Bemerkungen zu widerlegen, daß ihre Schriftstellerei ihre Weiblichkeit beeinträchtige. Obwohl sie

92

niemals im Leben auf das Schreiben verzichtete, empfand sie ihre Begabung nicht nur als Geschenk, sondern auch als Makel.

Die Schriftstellerin hütete sich davor, ihren ausgeprägten Individualismus als Haltung, als emanzipatorischen Akt hinzustellen. Women's Lib war ihr noch im Alter ein bevorzugtes Objekt mehr oder minder geistvoller Attacken. So spielte sie vor der Welt die Rolle des lebenslustigen Flappers, ließ die Lorelei in ihr zum Zuge kommen und verbannte die andere, unabhängige Anita in eine geheime Phantasiewelt. Doch ihre vordergründige Antihaltung gegenüber weiblichen Emanzipationsbestrebungen konnte ihr Selbstbewußtsein nicht kaschieren: Anita war sich ihrer starken Persönlichkeit — und ihrer Art, sie auszuleben — sicher genug, um auf den Rückhalt einer Bewegung oder Organisation verzichten zu können. Ihr Blick aufs Leben war mehr durch eigene Erfahrungen geschult als durch graue Theorie. So wischte sie Ibsens *Nora oder Ein Puppenheim*, eines der ersten Theaterstücke, in denen sie als kleines Mädchen auftrat, mit einem lässigen Bonmont vom Tisch: „Die einzige Puppe zu Hause, an die ich mich erinnern kann, war mein Vater."

Zwar gab es in Anitas Leben immer starke Männer, aber mit der Zeit entwickelte sie ihnen gegenüber eine eher mütterlich-resignative Haltung. Mit belustigtem Lächeln schaute sie ihnen zu, wenn sie wichtigtuerisch die Regie im Film ihres Lebens übernahmen, das Drehbuch aber schrieb sie selbst.

Anitas eigentliche Autorenkarriere begann an jenem Tag im Jahre 1913, als der Filmregisseur David Wark Griffith die Mrs. Loos kennenlernen wollte, von der er seit knapp zwei Jahren regelmäßig Filmskripts kaufte. Anita, knapp 20 Jahre alt, mit Pferdeschwanz und Matrosenkleid, war mit ihrer Mutter zu den Biograph-Studios nach Los Angeles gereist. Während der Zugfahrt von San Francisco nach Hollywood verlor sie sich in Träumen von baldigem Reichtum und nahem Ruhm.

Aber zu ihrer Enttäuschung begrüßte Griffith ihre Mutter sehr herzlich, während er für sie kaum ein flüchtiges Lächeln übrig hatte. Als sich herausstellte, daß das kurzberockte Mädchen die erwartete Autorin war, verschlug es Griffith die Sprache. Er erholte sich erst wieder von seinem Schock, als Anita und ihre Mutter längst den Rückzug aus dem Büro angetreten hatten. Hätte Griffith' Erstarrung sich nicht noch rechtzeitig gelöst, wäre Anitas Autorenstern wohl schon kurz nach seinem Aufgehen wieder erloschen.

Bereits in jungen Jahren begann Anita — auf Wunsch ihrer Eltern — zu arbeiten. Der Vater, Richard Beers Loos, zeigte seine Ambitionen eher als Lebemann denn als treusorgender Ernährer der Familie. Von

Beruf war der passionierte Theaterliebhaber Journalist, der schon mit 15 Jahren seine eigene Zeitung gegründet hatte. Sein größtes Verdienst allerdings war und blieb es, die Witze in seinem Blatt selber erfunden anstatt sie von Agenturen gekauft zu haben. Diese seine einzige Begabung, der Sinn für Komik, war denn auch Anitas Erbteil. Anders als ihre Mutter Minnie, der Richards Begeisterung für reizvolle Schauspielerinnen und trinkfeste Kumpel ständigen Kummer bereitete, empfand Anita das für ihn, was sie in ihren Büchern *simpatia* taufte: ein Band der tiefen Zuneigung, geflochten aus dem Wissen um Ähnlichkeit und gegenseitige Wertschätzung. Anita flog nun einmal auf Schurken — und sollte diese Angewohnheit ihr Leben lang beibehalten. Bald steuerte sie mehr zum Familieneinkommen bei als ihr geliebter Daddy, indem sie zusammen mit ihrer jüngeren Schwester Gladys Theater spielte.

Acht Jahre nach ihrem Bruder Clifford wurde Anita am 26. April 1893 auf der großelterlichen Farm im kalifornischen Sissons geboren. Bald darauf kam ihre kleine Schwester Gladys zur Welt, und die Familie zog nach San Francisco, wo der Vater das Theaterblatt *Dramatic Review* gekauft hatte. Ihren kurzlebigen Erfolg verdankte die Zeitung allerdings weniger seriösen Kritiken als der Tatsache, daß Richard die Seiten mit Fotos attraktiver Möchtegern-Schauspielerinnen füllte. Als das Blatt dann einzugehen drohte — inzwischen hatte Richard sein Interesse den lebenden Vorbildern zugewandt —, wurden die Kinder auf die Bühne des Alcazar Theaters gestellt.

Anita fand zwar großes Vergnügen daran, Geld zu verdienen, die Schauspielerei als solche sagte ihr jedoch weniger zu. Schon immer wollte sie etwas Besonderes, Außergewöhnliches sein, und das Theater war für sie zu einer alltäglichen Umgebung geworden. Mehr Freude bereitete der Achtjährigen da der erste Preis für eine „literarische" Veröffentlichung. Für das Kindermagazin *St. Nicholas* reimte sie einen Werbespruch für Bohnerwachs:

> The best thing I've seen, said the man from Mars,
> Since I left my abode from among the stars
> Is something my own world sadly lacks
> The earth's greatest boon F. P. C. Wax.

Die fünf Dollar Honorar wanderten allerdings unverzüglich in die Taschen ihres Vaters. So ähnlich sollte es bleiben: Meist fand sich irgendein männlicher Schnorrer, der die zarte Frau von dem schwierigen Geschäft des Geldverwaltens erlösen wollte — das Heranschaffen der Dollars aber überließ man großzügigerweise ihr.

Die erste Begegnung mit dem Film kam für Anita drei Jahre später. Die Loos-Familie war abermals umgezogen. Mr. Loos konnte sich in Los Angeles dank einer Erbschaft ein Theater kaufen, das „Cineograph". Diesen Namen trug es, weil zwischen den Auftritten der Vaudeville-Künstler kurze Filmchen gezeigt wurden. Anita war begeistert von ihrer neuen Heimat, sie liebte das Ambiente, die vergammelten Schauspielerfotos, den Klavierspieler Fritz Fields, der unablässig *Melancholy Baby*, den Hit der Saison, klimperte, und nicht zuletzt einen Film, der wieder und wieder gezeigt wurde: THE LIFE OF CHRIST. Mit der Herrlichkeit des „Cineographen" war es allerdings vorbei, als Anitas Vater eines Abends die Zuschauer sitzenließ und sich mit dem Programm — Fritz Fields und zwei Ballettmädchen — auf eine Sauftour begab. Wieder war der liebenswerte Schuft pleite.

Anita aber setzte ihre literarische Karriere fort. Abermals gewann sie einen Zeitungswettbewerb: Der *Morning Telegraph* hatte eine Preis für die lustigste Geschichte aus dem New Yorker Alltag ausgesetzt. Mit der Zeit wurde Anita, die niemals einen Fuß in die von Ferne geliebte und beschriebene Stadt gesetzt hatte, eine regelmäßige Autorin für das Blatt. Bald bekam auch Mr. Loos wieder einen Job; in San Diego sollte er ein Theater managen. San Diego war damals gerade groß genug, um als Stadt bezeichnet zu werden, doch für Anita besaß es eine sagenhafte Attraktion: das Hotel Del Coronado, *den* Tummelplatz für die reiche Ostküsten-Schickeria. Die 13jährige wünschte sich nichts so sehr, als schnellstmöglich Mitglied dieses noblen Zirkels zu werden. Dort blies ihr jener kosmopolitische Wind entgegen, von dem sie wollte, daß er ihr Leben in eine neue, aufregende Richtung wehe.

Doch zunächst noch mußte Anita auf der kalifornischen Provinzbühne agieren. Zwischen den Vorstellungen sah sie sich meist die Filme an, die ihr Vater auch in San Diego in den Theaterpausen vorführte. Bald waren ihr die Namen sämtlicher Produktionsfirmen vertraut: Selig, Vitagraph, Kalem und natürlich die American Mutoscope and Biograph Company, kurz Biograph genannt, deren Filme sie besonders schätzte, weil sie zwar kurze, aber vollständige Geschichten erzählten — mit Anfang, Mitte und Ende. Irgendwann kam sie auf die Idee, daß es jemand geben müsse, der sich diese Geschichten ausdachte. Mit dem unerschütterlichen Selbstvertrauen der Anfängerin konzipierte sie einen Plot und schickte ihr Skript an die Biograph, die damals noch in New York ansässig war. Gewitzt unterzeichnete sie den Handlungsentwurf nicht mit ihrem vollen Namen, sondern mit A. Loos — einem Mann, so vermutete sie, würde man wohl eher ein Drehbuch abkaufen als einer Frau oder gar einem kleinen Mädchen.

A. Loos hatte Glück: THE NEW YORK HAT wurde akzeptiert, und zwei Wochen später hielt sie einen Scheck über 25 Dollar in der Hand. 1912, zwei Jahre später, wurde Anitas Skript von D. W. Griffith selber, dem Starregisseur der Biograph, mit der damaligen Schauspielercrème verfilmt: Mary Pickford, Lionel Barrymore, Lillian und Dorothy Gish. THE NEW YORK HAT gehört zu jenen über 400 Filmen, die Griffith zwischen 1908 und 1913 drehte, nachdem Biograph dem verhinderten

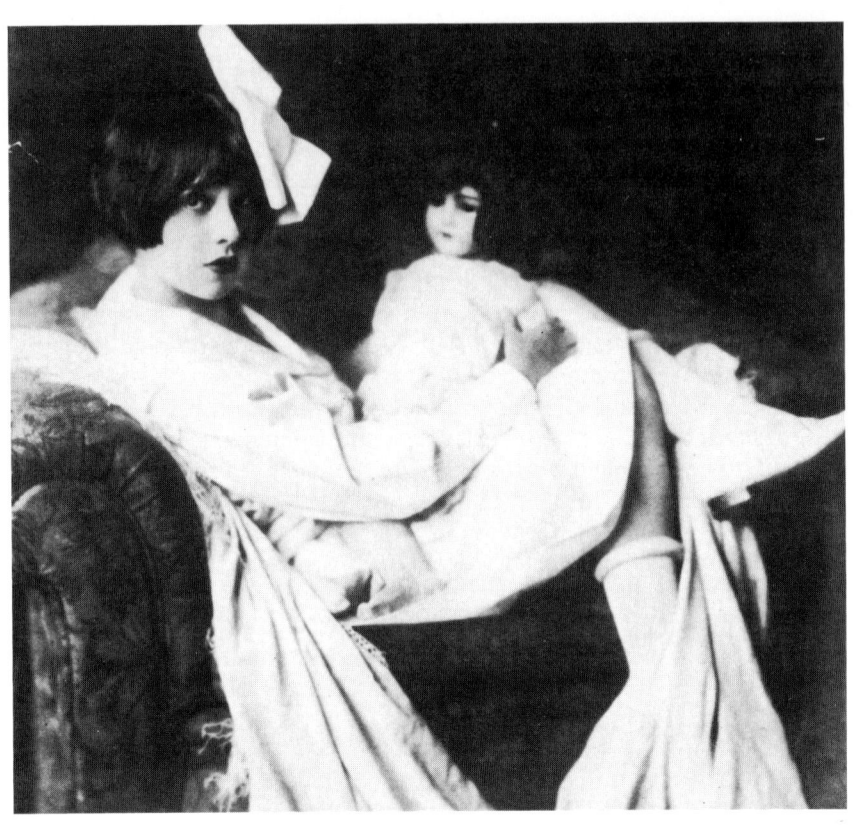

Anita Loos

Schriftsteller einen Regievertrag angeboten hatte. Noch heute kann man den Film im New Yorker Museum of Modern Art betrachten. In Anitas recht hanebüchenem Drehbuchdebüt geht es um einen braven jungen Angestellten, der den letzten Wunsch einer sterbenden Frau erfüllt und deren Tochter einen schicken Hut aus New York kauft. Die Mutter hat dem Jüngling das Geld anvertraut, da ihr Gatte ein ekelhafter Pfennigfuchser ist. Prompt ranken sich Gerüchte um das junge Paar, bis dann der Angestellte den Vater seiner Angebeteten als Geizhals und Tyrannen entlarven kann.

Im selben Jahr verfaßte die 17jährige auch ihr erstes Theaterstück, *The Ink Well*, das als Aufführung des Orpheum Theaters in San Francisco ein Riesenerfolg wurde. Ihr Glück schien perfekt, als sich Anita die Chance bot, in ihr persönliches Paradies einzuziehen: Der Vater — inzwischen hatte er auch das Theater in San Diego heruntergewirtschaftet — sollte Herausgeber der Zeitung des Coronado-Hotels, *The Tent City News*, werden und zusammen mit seiner Familie im Hotel wohnen dürfen. Endlich öffnete sich die schillernde Welt der Reichen für Anita — wenn auch nur deren Domestikeneingang.

Anita mochte zwar eine *cérébrale* sein, Cinderella aber war sie nicht. Mehr als nur ein betuchter Prinz des Ostküsten-Geldadels verliebte sich in sie, das Mädchen aber sah sich nicht in der Lage, die romantischen Sehnsüchte ihrer Anbeter zu erfüllen. Nächtliche Bootsfahrten im Mondschein, feurige Liebesschwüre: all das brachte sie nur zum Lachen. Mit ihrer stets wachen Bereitschaft, selbst an ernsten Dingen den komischen Aspekt zu entdecken, kicherte sie den ganzen Liebeszauber einfach hinweg. Nachdem sie 1925 *Gentlemen Prefer Blondes* verfaßt hatte, wurde sie von dem mit ihr befreundeten Publizisten Henry Mencken gefragt: „Junge Frau, wissen Sie eigentlich, daß Sie der erste amerikanische Autor sind, der sich über Sex lustig macht?"

Trotz dieses zweifelsohne originellen Ruhmes bezeichnete sich Anita Loos niemals als Schriftstellerin; sie stellte ihre Arbeit meist als amüsanten und überraschend einträglichen Zeitvertreib hin. In *A Girl Like I*, der Autobiographie über ihre frühen Jahre in Hollywood, bekennt sie: „Sehr früh lernte ich es, über meine literarische Karriere den Mund zu halten. Als ich einmal einem Freund davon erzählte, beschuldigte er mich, zu lügen. Es wäre nur zu leicht gewesen, ihm die Wahrheit zu beweisen. Aber mein Freund wollte einfach nicht glauben, daß ich eine Autorin war; es verwandelte mich in seinen Augen in eine Art Monster: Ich war für ihn kein Mädchen mehr. So entschloß ich mich, mein literarisches Leben in einer Geheimwelt zu führen, wo ich allein mit meinen Geschichten und den Briefen eines mir damals noch unbekannten Mannes namens Griffith sein konnte."

Nachdem Anita zwei Jahre lang freiberuflich für die Biograph Drehbücher verfaßt hatte, lernte sie endlich Griffith kennen. Dessen Pläne,
die hübsche Kleine in den Reigen seiner Schauspielernymphen einzu-
reihen, verstörte Anitas Mutter allerdings sehr. Kategorisch verbot sie
ihrer Tochter, nach Hollywood zu gehen, selbst als Griffith Anita als
Drehbuchautorin engagieren wollte. Nur durch eine überstürzte Heirat
— Jahre später wußte Anita schon nicht mehr, ob ihr Ehemann Frankie oder Freddie geheißen hatte — konnte sie sich der mütterlichen
Obhut entziehen. Den ahnungslosen Gatten ließ sie bald im Coronado
zurück und nahm die Stelle bei der Biograph an.

✳

1918, als Anita Hollywood vorübergehend verließ, arbeiteten dort 44
Frauen als Drehbuchautorinnen. Anita war die erste, die fest von einer
Produktionsfirma engagiert worden war — und sie wurde eine der Besten. Die Regisseurin und Autorin Frances Marion, die in den dreißiger Jahren zusammen mit Anita Loos und Bess Meredyth bei MGM
ein Autorenfeminat bildete, über dessen Tyrannei die männlichen Kollegen sich lauthals beklagten, betonte mehrmals, wie sehr sie von dem
Pioniertum und der Professionalität der Schriftstellerin profitiert hatte.
Anita allerdings bemerkte, ausnahmsweise ohne jede Ironie: „Ich war
auf meine schriftstellerischen Erfolge nie besonders stolz, weil ich
nicht annahm, daß etwas, was eine Frau verfaßt, jemals bedeutend sein
könnte. Es ist gräßlich, sich vorzustellen, welches Monster Shakespeare als Frau gewesen wäre. Die einzigen Autorinnen, die ich respek-
tierte, waren nur zufällig Schriftstellerin. In erster Linie habe ich sie als
meine Freundinnen und als weibliche Wesen bewundert."
    In ihrem ersten Jahr bei der Biograph konzipierte Anita größtenteils
Skripts für die zweite Garde der Regisseure und Schauspieler; Griffith
zog es vor, ohne einen bereits festgelegten Plot zu arbeiten. Ähnlich
dem großen Regisseur betonten auch viele Komiker des Stummfilms,
niemals auf ein Drehbuch angewiesen gewesen zu sein. Eine Ausnahme bildete da wohl die Schauspielerin Fay Tincher, für deren erfolgreiche Slapstick-Komödien Anita verantwortlich war.
    Ende 1913 verließ Griffith die Biograph und wechselte zur Mutual
über, bei der er als Produktionsleiter und Regisseur arbeitete. Seinen
Stab nahm er mit sich. Dazu gehörten auch ein athletischer junger
New Yorker namens Douglas Elton Ullman, der sich als Schauspieler
das Pseudonym Douglas Fairbanks zulegte, sowie Anitas späterer Ehemann John Emerson, ein begabter Broadwayregisseur. Als die Griffith-
Crew 1915 zur Triangle ging, reduzierte Anita Loos die Arbeit an
ihren bewährten satirischen Komödien und schrieb fast ausschließlich Filme für Fairbanks, bei denen Emerson Regie führte. Wie am
Fließband lieferte das Dreierteam einen Actionhit nach dem anderen

Anita Loos

und katapultierte „Doug" auf den Gipfel des Olymps der männlichen Stars.

Der erste Film nach diesem Strickmuster, HIS PICTURE IN THE PAPERS, zeichnete sich durch ein besonderes Stilmittel aus: Zwischentitel. Anita und ihr Mann konnten dieses Novum nur mit Mühe gegen Griffith' anfängliche Abwehr durchsetzen. Für INTOLERANCE, den er als moralische Rechtfertigung auf sein Nationalepos BIRTH OF A NATION konzipiert hatte und der ihn an den Rand des finanziellen Ruins bringen sollte, änderte der große Meister allerdings seine Haltung: Sein Alibiwerk über die ewige menschliche Intoleranz schien ihm wohl selbst zu wirr zu geraten, und Anita sollte diese Schwäche mit ihren Zwischentiteln ausbügeln.

Auf einer PR-Tour für INTOLERANCE lernte Anita endlich New York kennen, das ihre künftige Wahlheimat werden sollte. Dort fand sie ein intellektuelles Zuhause; im recht provinzlerischen Los Angeles kam sie sich stets deplaziert vor. Die von der Presse als „Westentaschen-Venus" gefeierte Autorin verschaffte sich schnell Zugang zu noblen Literaturzirkeln und ließ nicht nur den Poeten Vachel Lindsay und den scharfzüngigen Publizisten George Nathan mit einem angeknickten Herzen zurück.

Als Douglas Fairbanks sich auch als Autor seiner Filme profilieren wollte, ließen sich Anita Loos und ihr Mann endgültig in New York nieder, um für Paramount Komödien zu drehen. Der Erste Weltkrieg stand kurz vor seinem Ende, und Amerika befand sich am Beginn eines Dezenniums voller Optimismus, Wohlstand und Furchtlosigkeit, den *Roaring Twenties*. Nachdem der Krieg gewonnen worden war, als die Börsenkurse noch höher kletterten als die Rocksäume und die langen Haare dem Bubikopf zum Opfer fielen, erlebte Anita die glücklichste Zeit ihres Lebens; sie verbrachte die Nächte in den Jazzclubs von Harlem und die Tage mit ihrer Intellektuellenclique. Auch beruflich erlebte sie Erfolg um Erfolg. Mittlerweile arbeiteten ihr Mann und sie an Komödien für Constance Talmadge wie THE VIRTUOUS VAMP, den die *New York Times* mit den Worten lobte: „Nun hat auch die Satire die Leinwand entdeckt: Der Film ist jetzt endgültig erwachsen geworden."

1926 zog sich Anita Loos aus dem Filmgeschäft zurück, hauptsächlich ihrem Mann zuliebe. „Mr. E." wie sie ihn zärtlich taufte, konnte den Ruhm seiner Frau nicht mehr verkraften; der krankhafte Egoist hatte mehrere Jahre lang darauf bestanden, als Koautor ihrer Werke genannt zu werden, obwohl er noch nicht einmal ein Komma beigesteuert hatte. Seinen letzten großen Auftritt erlebte „Mr. E." als Präsident der Actors Equity Association, zu deren Sieg im Schauspielerstreik von 1919 er beträchtlich beitrug. In seinem eigentlichen Beruf aber konnte er kein Bein mehr auf den Boden bekommen, und ohne Anitas Verdienst wäre seine finanzielle Lage desperat gewesen.

Auf einer Europareise begann Anita Loos im Auftrag von *Harper's Bazaar* mit der Niederschrift des fiktiven Tagebuchs des smarten Vamps Lorelei Lee. Zunächst hatte es die Zeitschrift als bloßes Textbeiwerk vorgesehen, das die Zeichnungen des Illustrators Ralph Barton etwas aufpeppen sollte. Beim Publikum kamen die Geschichten der ehrgeizigen Provinzschönheit aus Little Rock, Arkansas, aber derart gut an, daß rasch die Buchausgabe nachgeschoben werden mußte.

Die Kritiker sangen unisono Lobeshymnen. „Ein umwerfend komisches, witziges und intelligentes Werk", befand der Drehbuchautor Herman L. Mankiewicz in einer Rezension der Abenteuer des blonden Gifts, dessen Lebensweisheit sich in einer einzigen Erkenntnis erschöpfte: „Küsse sind für ein Mädchen für den Augenblick nicht schlecht, aber ein Diamantenarmband hält ewig." Selbst George Santayana spendete (ironischen) Beifall: *„Gentlemen Prefer Blondes"*, so der Kulturphilosoph, sei „die beste philosophische Arbeit, die je ein Amerikaner geschrieben hat".

Anitas Bestseller wurde fünfmal verfilmt, zunächst 1928 als Stummfilm von Malcom St. Clair, zuletzt 1953 von Howard Hawks mit Marilyn Monroe und Jane Russell. Auch als Musical und Theaterstück machte das Buch — für dessen Übersetzung ins Französische sich Colette die Ehre gab — Furore.

Gentlemen Prefer Blondes blieb Anitas größter Erfolg, obwohl sie 1929 mit *But Gentlemen Marry Brunettes* an den früheren Triumph anknüpfte. Endlich, mit 32 Jahren, konnte Anita Loos die Weltberühmtheit und den Reichtum genießen, den sie sich schon als Kind so heiß ersehnt hatte. Um so erstaunlicher ist es, wie schnell sie den plötzlichen Verlust ihres gesamten Geldes verschmerzen konnte. Im großen Börsenkrach von 1929 hatte ihr spekulierfreudiger Mann all die sauer verdienten Dollars verloren, und Anita Loos sah sich gezwungen, als Drehbuchautorin nach Hollywood zurückzukehren.

Weihnachten 1931 befand sich Anita wieder am selben Punkt, an dem sie 16 Jahre zuvor gestartet war. Allzu viel hatte sich seit ihrem Weggang aus dem Hollywood von Griffith und seiner Biograph geändert: Der Tonfilm hatte etlichen ihrer alten Freunde — unter ihnen Norma Talmadge und John Gilbert — die Schmach der Arbeitslosigkeit gebracht. Den großen Douglas Fairbanks depremierte sein Alter, und Griffith hatte mit THE STRUGGLE gleichzeitig einen grandiosen Flop und seinen Abschiedsfilm gedreht. In Irving Thalberg aber fand Anita einen würdigen Nachfolger ihres verehrten Griffith. Der junge Vizepräsident und allmächtige Produktionsleiter der MGM hatte ihr das phantastische Angebot von 3 500 Dollars pro Woche gemacht. Bald verband die beiden — und nicht nur des Geldsegens wegen — eine Freundschaft über das bloße Busineß hinaus.

Thalberg war der eigentliche Erfinder des amerikanischen Studiosystems, in dem die Filme der jeweiligen Company standardisiert wurden. Auf das Konto des MGM-Wonderkids ging auch die Einrichtung riesiger, fabrikähnlicher Drehbuchabteilungen. Ohne daß sie voneinander wußten, wurden mehrere Schreiber an ein und denselben Stoff gesetzt. Meist gingen drei oder vier Autoren — unter ihnen oft renommierte Literaten wie Raymond Chandler, F. Scott Fitzgerald, Aldous Huxley oder William Faulkner — parallel vor, und der eine bekam anschließend die Texte des anderen zur Überarbeitung vorgelegt. Eine Art Fließbandsystem entstand, in dem ein Autor unentwegt Dialoge erfand und der nächste sich etwa auf Plotkonstruktionen spezialisierte. Wenn die amerikanischen Drehbuchautoren auch daran gewöhnt waren, daß ihre Leistungen oft unterbewertet wurden, konnten nur die wenigsten dieses literarische Patchwork mit ihrer Schriftstellerwürde vereinbaren, und ihnen erschien der hochbezahlte Job als geistige Prostitution.

Von solchen Konflikten blieb Anita Loos verschont — im Gegenteil, sie profitierte vom Studiosystem. Während sie sich in ihren Autobiographien über die Machtstellung des Autorenmatriarchats bei MGM ausschweigt, beschreibt Frances Marion in den ihrigen, daß die drei Frauen es waren, denen alle Skripts der anderen Drehbuchschreiber zur Überarbeitung vorgelegt wurden. Anita Loos blieb als Autorin ihrem bewährten Konzept treu, sich über Sex lustig zu machen; gleich ihr MGM-Debüt, RED-HEADED WOMAN, war mit gewohnter Kunstfertigkeit nach diesem Muster gestrickt. Ihr wohl bestes Drehbuch, in dem sie zu satirischer Topform fand, verfaßte sie 1938 für THE WOMEN unter der Regie von George Cukor.

Mit zunehmendem Alter und in demselben Maße, wie sie sich von ihrem Phantasiezwilling Lorelei abnabelte, wandte sich Anita Loos Büchern und dem Theater zu. Nicht nur, daß Filme ihr immer mehr wie gigantische Comicstrips vorkamen: am meisten widerte sie die Hollywood-Szenerie an, die sie verächtlich als „Mischmasch aus professioneller Eifersucht und frustierten Ambitionen" abtat. Als Theaterautorin mußte Anita Loos nicht auf Glanz und Gloria verzichten: Ihr satirisches Bühnenstück Happy Birthday brachte es auf dem Broadway auf 564 Vorstellungen und Gigi, nach der Vorlage Colettes, immerhin auf 219. 1951 folgten der Roman A Mouse is Born und dann die Hollywood-Satire No Mother to Guide Her. Zusammen mit Helen Hayes sang sie 1972 ein literarisches Loblied auf ihre Traumstadt New York: Twice over Lightly: New York Then and Now. Als John Emerson 1956 in der psychiatrischen Klinik starb, in der er 18 Jahre lang gelebt hatte, besaß Anita keinen Cent mehr: Seine Pflege hatte ihre gesamten Er-

sparnise aufgezehrt. Nachdem sie an die Ostküste übersiedelt war, er-
schrieb sich die Autorin zum drittenmal ein Vermögen. 1978 veröffent-
lichte sie ihr letztes Buch, *The Talmadge Girls*, in dem sie ihre Erinnerungen an die Stummfilmzeit festhielt.

Als Kind hatte sich Anita Loos geschworen, nur auf der Sonnenseite
des Lebens spazierenzugehen, und weil sie die Schatten nicht wahrhaben wollte, war ihr das auch gelungen. Sie erfüllte zwar keineswegs das
Idealbild einer emanzipierten Frau, zeigte sich aber immer als erfolgreiche Individualistin. Wie ein weiblicher König Midas — nur ohne
dessen tragisches Ende — besaß sie die glückliche Gabe, alles, was ihre Finger berührten, in Gold zu verwandeln. Und damit trifft auf sie
zu, was George Santayana einst von ihrer Lorelei Lee behauptete: „Sie
gehört zu der erlesenen Gruppe waschechter Amerikaner" — Anita
Loos, das *all American girl.*

UvS

Filmographie Anita Loos:

Von den 156 Drehbüchern, die Anita Loos verfaßt hat, sind die Stummfilme hier nur teilweise aufgeführt – die Tonfilme (ab 1932) dagegen komplett.

The New York Hat, 1912, D.W. Griffith. *The Road to Plaindale*, 1912. *Gentlemen and Thieves*, 1913. *The Widow's Kids*, 1913. *The Lady in Black*, 1913. *For Her Father's Sins*, 1913. *Two Women*, 1913. *The Fatal Curve*, 1914. *The Million-Dollar Bride*, 1914. *Nellie, the Female Villain*, 1914.** *Pennigton's Choice*, 1915, O. A. Lund. *How to Keep a Husband*, 1915. *Macbeth*, 1916, John Emerson.* *The Wharf Rat*, 1916. Chester Whitey. *His Picture in the Papers*, 1916, John Emerson.*** *Intolerance*, 1916, D. W. Griffith.* *Wild and Wooly*, 1917, John Emerson.*** *The Americano*, 1917, John Emerson.*** *Let's Get a Divorce*, 1918, Charles Giblyn. *A Temperamental Wife*, 1919, David Kirkland.**** *The Virtuous Vamp*, 1919, David Kirkland.**** *Mama's Affair*, 1921, Victor Fleming.**** *Dulcy*, 1923, Sidney Franklin.**** *Gentlemen Prefer Blondes*, 1928, Malcolm St. Clair. *Red-Headed Women*, 1932, Jack Conway. *Blondie of the Follies*, 1932, Edmund Goulding, Co-Script: Frances Marion. *Hold Your Man*, 1933, Sam Wood. *The Barbarian*, 1933, Sam Wood. *The Girl from Missouri*, 1934, Jack Conway. *Biography of a Bachelor Girl*, 1934, Edward H. Griffith. *Riffraff*, 1935, J. Walter Ruben. *San Francisco* (San Francisco), 1936, W. S. van Dyke II. *Mama Steps Out*, 1937, George B. Seitz. *Saratoga*, 1937, Jack Conway. *The Women*, 1939, George Cukor. *Susan and God*, 1940, George Cukor. *They Met in Bombay* (Fluchtweg unbekannt), 1941, Clarence Brown. *When Ladies Meet*, 1941, Robert Z. Leonard. *Blossoms in the Dust*, 1941, Mervyn LeRoy. *I Married an Angel*, 1942, W. S. van Dyke II.

* Nur Zwischentitel von Anita Loos
** Mit Fay Tincher
*** Mit Douglas Fairbanks
**** Mit Constance Talmadge

Dorothy Arzner Anfang der dreißiger Jahre

Exotin wider Willen
Dorothy Arzner

Zwei willensstarke Frauen standen sich gegenüber und konnten einander nicht leiden. „Ich habe schon gehört, daß Sie verdammt ekelhaft sein sollen", giftete Katharine Hepburn ihre Regisseurin an, „und jetzt weiß ich auch, warum." Bei Dorothy Arzners gewagter Inszenierung einer Autokollision hatte sie Todesängste um das Leben der Stuntmen ausgestanden — und diese „maßlose Grausamkeit", so Katharine Hepburn, konnte sie der Regisseurin nicht verzeihen. Drei Wochen später klappte sie selber zusammen: „Director Dorothy" hatte sogar die sportliche und widerspenstige Kate total erschöpft.

Auch sonst ging der Hepburn die Dame ziemlich auf die Nerven. Die Schauspielerin fühlte sich wohl, wenn auf dem Set gelacht und geflachst wurde; bei den Dreharbeiten zu CHRISTOPHER STRONG ging es dagegen zu wie auf einem Friedhof. Die Regisseurin raunte ihre Anweisungen mit Grabesstimme und forderte von ihrem Team konzentriertes Schweigen. Wenn die kühle Arzner die Stirn runzelte, gefror den Schauspielern wie ertappten Schulkindern das Wort auf der Zunge, und kein Mensch hätte sich getraut, sie Dorothy oder gar „Dotty" zu nennen. Immerhin redete die Regisseurin ihren Star stets förmlich mit „Miss Hepburn" an.

Überhaupt fand die ernste Arzner, daß sie sich mit ihrer Hauptdarstellerin ein recht schrilles und nervöses Geschöpf an Land gezogen hatte, das unaufhörlich plapperte und sich in ihre Regiearbeit einmischte. Schließlich hatte es die junge Anfängerin ihr zu verdanken, daß sie nicht in ein Leopardenfell gehüllt durch den Dschungel hüpfen mußte: eigentlich hatte der RKO-Produzent David O. Selznick Katharine Hepburn für eine Art Tarzan-Film vorgesehen. Die rebellische Kate entging ihrem Schicksal nur, weil Dorothy Arzner für CHRISTOPHER STRONG eine neue Hauptdarstellerin suchte. Anfänglich hatten sich auch beide Frauen auf die Zusammenarbeit gefreut: Katharine Hepburn, selbstbewußter Sproß einer Feministin, die es reizte, einmal unter einer Regisseurin zu drehen, und Arzner, für die die Schauspielerin haargenau den „modernen", unabhängigen Typ verkörperte, den sie für die Rolle der Cynthia haben wollte.

40 Jahre später hielt Dorothy Arzner ein Glückwunschtelegramm ihrer schönen Feindin in der Hand und vermochte kaum ihren Augen zu trauen: „Ist es nicht einfach wundervoll, daß Sie zu einer Zeit eine so phantastische Karriere erleben durften, als Frauen nicht einmal das Recht auf überhaupt einen Beruf zugestanden wurde?"

✶

„Dorothy Arzner, einzige Frau unter den Regisseuren Hollywoods, beweist gleich zwei Dinge; erstens, daß eine intelligente Frau jede Art von Arbeit genauso gut wie ein Mann erledigen kann, und zweitens, daß sie dabei nicht ihre Weiblichkeit verlieren muß": die amerikanische Presse geizte 1936 durchaus nicht mit lobenden und fortschrittlichen Worten über die Filme der Regisseurin.

Über 40 Jahre später in Deutschland stieß Arzners DANCE, GIRL, DANCE keineswegs auf eine ähnlich wohlwollende Einhelligkeit. „Ein fundamentaler Mißgriff", befand eine Filmkritikerin bei der deutschen Erstaufführung auf den Berliner Filmfestspielen, „ein minderwertiges Werk, in dem die frauenfeindliche, klischeehafte Perspektive dominiert." „Eine Wiederentdeckung des frühfeministischen Kinos", jubelte dagegen eine andere Journalistin, „Dorothy Arzner stellt die Idee der Frau als Schauobjekt in Frage!"

Tatsächlich in Frage zu stellen ist allerdings nur die Herangehensweise von Rezensentinnen, die Arzners Filme lediglich unter dem Aspekt der Frauenfreundlich- bzw. Frauenfeindlichkeit betrachten. 20 Jahre lang hat nur Arzner in Hollywood kontinuierlich als Regisseurin arbeiten können. Und so müssen aus notorischem Mangel an frühen „Frauenfilmen" die ihren als Spekulationsobjekt für die feministische Suche nach „spezifisch Weiblichem" herhalten, obwohl sie dafür denkbar ungeeignet sind. Dorothy Arzner galt und bezeichnete sich selbst stets als „solide Handwerkerin", deren ganzer Ehrgeiz auf Professionalität und den Unterhaltungswert ihrer Filme zielte – als Transportmittel für irgendwelche Botschaften hat sie keinen einzigen gedreht. Sehr oft spielen in Arzners Filmen zwar Frauen die tragende Rolle, aber sie kommen nicht immer allzu gut dabei weg. Die verliebte Pilotin Cynthia in CHRISTOPER STRONG nimmt sich das Leben, als sie von ihrem verheirateten Liebhaber ein Kind erwartet, und Rosalind Russell in CRAIG'S WIFE agiert als ein wahres Monster von (Haus-)Frau. Keinesfalls sind die Filmheldinnen von Dorothy Arzner emanzipierter, unabhängiger oder bedrohlicher als die Film-noir-Frauen der vierziger oder auch die Flapper der zwanziger Jahre.

Dorothy Arzner, die rosenzüchtend im kalifornischen Wüstenstädtchen La Quinta wohnte, als die Wiederentdeckung ihr geruhsames Leben durcheinanderwirbelte, hielt „nicht die Bohne von diesem ganzen Women's-Lib-Unsinn". Überhaupt fand sie ihr überraschendes Comeback etwas lästig: schließlich hatte sie bereits 1943 von Hollywood Abschied genommen — freiwillig.

Geboren wurde Dorothy Arzner am 3. Januar 1897 in San Francisco, ihre Renaissance erlebte sie 78 Jahre später in Los Angeles. Kaum hatte sie den Fuß in den Festsaal gesetzt, in dem der „Tribute to Dorothy

Arzner" seinen Lauf nehmen sollte, da erhoben sich die Mitglieder der Directors Guild of America zur *standing ovation*. Die zweite Tonfilmregiseurin Hollywoods, Ida Lupino, hielt eine Rede, Clips aus Arzners alten Filmen wurden vorgeführt, und „Director Dorothy" erstickte fast unter dem Berg von Fotos, Überbleibseln von Dekorationen und anderen Filmsouvenirs, mit denen ihre freundlichen jungen Kollegen sie überhäuften. Sie selber hatte kein einziges Andenken an ihre Regiekarriere aufbewahrt.

Nostalgie und Feminismus waren die Auslöser eines Arzner-Kults, der 1972 in den USA einsetzte. Auf dem First International Festival of Women's Films in New York gab es THE WILD PARTY zu sehen, Arzners ersten Tonfilm. Vier Jahre später, auf dem zweiten Frauenfilm-Festival, liefen neben einer Ida-Lupino-Retrospektive CHRISTOPHER STRONG und DANCE, GIRL, DANCE. Bald darauf war die bislang vergessene Regisseurin wieder weltweit ins Bewußtsein der Filmschaffenden gerückt. Diese Revitalisierung galt keineswegs einer — nicht existenten — Avantgardequalität ihrer Filme, sondern allein der Tatsache, daß Dorothy Arzner als einziger Frau der Sprung vom Stumm- zum Tonfilm geglückt war und sie noch für mehr als zehn Jahre als weiblicher Solitär unter ausschließlich männlichen Kollegen Regie führte. Anscheinend funktionierte Arzner als gut geöltes Rädchen in der Traumfabrik und stellte mit ihren solide gemachten Unterhaltungsfilmen weder die Kritikerwelt noch das Studiosystem auf den Kopf.

So durchschnittlich, wie ihre Filme heute wirken, empfand sich die Regisseurin selbst. Ihr Mangel an Arroganz und Elitebewußtsein, ihr ruhiges Temperament und ihre Ernsthaftigkeit, gepaart mit einem leichten Stolz auf ihre Professionalität, ließen sie weniger als exotischen Paradiesvogel erscheinen denn als gewöhnlichen Spatz. Ähnlich ihrer Vorgängerin Alice Guy ermöglichte auch Dorothy Arzner diese pflichtbewußte Unauffälligkeit den Einbruch in eine Welt von Männern, die sie als Kumpel akzeptieren konnte, ohne sie jemals als Bedrohung empfinden zu müssen. Wenn die Leinwand-Lady eigentlich als ein UFO in der Filmfabrik erschien, sah sie zumindest nicht wie eins aus. Klein und schmächtig und mit einer Vorliebe für schwarzgraue Anzüge, wirkte die kurzhaarige Regisseurin ausgesprochen jungenhaft. Nur selten besuchte sie Parties, und ihre wenigen harmlosen Leidenschaften bestanden in Rohkost und der Anbetung von Sonnenuntergängen. Im Privatleben ließ Dorothy Arzner die Männer in Ruhe und umgekehrt die Männer sie. Dafür pflegte sie ein intimes, wohl auch sexuelles Verhältnis zu der 20 Jahre älteren Choreographin Marion Morgan, mit der sie bis zu deren Tod im Jahre 1967 zusammenlebte.

Pikiert antwortete Dorothy Arzner einmal auf die neugierigen Fragen einer Reporterin: „Wieso denkt eigentlich jeder, daß ich unbedingt wie ein Wesen vom anderen Stern ausschauen müsse? Intelligenz kennt nun einmal kein Geschlecht."

✳

Dorothy hatte schon als Kind ständig Film- und Theaterleute um sich gehabt. Ihrem Vater gehörte das damals renommierte Hoffman Café in Hollywood. Illustre Gäste wie Douglas Fairbanks und Mary Pickford, David Wark Griffith und Mack Sennett gingen dort ein und aus, doch für das Mädchen waren sie keine beruflichen Vorbilder. Es hatte sich in den Kopf gesetzt, Ärztin zu werden und stellte sich ungeheuer romantisch vor, als eine Art weiblicher Jesus den Blinden das Sehen und den Lahmen das Gehen beizubringen.

Ihrem deutschen Vater hatte Dorothy nie besonders nahegestanden. Als sie fünf Jahre alt war, ließen sich die Eltern scheiden, und Dorothy wie auch ihr sieben Jahre älterer Bruder David sahen ihre Mutter niemals wieder. Kurz nach der Scheidung heiratete Mr. Arzner erneut. Dorothy haßte ihre Stiefmutter und wurde wegen einiger hysterischer Ausbrüche zu Verwandten nach Oakland abgeschoben. Nach dem großen Erdbeben von San Francisco holte der Vater seine neunjährige Tochter nach Los Angeles zurück. Das Mädchen, inzwischen sehr still und ernst geworden, konzentrierte sich nun völlig auf die Schule, wo sie ihre Klassenkameradinnen durch Intelligenz und Fleiß übertraf.

Auch an der University of Southern California bekam die ehrgeizige Studentin immer die besten Noten — bis sie dann zum erstenmal in einem Krankenhaus arbeitete. Die sensible und künstlerisch interessierte Dorothy, neben Medizin belegte sie Kunstgeschichte und Architektur, fand Krankheiten auf einmal gar nicht mehr romantisch, sondern nur noch bedrückend. Ihr Studium brach sie sofort ab. Im Ersten Weltkrieg meldete sie sich dennoch freiwillig zu einer weiblichen Sanitätseinheit — in der Hoffnung, nach Frankreich geschickt zu werden. Doch der Traum vom Auslandstrip erfüllte sich nicht, Dorothy wurde als zu jung und zart befunden.

Auf der Suche nach einem Job landete sie dann eher zufällig beim Film. Ein flüchtiger Bekannter hatte sie auf einer Sightseeingtour durch die Filmstudios William deMille vorgestelllt. Der Regisseur arbeitete wie auch sein berühmter Bruder Cecil für die Famous Players-Lasky Corporation, die 1927 mit W. Hodkinsons Paramount-Pictures-Verleih zu der Filmcompany Paramount fusionieren sollte. Wegen einer Grippeepedemie suchte William deMille gerade händeringend nach Leuten. Als ihm die arbeitswillige Dorothy zur Tür hereinschneite, erschien sie ihm als Geschenk des Himmels. „Jeder mit ein bißchen Grips im Kopf hätte damals beim Film einen Job kriegen können", erzählte Dorothy Arzner Jahre später den Reportern. Auf eine Anregung von deMilles Sekretärin hin entschloß sich die junge Frau zum Abtippen von Manuskripten. Mit der Zeit gewann sie Geschmack am Film, und besonders den Beruf des Regisseurs fand sie ungeheuer attraktiv: „Schließlich ist er es, der allen anderen die Befehle gibt."

Bis Dorothy Arzner einmal ihre Anweisungen hauchen sollte, hatte sie indes noch einen weiten Weg zu gehen. Sie nahm sich vor, den neuen Traumberuf von der Pike auf zu lernen. Auf dem Höhepunkt ihrer Karriere war sie weniger auf ihr Talent stolz als auf ihre solide Ausbildung und ihre großen handwerklichen Fähigkeiten: „Ich habe immer alles gekonnt, was ich als Regisseurin können mußte; niemals hatte ich es nötig, zu bluffen. Als ich beim Film begann, nahm ich meinen Stolz, knetete ihn zu einer hübschen kleinen Kugel zusammen und schleuderte ihn zum Fenster hinaus."

Nach einem halben Jahr vertauschte Dorothy Arzner die Schreibmaschine mit dem Schneideraum, einer damals noch rein männlichen Domäne. Bei Realart Studio, einem Ableger von Famous Players, arbeitete sie als einziger Cutter. Dem kleinen Studio standen vier Kameraleute und vier Stars zur Verfügung, und etwa alle vier Wochen begann jedes Team mit einem neuen Film, der dann eine Woche lang in den Kinos lief. Pro Jahr schnitt Dorothy Arzner ungefähr 40 Filme — „das beste Regietraining, das man sich vorstellen kann". 1922 wurde sie von Famous Players zurückgepfiffen, um BLOOD AND SAND zu schneiden. Das Skript zu diesem Film, der die „rosa Puderquaste" Rudolph Valentino und die üppige Nita Naldi als Leinwand-Lovers etablierte, stammte von June Mathis, einer der über 40 Drehbuchautorinnen des stummen Hollywoods. Mit dem Valentino-Film THE FOUR HORSEMEN OF THE APOCALYPSE hatte sich June Mathis bereits einen guten Ruf erschrieben, und auch sonst trommelte die Company für das geplante Renommierstück ihre besten Kräfte zusammen.

Dorothy Arzner sollte Montageprobleme lösen, mit denen die anderen Cutter ihre liebe Not hatten. Die Stierkampfszene des Leinwandmatadors mußten unbedingt lebensecht wirken, doch Valentino hatte nicht die geringste Lust gehabt, dem griesgrämigen Vieh mit der Muleta vor der Nase herumzufuchteln. Famous Players war schon fast soweit, 50 000 Dollar springen zulassen, um Valentino mittels Doppelbelichtung in die Arena zu befördern, als Dorothy Arzner die geldrettende Idee hatte. Sie drehte im Studio ein paar Großaufnahmen des tapferen Männerhelden und schnitt sie mit Archivszenen eines echten Stierkampfes zusammen. Die Montage von BLOOD AND SAND fand nicht nur den Beifall der Finanzgenies, sondern auch den der Künstler. Insbesondere der Regisseur Jim Cruze konnte sich vor Begeisterung kaum fassen, und er verpflichtete Dorothy Arzner sofort für den Schnitt seines Meister-Westerns THE COVERED WAGON. Jim Cruze war der einzige Mensch in Hollywood, den die zurückhaltende Dorothy Arzner von ganzem Herzen mochte und als ihren Freund und Förderer betrachtete. Als sie schon längst als Scriptgirl arbeitete, schnitt sie ihm zuliebe noch die Cruze-Filme MERTON OF THE MOVIES und OLD IRONSIDES.

Dem ernsten Temperament von Dorothy Arzner war überströmende Herzlichkeit genauso fremd wie Eitelkeit. Stets versuchte sie, ihr Renommee als Hollywoods einziger Tonfilmregisseurin herunterzuspielen. Bei ihren ersten Filmen sträubte sich sich sogar mit Händen und Füßen gegen die Nennung ihres Namens im Vorspann: „Ich wollte immer, daß mein Werk von ganz alleine wirkt und für sich selbst steht." Dabei war es ihr in der Mitte der zwanziger Jahre nur durch ein raffiniertes Spielchen gelungen, überhaupt einen Regieauftrag an Land zu ziehen.

Für Harry Cohns damals noch ziemlich ärmliche Columbia hatte Dorothy Arzner bereits drei Drehbücher geschrieben und immerhin 500 Dollar pro Stück kassiert. Der Produzent schätzte seine Autorin über alle Maßen, und das wußte Arzner nur zu gut. Sie stellte ihn vor eine Alternative: entweder sie durfte bei der Verfilmung des vierten Drehbuchs Regie führen oder es gab überhaupt keine Skripts mehr — und Harry Cohn wählte Vorschlag Nr. 1.

Als Dorothy Arzner bei Paramount ihren Schreibtisch räumte, fühlte sie sich zu ihrer eigenen Verwunderung plötzlich gräßlich wehmütig. Eigentlich hatte sie vorgehabt, sang- und klanglos zu verschwinden, entschloß sich dann aber doch, dem Produktionsleiter B. P. Schulberg Adieu zu sagen. Schulberg war ziemlich entsetzt darüber, daß ihm seine unbezahlbare Cutterin so unerwartet die Kündigung auf den Tisch legte und erst recht, da sie sein großmütiges Angebot, sie in die Drehbuchabteilung zu versetzen, schulterzuckend zurückwies. Als er Dorothy Arzner schließlich resigniert fragte, was um alles in der Welt sie denn zum Bleiben bewegen könne, rückte Arzner mit ihren Regieambitionen heraus. Am Ende des Gesprächs hatte sie ihren Vertrag in der Tasche: Mit dem Jungstar Esther Ralston sollte Dorothy Arzner die französische Farce *The Best Dressed Woman in Paris* verfilmen und auch das Buch dazu schreiben.

„Lasky ernennt Regisseurin", meldeten am nächsten Tag die Zeitungen: In der Hollywood-Menagerie trieb sich von nun an ein weibliches Wundertier umher.

„Ich wußte, daß jeder Film von mir um jeden Preis ein Kassenerfolg werden mußte. Als Frau hätte man mir einen Flop nicht verziehen. Dabei bekam ich niemals irgendwelche wirklich phantastische Stoffe angeboten oder durfte mit großen Stars drehen. Viele Schauspielerinnen, die heute berühmt sind, haben damals in meinen Filmen als Neulinge angefangen" — Dorothy Arzner war weniger daran gelegen, ein emanzipiertes Frauenbild im Film zu etablieren, als sich zunächst selber

Dorothy Arzner mit Esther Ralston bei den Dreharbeiten zu
FASHIONS FOR WOMEN (1927)

durchzusetzen. Daß sie von der selbstverständlichen Männersolidarität der Regisseure ausgeschlossen blieb, die sich auch einmal ein Zelluloiddesaster leisten konnten, stachelte ihren handwerklichen Ehrgeiz nur an; doch daß ihr von Bossen oder Kollegen jemals Steine in den Weg bugsiert worden wären, hat sie allerdings stets bestritten.

Dorothy Arzner legte immer großen Wert darauf, sich ihre Drehbücher selbst auszuwählen. In allen Interviews behauptete sie, niemals zu einem ungeliebten Stoff gezwungen worden zu sein. Finanziell unabhängig, hätte sie — so Dorothy Arzner — auch niemals ein Skript akzeptiert, das sie nicht leiden mochte. Ganz besonders war sie an Büchern interessiert, in denen Alltagsfrauen wider Willen in ungewohnte Situationen gerieten und sich durchboxen mußten. Ihre Frauenfiguren wirken deswegen oft widersprüchlich: Einerseits sind sie wie die Cynthia in CHRISTOPHER STRONG abenteuerlustig und hilflos zugleich, andererseits wie Rosalind Russell in CRAIG'S WIFE abwechselnd mitleiderregend und grausam. Von Film zu Film läßt Dorothy Arzner einander sehr unähnliche Frauen als Heldinnen agieren. Das eine Mal brennen sie wie Claudette Colbert in HONOR AMONG LOVERS am Ende des Films mit ihrem Liebhaber durch, das andere Mal läßt Arzner die Supermutter Ruth Chatterton in SARAH AND SON wie eine Löwin um ihren Sohn kämpfen. Mit WORKING GIRLS zollt sie einen Tribut an die unabhängige Frau und mit FASHIONS FOR WOMEN liefert sie ein süßlich-sentimentales Rührstück über Liebe und Ehe. Ihre männlichen Helden dagegen bleiben sich immer gleich: straight, tapfer und aggressiv.

Ein besonderes Händchen hatte Dorothy Arzner für das Entdecken neuer Talente. In SARAH AND SON machte sie eine Schauspielerin zur „First Lady of the Screen", die eigentlich schon viel zu alt für eine Hollywood-Laufbahn war. Die Leinwanddebütantin Ruth Chatterton, die auf dem Broadway schon längst das Publikum verzaubert hatte, ergriff ihre zweite Karrierechance beim Schopf, als der Tonfilm viele der einstigen Stummfilmstars zurück in die Anonymität beförderte. Dorothy Arzner gab Ginger Rogers in HONOR AMONG LOVERS ihre erste Filmrolle und wagte einen Tonfilmversuch, THE WILD PARTY, mit Clara Bow, nachdem das „It-Girl" zuvor üble Verrisse hatte hinnehmen müssen.

Trotz der Querelen mit Katharine Hepburn war CHRISTOPHER STRONG Arzners persönlicher Lieblingsfilm. Das Fliegerdrama besaß alle Voraussetzungen zu einem „Frauenfilm": Schnitt, Regie und Drehbuch lagen in weiblichen Händen und die literarische Vorlage drehte sich um eine emanzipierte, mutige Pilotin. Gilbert Frankeaus Roman basiert auf dem Leben von Amy Johnson, dem britischen Gegenstück zu der amerikanischen Transatlantikfliegerin Amelia Earhart. Fünf Jahre nach Charles Lindberghs Alleinflug quer über den Ozean wagte die Pilotin Earhart den Solotrip von Irland nach New York; noch 1933, als CHRISTOPHER STRONG gedreht wurde, war die Luftlady ein Hätschelkind der Presse. Das Ende des Films ist leider ziemlich unglücklich und bricht nicht gerade eine Lanze für mutige Frauen: Die Pilotin bringt sich um – stilgemäß reißt sie sich die Sauerstoffmaske vom Gesicht –, weil sie die Schande, ledige Mutter zu sein, nicht ertragen kann. Obwohl Dorothy Arzner keinen Zweifel daran ließ, daß das Drehbuch mit ihren Wünschen übereinstimmte, mögen die miserablen Produktionsbedingungen zum Teil schuld an dem schwachen und ziemlich aufgesetzten letzten Filmdrittel gewesen sein. Der Ehemann der Drehbuchautorin Zoë Atkins war todkrank, Katharine Hepburn verlangte immer ungeduldiger nach einem endgültigen Skript, und schließlich mußte Arzner noch ihren renitenten Kameramann feuern.

Der Produzent Sam Goldwyn zeigte sich allerdings hingerissen von CHRISTOPHER STRONG und fragte die Arzner, ob sie die Schauspielerin Anna Sten in NANA zur dritten Leinwandgöttin neben Garbo und Dietrich machen könne — ein Unternehmen, das mehr schlecht als recht gelang. Ungewöhnlich sarkastisch kommentierte die Regisseurin: „Alles, was ich für die Dame tun konnte, war, sie so selten wie möglich zu Wort kommen zu lassen."

Ungewöhnlich für Dorothy Arzner war auch ihre Hingabe an Ferenc Molnárs Komödie *Das Mädchen aus Triest*. „Filme sind Unterhaltung. Die Geschichten müssen amüsant sein, und den Ausdruck ‚soziales Engagement' habe ich gerade zum erstenmal gehört", erzählte die Regisseurin kurz vor ihrem Tod einem Reporter. Mit Molnárs Komödie hatte sie sich jedoch für einen Stoff mit deutlich sozialkritischen Tönen begeistert, dessen Heldin, eine ehemalige Prostituierte, sie als „Opfer ökonomischer Ausbeutung" titulierte. Unter dem Titel THE BRIDE WORE RED kam der Film auch tatsächlich in die Kinos — als locker-leichte Dirnenstory. Goldwyn hatte auf einer Neufassung des Skripts bestanden, und Arzner gab zähneknirschend nach. Den fertigen Film hielt sie später für „durch und durch synthetisch", obwohl sie die Hauptdarstellerin Joan Crawford über den grünen Klee lobte.

Joan Crawford hatte ihr Herz an THE BRIDE WORE RED gehängt, weil sie unbedingt in einem Arzner-Film spielen wollte. CRAIG'S WIFE mit Rosalind Russell hatte der Schauspielerin so gut gefallen, daß sie begierig zugriff, als mit HARRIET CRAIG 14 Jahre später ein Remake gedreht werden sollte. In der literarischen Vorlage, George Kellys Bühnenstück, treibt eine selbstsüchtige und pedantische Frau ihren Mann aus dem Haus. In CRAIG'S WIFE wollte Dorothy Arzner den Akzent vom Egoismus der Mrs. Craig auf deren innere Einsamkeit verlagern. Als sie George Kelly mitteilte, daß ihrer Meinung nach Mrs. Craig eigentlich erst einen richtigen Mann aus dem bis dato eher schlappen Gatten gemacht habe, reagierte der Autor mit Entsetzen: „Der Film hat nichts mehr mit meinem Stück zu tun. Harriett Craig ist und bleibt ein Miststück, und Craig selber ist ein verdammt netter Kerl."

1940 drehte Dorothy Arzner unter dem früheren Ufa-Chef und damaligen Hollywood-Produzenten Erich Pommer ihren besten Film: DANCE, GIRL, DANCE. Kurz zuvor hatte der deutsche Exilant einen bereits engagierten Autor und Regisseur gefeuert und betraute nun Dorothy Arzner mit der Aufgabe, den zentralen Konflikt des Musicals zwischen der sensiblen Judy (Maureen O'Hara) und der robusten Bubbles (Lucille Ball) anzusiedeln. Bei der deutschen Erstaufführung 1977 lobte eine Kritikerin: „In einem großartigen Szeneneinfall läßt sie [die Arzner] eine der Tänzerinnen das Männerpublikum beschimpfen, das heuchlerisch allen Darbietungen Beifall spendet, die Frauen in Wirklichkeit aber verachtet." Eine andere Pressestimme murrte dagegen: „Die wütende Standpauke, die eine der Damen den Männern im Parkett entgegenschleudert, weil die sich für ein paar Cents geiles Glotzen genehmigen, macht aus diesem Rührstück noch keinen Film, der die Sachen der Frauen vertritt."

Drei Jahre nach ihrem besten machte Dorothy Arzner ihren letzten Film: FIRST COMES COURAGE mißriet zu einem belanglosen Anti-Nazi-Drama im norwegischen Untergrund, und selbst die Regisseurin teilte die negative Einschätzung von Kritik und Publikum. Ob nun dieser Flop der Grund für Arzners Abschied aus der Traumfabrik war oder die Lungenentzündung, die sie bald danach für mehr als ein Jahr ans Bett fesselte — „Director Dorothy" drehte nie wieder einen Hollywood-Film: „Ich glaube, der Film hat mich verlassen. Ich habe nie mehr einen Finger krummgemacht, um wieder Regie zu führen. 20 Jahre Film sind einfach genug."

✳

Dorothy Arzner zog sich nicht gänzlich ins Privatleben zurück. Im Zweiten Weltkrieg drehte sie für die US-Army ein paar Lehrfilme und begann danach an der UCLA Regiekurse abzuhalten (und brachte dort auch Frances Ford Coppola das Filmen bei). Im Radio betreute sie die Sendung *You Were Meant to Be a Star* und drehte in den sechziger Jahren aus Gefälligkeit für ihre alte Freundin und mittlerweile zur Pepsi-Cola-Chefin avancierten Joan Crawford etwa 50 Werbespots.

Das Band zur Filmindustrie aber hatte Dorothy Arzner radikal durchschnitten. Ganz selten einmal, in einem nostalgischen Augenblick, sah sie sich den einen oder anderen ihrer alten Filme im Fernsehen an, bis sie dann zu ihrer großen Überraschung in den siebziger Jahren als „Frauenfilmerin" entdeckt wurde. Ihre letzten zwölf Lebensjahre verbrachte Dorothy Arzner einsam in der Wüstenvilla in La Quinta, die sie seit Beginn der sechziger Jahre zusammen mit ihrer Gefährtin Marion Morgan bewohnt hatte. 82 Jahre alt, starb sie am 11. Oktober 1979 an den Folgen eines schweren Verkehrsunfalls.

UvS

Filmographie Dorothy Arzner:

Fashions for Women, 1927. *Ten Modern Commandments*, 1927. *Get Your Man*, 1927. *Manhattan Cocktail*, 1928. *The Wild Party*, 1929. *Sarah and Son*, 1930. *Anybody's Woman*, 1930. *Paramount on Parade*, 1930, gemeinsam mit zehn Paramount-Regisseuren. *Honor among Lovers*, 1931. *Working Girls*, 1931. *Merrily We Go to Hell*, 1932. *Christopher Strong*, 1933. *Nana*, 1934. *Craig's Wife*, 1936. *The Bride Wore Red*, 1937. *Dance, Girl, Dance*, 1940. *First Comes Courage*, 1943.

Mitarbeit bei:

Blood and Sand, 1922, Fred Niblo.* *The Covered Wagon*, 1923, Jim Cruze.* *Old Ironsides*, 1926, Jim Cruze.*** *Behind the Makeup*, 1930, Robert Milton.** *Charming Sinners*, 1930, Robert Milton. ** *The Last of Mrs. Cheyney*, 1937, Richard Boleslavsky.**

  * Nur Schnitt von Dorothy Arzner
 ** Co-Regie von Dorothy Arzner
*** Drehbuch und Schnitt von Dorothy Arzner

Frances Farmer

Kuckuck in der Traumfabrik
Frances Farmer

„Einer Ost, einer West, einer flog über das Kuckucksnest": Den Mc
Murphy aus *Einer flog über das Kuckucksnest* gibt es nicht wirklich: er
ist eine Romanfigur von Ken Kesey, dem Autor dieses Bestsellers.
Doch die Story um einen ewigen Rebellen, der in der grauen, trübsinnigen Welt eines Irrenhauses für die anderen Insassen zur Personifika-
tion von Lebensmut und Freiheit wird und den erst eine Gehirnopera-
tion seines Willens und Wesens beraubt, hätte auch die Geschichte der
Frances Farmer sein können. Ebenso wie das Buch vom Kuckucksnest
hat auch ein Film Tausenden von Zuschauern Tränen des Zorns in die
Augen getrieben: FRANCES, nach dem Leben der blonden Schauspielerin.
Auch sie haßte jede Form von Autorität, mußte jahrelang in Irren-
häusern vegetieren und wurde zur Lobotomie gezwungen — jene Ge-
hirnoperation, die den Patienten in eine atmende, sprechende und laufende Puppe verwandelt, während seine Seele stirbt. Frances Farmer
aber ist kein Phantasieprodukt; ihr Schicksal gestaltete sich so drama-
tisch und grotesk, daß Keseys fiktionales *Kuckucksnest* vom Schau-
platz der Filmhandlung, dem realen Hollywood, an Schrecken und
Grausamkeit noch übertroffen wird.
Eigentlich hätten die Zutaten zum Leben der Frances Farmer schon
längst zu einem Filmeintopf à la Hollywood zusammengerührt werden
müssen — schließlich sind Zelluloid-Melodramen dieses Zuschnitts
ein todsicheres Kassenrezept. Da sind: der raketengleiche Aufstieg der
blonden, wunderschönen Studentin in den Sternenhimmel der Traumfabrik; dann der alkoholbedingte Absturz in die Hölle eines Irrenhauses stürzt; ferner gibt es eine teuflische Mutter, ränkeschmiedende Politiker und dann Frances' — scheinbare — Wiedergeburt in Indianapolis. Diese Ereignisse hätten so manchem Kinobesucher einen un-
terhaltsamen Abend bescheren können.
Doch weil die Story wahr ist, dauerte es über 40 Jahre, bis sie dem
Dunkel der Vergangenheit entrissen wurde. Der Reporter William Arnold zeigte sich im Jahre 1973 fasziniert von der ihm bislang unbekannten Darstellerin des alten Howard-Hawks-Films COME AND GET IT
und machte sich auf eine über dreijährige Suche nach der verlorenen
Zeit des vergessenen Stars, der damals bereits drei Jahre tot war. Seine
Recherchen verarbeitete Arnold zu dem Roman *Shadowland*, der 1982
Graeme Clifford zu FRANCES inspirierte. Auch dieser Epilog zu Frances' Leben liest sich wie der Stoff für ein Drehbuch: Das Kino scheint
schicksalhaft für die Frau zu bleiben, die Filme aus tiefster Seele haßte.

„Did you have a good world when you died? Enough to base a movie on?" textete einmal der mysteriös verstorbene Rocksänger Jim Morrison. Auf den zweiten Teil der Frage hätte Frances nur mit Ja antworten können, auf den ersten dagegen mit einem entschiedenen Nein.

✳

Frances war eines jener seltsamen Wesen, das die Götter in einem Anfall von Perfektionsdrang erschaffen haben müssen. Stets zogen ihre schlanke, hochgewachsene Gestalt, das helle Haar und die ebenmäßigen Gesichtszüge bewundernde und neidische Blicke auf sich. Dazu noch hochintelligent und talentiert, hätte Frances mühelos die Note „10" auf der Traumfrau-Skala erreichen können. Schon als 16jährige schrieb sie Lyrik und malte sich eine Zukunft als Autorin aus, bis sie ihrer einzigen wahren Liebe verfiel: dem Theater. Knapp 20 Jahre alt, machte sie fast anstrengungslos eine atemberaubend schnelle Karriere im Brennpunkt jeder cineastischen Sehnsucht: in Hollywood.

Doch Frances haftete ein einziger Makel an. Trotz ihrer Klugheit und ihres sarkastischen Humors war sie naiv. Sie verweigerte sich der bedingungslosen unkritischen Liebe ihrer Verehrer. Frances konnte einfach nicht verstehen, daß die Fans auf sie ihre unerfüllten Sehnsüchte und Hoffnungen projizierten und sie als Göttin auf der Leinwand anbeten *wollten*. So bezahlte sie nicht mit Lächeln und Charme für die vergeudete Liebe, sondern mit verletzendem Zorn. Auch die olympischen Nachbarn schätzten Frances nicht sonderlich, weil sie keine Schwächen zu besitzen schien und den rasanten Aufstieg nicht durch zügellose Orgien und verrückte Leidenschaften vermenschlichte.

Frances verbreitete die Aura der Vollkommenheit, was ihre Umgebung maßlos ärgerte, die ihr jede Schwäche nur allzu gerne verziehen hätte. Frances aber war eine zu schlechte Schauspielerin ihres eigenen Lebens, als daß sie ein Bild der Unzulänglichkeit hätte inszenieren können. Ihr mangelte jegliches Talent zur Verbindlichkeit, dafür besaß sie bedingungslose Wahrheitsliebe und Direktheit. Heuchelei entsetzte sie, und weil sie selbst unfähig zu taktischem Verhalten war, fehlten ihr Verständnis und Mitgefühl für die vom Glück weniger Bevorzugten. Das Einfühlungsvermögen, über das Frances ausschließlich auf der Bühne verfügte, wich im Alltag ihrem Anspruch auf Charakterstärke und absoluter Ehrlichkeit. Kurzum: Frances kannte kein Mitleid.

So konnte sie, die sich stets unter finanziellen und persönlichen Opfern für die Underdogs engagierte, nicht lieben und nicht geliebt werden. Ihr Innerstes hatte sich zu einem harten Kern verfestigt, und jeder Versuch der Außenwelt, dort hineinzudringen, provozierte ihren unbezähmbaren Zorn. „Man kann in seiner Seele ein loderndes Feuer tragen, und doch kommt niemand, sich daran zu wärmen. Die Vorübergehenden sehen nur eine Rauchfahne aus dem Schornstein steigen und gehen weiter ihres Weges": So wie Vincent van Gogh hätte auch Frances Farmer sprechen können. Beide gehörten zu einer Art von Menschen, die um sich herum Mauern errichtet und dabei nichts so sehr wünscht, als daß andere kommen, sie einzureißen.

Frances Farmer aber wurde hinter Mauern verbannt, die andere vor ihr aufbauten: die Mauern einer Heilanstalt.

Der Auslöser war ein überflüssiges und lächerliches Ereignis — eine Verkehrssünde. Das Ende des Sündenfalls bestand aus einer Schlägerei mit Polizisten. Die Hollywood-Presse stand kopf. Die schöne, kühle Frances zeigte sich nun zerlumpt und schmutzig vor den Kameras, eine Kippe im Mundwinkel, die blonden Haare wirr im Gesicht hängend, den Rock hochgerutscht, das Gesicht voller blutiger Striemen. Solche Fotoleckerbissen hatte es schon lange nicht mehr zu naschen gegeben. Endlich konnte es die Traumstadt ihrem hochmütigen Star heimzahlen: Aschenputtel war wieder zu Hause. Höhnisch deutete tout Hollywood auf eine Schwäche, die nun plötzlich offen vor aller Augen lag – Frances' Trunksucht.

1942 war die Schauspielerin 28 Jahre alt, lebte seit fünf Jahren in Hollywood und befand sich bereits auf der Höhe ihres Ruhms und am Tiefpunkt ihrer Depressionen. Sie fuhr zu einer Party ihrer Kollegin Deanna Durbin, und vergaß, über ihr verpfuschtes Leben grübelnd, ihre Umwelt. Das Warnschild auf dem Pacific Coast Highway, das die Straße als Abblendzone auswies, hatte sie übersehen. Ein patrouillierendes Polizeiauto stoppte das mit vollem Licht vorbeibrausende Fahrzeug, und Frances , für die die Cops der Inbegriff von Gewalt und Autorität darstellten, begann durchzudrehen. Als der Officer sie belehren wollte, weil sie ihre Ausweise vergessen hatte, verbat sie sich gereizt „diesen verdammten Unsinn". Prompt wurde sie festgenommen. Dem Haftrichter schrie die empörte Frances ihre Unschuld ins Gesicht, was die ihr vorgeworfene Trunkenheit am Steuer betraf, doch der, wütend über die lautstarke Szene, verurteilte sie flugs zu der saftigen Strafe von 180 Tagen Gefängnis mit Bewährung.

Gemäß der Hollywood-Weisheit, daß niemand so gerissen ist wie ein Studioanwalt, außer einem anderen Studioanwalt, hätte Frances Verteidigung eigentlich kein Problem sein dürfen. Doch die Verhandlung fand ganz ohne Anwalt statt — die Studios hatten ihre Juristen zur Zurückhaltung verdonnert. Da Frances kurze Zeit vor dem Skandal ein Angebot aus Mexiko für den Billigfilm HOSTAGE erhalten hatte, nutzte sie die Chance, sich aus Hollywood abzusetzen.

Doch die Gerüchteküche benötigte Nachschub. Aus der willkommenen Nachricht von einer plötzlichen Erkrankung Frances' destillierte die Klatschtante Louella Parsons die Lügenstory von einem Nervenzusammenbruch. In Wahrheit aber hatte sich Frances in Mexiko an der *turista* infiziert, der gefährlichen fiebrigen Darmerkrankung, die die Touristen seit den Tagen von Cortez geißelt. Der amerikanischen Botschaft fiel nichts Besseres ein, als die sterbenskranke Schauspielerin in einer dreitägigen strapaziösen Autofahrt über die Grenze ins texanische Laredo bringen zu lassen.

Nun wisperten die Lästerzungen, daß Frances aus Mexiko deportiert worden sei. Frances Vertragsstudio Paramount brach ob dieses Gerüchts in schiere Panik aus, denn welche weiße Amerikanerin, dazu noch ein Filmstar, konnte schon von sich behaupten, je von Mexiko ausgewiesen worden zu sein? Wieder zurück in Kalifornien, mußte Frances feststellen, daß ihr Haus in Malibu verkauft und ihre Habseligkeiten im Knickerbocker-Hotel verstaut worden waren, in dem auch ein Zimmer auf sie wartete. Um ihre Karriere nicht endgültig zu zerstören, ließ sich die noch geschwächte Frances überreden, eine Rolle in einem Billigstreifen mit dem fast programmatischen Titel NO ESCAPE zu akzeptieren und sich unters Volk zu mischen. Das Getuschel wollte sie durch Liebenswürdigkeit und offensichtliche Normalität ersticken.

Diese Charaktervergewaltigung konnte nicht lange gutgehen, und prompt meldete sich ein zweiter Skandal an. Am 13. Januar 1943 brach die Studiofriseuse Edna Burge mit dem hochnervösen Star einen scharfen Wortwechsel vom Zaun, der damit endete, daß Frances ihr eine kräftige Ohrfeige verpaßte. Edna holte sofort die Polizei, und die tobende Schauspielerin wurde ins Gefängnis von Santa Monica verfrachtet. Bei der anschließenden Gerichtsverhandlung brachte Frances mit ihrer Widerspenstigkeit erneut den Richter gegen sich auf, der nun die Bewährung aufhob, die Frances nach der Verkehrssünde vor dem Gefängnis bewahrt hatte. Jetzt sollte sie diese Strafe absitzen — 180 Tage. Später allerdings überzeugte ein Psychiater den Richter von der These, die Schauspielerin sei manisch-depressiv. Frances wurde in die Heilanstalt La Crescenta eingeliefert, und ihr langer Leidensweg als angeblich Wahnsinnige nahm seinen Anfang.

Frances entstammte einer Mittelschichtsfamilie in Seattle und verbrachte dort eine leidlich glückliche Kindheit. Geld war im Farmerhaushalt stets ein Problem: Der Vater William war ein ambitionsloser Rechtsanwalt, der den Ehrgeiz seiner dominanten Frau Lillian, einer besessenen Antikommunistin, niemals befriedigte. 1932 ließ sich das Ehepaar scheiden; Frances, geboren am 14. September 1914, war damals 18 Jahre alt, ein hübsches und sehr eigenwilliges Kind. Schon in der Highschool fiel sie als vielversprechend auf; schnell galt sie als politisches und rhetorisches Talent, das in Schülerdebatten die anderen in Grund und Boden redete. Am liebsten aber blieb sie für sich, las mit

Frances Farmer in COME AND GET IT (1936)

Leidenschaft Nietzsche und Dostojewski und verfaßte Gedichte. Gerade diese harmlose Begabung war schuld am ersten Skandal der gerade 16jährigen.

Einer ihrer Aufsätze mit dem vom Lieblingsschriftsteller Nietzsche inspirierten Titel *Gott ist tot* erregte die Aufmerksamkeit ihrer Lehrerin. Frances schrieb davon, wie sie eines Tages ihre Mütze verlegt hatte und Gott bat, ihr bei der Suche behilflich zu sein. Der liebe Gott zeigte sich willig. Später aber erfuhr Frances, daß zum selben Zeitpunkt die Eltern ihrer Schulfreundin ums Leben gekommen waren, und sie wurde wütend auf Gott, der ihre triviale Bitte erhört und gleichzeitig eine Tragödie zugelassen hatte: „Gott war eine Art Übervater für mich. Wenn ich irgend etwas nur stark genug wollte, brachte er es für mich in Ordnung. Das stellte mich solange zufrieden, bis ich dachte: ‚Wenn Gott angeblich alle seine Kinder gleich liebhat, warum kümmert er sich dann um meine Mütze und läßt andere Kinder für immer ihre Eltern verlieren?' Ich begann einzusehen, daß Gott nicht viel mit dem Tod von Menschen zu tun hat oder mit ihren Hüten oder womit auch immer. Die Dinge passieren eben, ob er es will oder nicht, und er bleibt da oben und läßt sich's gutgehen. Ich fragte mich, warum Gott nur ein so unnützes Ding ist; irgendwie erschien es mir als Zeitverschwendung, ihn zu besitzen. Danach bedeutete er mir immer weniger, bis er nur noch ein Nichts war."

Bei dem Aufsatzwettbewerb gewann *Gott ist tot* den 1. Preis. Doch Seattle war noch nicht bereit für derart freidenkerische Theorien, und es brach ein Aufruhr los, der im ganzen Land Widerhall fand. Schlagzeilen wie „Mädchen aus Seattle verleugnet Gott und gewinnt Preis dafür" gaben dem Feuer der Empörung neue Nahrung. Frances' Eltern wurden mit Schmähbriefen überhäuft, sie selber als gottlose Kommunistin diffamiert. Aber Vater und Mutter hielten zu ihr, und mit der Zeit wuchs Gras über die Sache. Was blieb, war Frances' Ruf als notorischer Störenfried.

Der zweite Skandal sollte nicht lange auf sich warten lassen. Inzwischen hatte Frances ein Journalismusstudium an der Universität von Washington begonnen. Weil ihr die Professoren und Kommilitonen zu langweilig waren, wechselte sie zur Schauspielabteilung über. Sie entdeckte den Reiz des Theaters, erlag ihm mit Haut und Haaren und avancierte im Nu zum Uni-Star. Amerika befand sich Mitte der dreißiger Jahre auf dem Tiefpunkt der Depression; und in Seattle, einem Zentrum radikaler Arbeiter, die lautstark ihre Rechte forderten, waren Straßenkämpfe an der Tagesordnung. Die politisch begeisterte Frances mischte mit, verteilte Flugblätter und stand kompromißlos auf der Seite der Arbeiter. Auf dem Höhepunkt der Krise gewann Frances noch einmal einen Preis: Die kommunistische Zeitung *The Voice of Action* schenkte ihr für ihren unermüdlichen Einsatz eine Reise in die Sowjetunion.

Wieder erbebte der Boden in Seattle, und in allen Zeitungen stand erneut der Name der „roten Rebellin". Allen Hindernissen, von denen der Widerstand ihrer Mutter das größte darstellte, zum Trotz schiffte sich Frances im April 1935 auf der „Manhattan" nach Europa ein. Ihr Trip galt als Sensation in der Geschichte der amerikanisch-sowjetischen Beziehungen. Diesen Teil von Frances' Vergangenheit dem Publikum vorenthalten zu haben, war später eine echte Glanzleistung der Kinomogule.

Obwohl sich die Studentin von der Sowjetunion tief beeindruckt zeigte, schwieg sie sich nach der Rückkehr über ihre Erlebnisse aus. Seattle aber erschien ihr spießiger und provinzieller denn je. Neue Impulse für ihre Theaterkarriere erhoffte sich Frances von New York. Mit ihrer Freundin Jane bezog sie ein Apartment in Greenwich Village, und gemeinsam klapperten sie die Broadway-Agenturen ab. Schon nach zwei Wochen hatte Frances Erfolg. Der junge Agent Shepard Traube, der von ihrer russischen Affäre wußte, erkannte ihre Begabung — wohl auch ihr publicityträchtiges Verhalten — und reichte sie an Oscar Serlin weiter, dem New Yorker Talentsucher von Paramount. Nach den ersten Probeaufnahmen hatte sie ihr Image als „Neue Garbo" weg: Stimme, Aussehen, der geschmeidige Gang — all das schien sie zum Star zu prädestinieren. Paramount gab ihr Okay, und im Oktober 1935 reiste Frances Farmer nach Hollywood.

Mit zwölf anderen Nachwuchsschauspielern steckte man sie in die Talentschule von Paramount. Schon im Januar des folgenden Jahres wurde der Elevin ihre erste Hauptrolle in TOO MANY PARENTS angeboten, einem Film über das Leben in einer Militärschule. Frances aber fühlte sich unglücklich. Sie verabscheute den falschen Glanz und Glamour Hollywoods, und sie haßte die zwanghaft-fröhlichen Parties. Die Verlogenheit ihres Erfolges wurde ihr vollends klar, als sie auf einer PR-Tour für TOO MANY PARENTS wieder in Seattle landete und ihre Heimatstadt der gehaßten verlorenen Tochter einen großen Bahnhof mit Luftballons und Marschmusik bereitete. Etwa zu dieser Zeit heiratete Frances ihren Mitschüler Leif Erickson, den späteren Star der Fernsehserie *High Chaparall.* Leif erfüllte zwar keineswegs das Ideal der absoluten Liebe, aber das Mädchen mochte ihn; er war ihr ein unaufdringlicher Freund und Gefährte, der ihr abschätziges Urteil über die neurotische Film-Schickeria teilte.

Doch noch ahnte das hoffnungsvolle Talent in der verrückten Glamour-Welt, an dem bis zu den Augenbrauen alles echt war, nicht, wie nahe es einmal dem wirklichen Wahnsinn kommen sollte.

„Frances Farmer im Irrenhaus", „Filmstar wurde verrückt" — das verkündeten die Schlagzeilen nach Frances' Einweisung ins Sanatorium

La Crescenta. Skandale und Schlagzeilen sind Alltag für die Stadt der Träume, Frances aber betrat die entsetzliche neue Welt der Heilanstalten.

Zu Anfang bedeutete La Crescenta noch Ruhe und Frieden für sie. Lange Spaziergänge, Tischtennis, Bücher und Gedichte: sie genoß all diese langentbehrten kleinen Freuden. Doch die Stille war trügerisch und narkotisierte nur kurze Zeit den Sturm in Frances' Innerem. Das tröstende Geplapper der Besucher und Krankenschwestern zerrte an den Nerven des gelangweilten Mädchens, und bald schon erregte sie mit ihrenr respektlosen Aufmüpfigkeit den Zorn der würdevollen Ärzt. Nach wenigen Tagen bereits wurde Frances in ein kleines weißes Zimmer geführt. Sie sollte ihren Ärmel hochkrempeln, hieß es, und ehe sie protestieren konnte, injizierte ihr ein Arzt eine durchsichtige Flüssigkeit in die Vene. Mit einem Mal schienen die Wände des Raumes zu wanken, in ihrem Kopf drehte es sich, und ein seltsames Zittern durchlief ihren Körper: der Anfang eines 90tägigen Insulinschock-Marathons. 1943 betete die Psychiatrie die Insulinbehandlung noch als Allheilmittel an. Bei Depressionen und Renitenz der Patienten griff man fast automatisch zu dieser „Wunderspritze". Aber die prominente Insassin ließ sich partout nicht zähmen. Trotz der widerlichen Begleiterscheinungen der „Therapie" — Nervosität, Zittern, partieller Gedächtnisverlust — konnte sie zu ihrer Mutter fliehen. Diese setzte alle Hebel in Bewegung, um ihre Tochter auf Dauer aus der Anstalt herauszuholen, und im Herbst stand Frances wieder unter der Obhut der ehrgeizigen Lillian. Doch zu schnell fühlte sich Frances sicher.

Eines Abends machte sie ihrer Mutter eine Eröffnung, die die fürsorgliche Trösterin im Handumdrehen in eine Hyäne verwandelte: Nie wieder wollte Frances Farmer filmen, nie wieder zurück nach Hollywood.

✳

Dabei hatte alles so gut angefangen in der kalifornischen Filmmetropole. TOO MANY PARENTS war ein Bombenerfolg, der drei weitere große Filme nach sich zog: THE TOAST OF NEW YORK mit Cary Grant; EBB TIDE, ein Südsee-Piraten-Abenteuer-Eintopf; und das Melodram EXCLUSIVE mit dem Screwball-Star Fred MacMurray. In einem Atemzug beteten die Filmfreaks der Traumstadt den Namen der jüngsten Zelluloid-Göttin mit denen etablierter Größen wie Marlene Dietrich, Carole Lombard und Claudette Colbert herunter.

Aber das Provinzmädchen hatte dem verführerischen Zauber Hollywoods den Kampf angesagt: Es legte kein Make-up auf, trug ausgebeulte Hosen und ließ sein Haar lang und ungelockt. Frances verweigerte sich dem PR-Rummel des Studios, das ihr Verhalten zunächst mit der „natürlichen Exentrizität einer Künstlerin" zu entschuldigen suchte. Diese Milde wich allerdings bald strengem Tadel, denn die Schauspielerin machte das schöne Märchen der Werbeabteilung kaputt, sie sei als Schönheitskönigin nach Hollywood gerufen worden. Inklusive Aufsatzskandal und Rußlandreise beschrieb Frances den Reportern frank und frei ihre Vita, und es kostete die Studios ein rundes Sümmchen, die ungeschminkte Wahrheit zu unterdrücken.

Frances leistete ganze Arbeit, sich unbeliebt zu machen, und sprang mit beiden Füßen in jedes Fettnäpfchen in Reichweite. Bald gehörte sie zu einer kleinen verschworenen Clique von Hollywood-Linken, arbeitete in Friedensorganisationen mit und spendete einen Teil ihrer Gagen den spanischen Antifaschisten und nach Kalifornien eingewanderten Landarbeitern, deren elende Lebensverhältnisse sie in Harnisch versetzten. Immer mehr litt Frances unter dem Kontrast von realer Welt zum Hollywood-Wohlstands-Zirkus; ein unerwartetes Angebot von der Ostküste erschien ihr in dieser Situation als Rettung aus dem Luxussumpf, und sie akzeptierte. Mit der Kömodie *At Mrs. Beans* und in dem Kriminalstück *The Petrified Forest* feierte sie Triumphe, und ihr Glücksgefühl hielt an, als ein weiteres Engagement ins Haus schneite. Sie sollte die Lorna Moon spielen, die Hauptrolle in Clifford Odets' neuem Stück *Golden Boy* am berühmt-berüchtigten New Yorker Group Theater. Ähnlich dem Actors' Studio folgte auch das Group-Ensemble treu den Lehrern Stanislavskijs und galt, politisch links und radikal, als *das* Aventgarde-Theater im New York der dreißiger Jahre.

Odets' *Waiting for Lefty* und *Awake and Sing* hatten bereits Furore gemacht, als Frances in *Golden Boy* die Theaterwelt erschütterte: Die ganze New Yorker Kunstszene lag zu Füßen der 22jährigen, die bei ihren Kollegen John Garfield, Elia Kazan und Karl Malden endlich eine intellektuelle Heimat gefunden zu haben glaubte. Doch die aufrechte Rebellin mußte bald erkennen, daß auch im Group-Theater Intrigen und Getratsche zum Umgangston gehörten und die Mitspieler ihr den Filmerfolg neideten, während sie selbst mit beiden Augen kräftig nach Hollywood schielten.

Den Zelluloid-Baronen jedoch war einzig an der schönen Kontrahentin gelegen: Paramount pochte auf die Verträge und pfiff den hoffnungsvollen Jung-Star für den schwachsinnigen Abenteuer-Schinken ESCAPE FROM YESTERDAY zurück. Ihrem Mann Leif zuliebe, der für die männliche Hauptrolle auserkoren war, nahm Frances Farmer vom Broadway Abschied und fuhr heim nach Los Angeles. Nach ESCAPE FROM YESTERDAY schloß sie sich erneut der Group-Gruppe an und wagte sich mit Irwin Shaws *Quiet City* auf die Bühne: ihr erster Flop, auf den mit *Thunder Rock* gleich ein zweiter folgte. Nun wollte Frances weg aus dem vermeintlichen Paradies. Die Schuld an dem Flop gab sie dem mangelnden künstlerischen Engagement der Schauspieler auf Grund einer zunehmend oberflächlichen politischen Begeisterung.

Frances Farmer Mitte der vierziger Jahre

Jetzt spielte das Theater seinen höchsten Trumpf aus — den Autor Clifford Odets. In ihn verliebte sich Frances mit all der Tiefe und Absolutheit, zu der sie fähig war. Doch der brillant-zynische Odets — der wie auch sein Kollege Elia Kazan knappe zwanzig Jahre später eine traurige Figur vor dem McCarthy-Ausschuß abgab —, hatte bald genug von der leidigen Leidenschaft; schließlich war er von den Group-Leuten lediglich beauftragt worden, Frances ans Theater zu binden.

Verletzt und verwundet machte die Schauspielerin Schluß mit der New Yorker Episode, nachdem sie die Wahrheit herausgefunden hatte. Prompt wurde sie zum Sündenbock dafür erkoren, daß das neue Stück der Truppe, *The Fifth Column* von Ernest Hemingway, nicht aufgeführt werden konnte, obwohl man eine neue Besetzung fand. Damit hatte sich Frances auch ihren guten Ostküsten-Ruf ruiniert. Zurück an der Westküste, drehte Frances enttäuscht und illusionslos in rascher Folge drei Filme ab: PREMIERE mit John Barrymore, das *B-picture* AMONG THE LIVING und den aufwendigen Western BADLANDS OF DAKOTA, in dem sie die Calamity Jane spielte.

Ende 1941, als BADLANDS OF DAKOTA in die Kinos kam, hatten die Japaner gerade Pearl Harbour angegriffen. Im lodernden Partiotismus jener Tage besaß die Nestbeschmutzerin Frances schlechte Karten. Die Studios wollten ihre properen, aufrecht-amerikanischen Schauspieler vor der „Verseuchung" durch linkes Gedankengut bewahren, und so wurde selbst Frances' bizarren, aber harmlosen Plänen ein Riegel vorgeschoben, die kämpfenden Truppen mit Shakespeare-Aufführungen zu unterhalten. Die permanente Zurückweisung trug dazu bei, daß die junge Frau zu Depressionen Zuflucht suchte. Ihre kümmerlichen Reste von Hoffnung schmolzen zusammen, und sie begann zu trinken und sich an Benzedrin zu gewöhnen. Die traurige kleine Affäre mit Clifford Odets, das Scheitern ihrer Ehe, eine Abtreibung, das Fiasko ihrer Theaterambitionen und vor allem Überarbeitung verwandelten sie in ein nervliches Wrack. Doch immer noch Objekt der Klatschpresse und Kontraktstar der Paramount, durfte sie an einen Rückzug aus ihrer Alptraumstadt nicht denken.

Nur an einem einzigen Film hing Frances mit ganzem Herzen: dem Drama SON OF FURY. Aber allzu schnell verglühte der Lichtblitz für Frances, der „Tochter des Zorns", wie sie der amerikanische Autor Kenneth Anger taufte. Denn auf den Tag der Premiere folgte jener schicksalhafte 12. Oktober 1942, an dem Frances' Odyssee durch die Irrenhäuser begann.

Es dauerte nicht lange, bis Frances nach ihrer Entlassung aus La Crescenta erneut eingewiesen wurde, dieses Mal ins staatliche Irrenhaus von Seattle. Als Frances ihrer Mutter von ihrem Plan erzählte, Hollywood endgültig Adieu zu sagen, war auch diese überzeugt, ihre Tochter müsse verrückt geworden sein — in den Wahnsinn getrieben von den Kommunisten des Group-Theaters. Um Frances als unzurechnungsfähig erklären zu können, mußte Lillian vor Gericht nur einen gerichtlichen Beschluß erwirken.

Ihr Antrag fand offene Ohren. Der Überprüfungskommission saß der ehrenwerte Richter Frater vor, eine christlich-konservative und äußerst einflußreiche Lokalgröße Seattles. Schon oft hatten ihn Frances' Eskapaden in Zorn versetzt, angefangen mit jenem unseligen atheistischen Aufsatz. Das kritische Mädchen erschien Frater als Symbol der Bedrohung dessen, woran er und Millionen Amerikaner felsenfest glaubten: Geld, Gott, Vaterland, Sitte und Anstand. Dieser hartgesottene Kommunistenjäger setzte letztlich die Maschinerie in Gang, der Frances nie mehr heil entrinnen sollte. Er berief befreundete und gleichgesinnte Ärzte und Politiker in die Kommission und besiegelte damit Frances' Schicksal, noch bevor sie selbst zu Worte kommen konnte.

Glaubt man den Recherchen des Reporters William Arnold, war es zur Zeit der Depression keine Seltenheit, daß amerikanische Politiker mißliebige „Elemente" in Irrenhäuser verbannten. Einen Vorgänger hatte Frances mit Sicherheit: Marion Zionchek, ehemaliger Kongreßabgeordneter aus Seattle und im ganzen Land berüchtigter linker Störenfried. Auf mysteriöse Weise verschwand auch Zionchek 1936 in einer Heilanstalt in Washington und wurde erst Jahre später in einem Zustand entlassen, der dem von Frances nach der Insulinbehandlung auffallend ähnelte. Wenige Wochen nach seiner Rückkehr in die „normale" Welt beging Zionchek Selbstmord. Arnold gelang es zwar nicht, seine Theorie von einer Verschwörung einflußreicher Politiker im Nordwesten Amerikas zu beweisen, die führende Linke zur Gehirnwäsche und zu psychiatrischer Behandlung zwangen — allzu viele Unterlagen und Dokumente waren inzwischen verschwunden. Aber Indizien dafür, daß Frances keineswegs verrückt war, fand er reichlich.

Die rebellische Schauspielerin hingegen schaffte es nicht, die Ärzte im Krankenhaus von Seattle von ihrer Normalität zu überzeugen, und sie wurde in die Anstalt Fort Steilacoom eingewiesen. Steilacoom war ein elender alter Kasten, überfüllt, verwanzt und ohne ausreichendes Personal. Unmittelbar nach Frances' Ankunft wurde mit einer Elektroschocktherapie begonnen. Mehrmals in der Woche schoß man ihr nun 130 Volt durch den Kopf. Das Ziel der Therapie: Irgendwie sollte der massive Stromschock das durcheinandergeratene Gehirn der Patientin schon wieder in Ordnung bringen. Das Resultat: zerstörte Gehirnzellen, jahrelange Kopfschmerzen, Gedächtnisverlust, Desorientierung. Kurzum – eine totale Persönlichkeitsveränderung. Und immer noch spuckte und schrie Frances die Ärzte an; zur Strafe folgten achtstündige Eiswasserbäder und höhere Schockdosen. Nachdem ihr Widerstand gebrochen worden war, wurde sie am 2. Juli 1944 nach Hause entlassen. Aber sie hatte ihre Rechnung ohne die tyrannische Lillian gemacht. Da Frances sich noch immer einer Fortsetzung ihrer Karriere verweigerte, schob die Mutter ihre Tochter wieder ins Irrenhaus ab.

In der „Autobiographie" der Frances Farmer, *Will There Really Be a Morning*, die wahrscheinlich zum größten Teil von einer Freundin geschrieben wurde, gibt die unglückliche Frances die Details der sadistischen und unmenschlichen Behandlung in Fort Steilacoom preis. Doch William Arnold ist überzeugt, daß Frances nur am Lack der tatsächlichen Zustände gekratzt hatte. Die Verhältnisse in Fort Steilacoom der vierziger Jahre müssen grauenerregend gewesen sein. Die Patientinnen wurden zur Prostitution gezwungen, in enge Gitterkäfige gepfercht, geschlagen und gequält und bekamen nur unregelmäßig zu essen. In Frances' Fall kam die Eiswasserbehandlung dazu, und am Ende stand die Lobotomie.

Erst jetzt hatten die Ärzte, Politiker, Filmbosse und Lillian Farmer ihr Ziel erreicht: Frances Farmer war keine Rebellin mehr, sondern nur noch ein wesenloser Zombie — eine Marionette ohne Gefühl, Erinnerung und Eigenleben.

✳

Am 23. März 1950 im Alter von 35 Jahren entkam Frances Farmer der Irrenhauswelt. Zunächst fand sie in Seattle Arbeit als Wäscherin, ging dann überstürzt eine unglückliche Ehe ein, zog nach Kalifornien, ließ sich zu einem peinlichen Comeback-Versuch in der TV-Show *This is Your Life* überreden und blieb dann in Indianapolis hängen. Bei der dortigen Fernsehstation wurde sie als Moderatorin einer Filmsendung eingesetzt, in der sie mit steinernem Gesicht alte Hollywoodfilme präsentierte.

Am 1. August 1970 starb Frances Farmer in Indianapolis an Krebs. Doch die wahre Frances war schon früher gestorben — 22 Jahre zuvor, als man ihr Gehirn öffnete, um die Rebellin zu zähmen.

UvS

Filmographie Frances Farmer:

Too Many Parents, 1936, Robert F. McGowan. *Border Flight,* 1936, Otho Lovering. *Rhythm on the Range,* 1936, Norman Taurog. *Come and Get It* (Nimm, was du kriegen kannst), 1936, Howard Hawks. *The Toast of New York,* 1937, Rowland V. Lee. *Ebb Tide* (Die Insel der verlorenen Schiffe), 1937, James Hogan. *Exclusive,* 1937, Alexander Hall. *Ride a Crooked Mile/Escape from Yesterday,* 1939, Alfred E. Green. *South of Pago-Pago* (Die Perlenräuber von Pago-Pago), 1940, Alfred E. Green. *Flowing Gold* (Ultimatum für Bohrturm L 9), 1940, Alfred E. Green. *World Premiere,* 1941, Ted Tetzlaff. *Badlands of Dakota,* 1941, Alfred E. Green. *Among the Living,* 1941, Stuart Heisler. *Son of Fury,* (Abenteuer in der Südsee), 1942, John Cromwell. *The Party Crashers,* 1958, Bernard Girard.

Filme über Frances Farmer:

Notebook, 1978, Volker Koch. *Frances* (Frances), 1982, Graeme Clifford. *Will There Really Be a Morning,* 1982, Fielder Cook. *Committed,* 1984, Sheila McLaughlin und Lynne Tillman.

Mae West in SHE DONE HIM WRONG (1933)

Der letzte Taifun
Mae West

Wer im Jahre 1934 auf dem Broadway spazierenging, konnte Zeuge eines seltsamen Protestmarsches werden. Vor Werbeplakaten des Films IT AIN'T NO SIN wandelten stumm Heerscharen von Priestern auf und ab, in den Händen Schilder tragend, auf denen „It is" geschrieben stand. Die eiligen Heiligen fühlten sich herausgefordert, und das nicht zum ersten Male: von einer kleinen, pummeligen, blonden Frau — Mae West.

Auf den berühmten Filmstar hatten es die Gesinnungswächter der Legion of Decency abgesehen, denn dessen Credo vom fröhlichen, unbeschwerten Sex ohne Nachwehen prallte mit der christlichen Fruchtbarkeitsideologie nun schon zum viertenmal zusammen. Die drei ersten Filme der Stadterotikerin hatten die Moralisten Hollywoods bereits in Aufregung versetzt und die Zuschauer auch — nur wußten letztere das zu schätzen. In den depressiven dreißiger Jahren war mit Mae West eine (Sex-)Bombe abgeworfen worden, die ihr Vertragsstudio Paramount vor dem Ruin rettete, die die Filmzensoren aber schleunigst zu entschärfen suchten.

„Ist es nicht an der Zeit, daß der Kongreß etwas gegen Mae West unternimmt?" leitartikelte zwei Jahre später der mächtige Pressezar William Randolph Hearst, für den der Star mit der Stundenglasfigur gar eine Bedrohung der „heiligen Institution der amerikanischen Familie" darstellte. Nun, der Kongreß blieb zwar untätig, aber dennoch trennte sich Paramount 1938 von seinem Goldesel, nachdem EVERY DAY'S A HOLIDAY abgedreht worden war — die von der Zensur verordneten Schnitte hatten von der Qualität der früheren West-Streifen nicht mehr allzuviel übriggelassen. Zudem stand Mae Wests Name auf der Liste angeblicher Kassengifte des *Motion Picture Herald* — für Paramount Grund genug, den Vertrag der Frau, die die Männer Hollywoods mehr als das Fürchten gelehrt hatte, nicht zu erneuern.

Sowohl Anita Loos als auch Mae West hielten Sex für die komischste Sache seit den Marx-Brothers, beide machten ihn zur Grundlage ihrer Karriere (und verdienten nicht schlecht dabei), und wenn die eine ihr Diktum von den Gentlemen verkündet, die Blondinen bevorzugen, assistierte die andere mit der Überlegung: „Schön und gut, aber wer sagt eigentlich, daß Blondinen Gentlemen bevorzugen?"

Mae West bevorzugte Muskelmänner — groß, stark und mit wenig Hirn. Das hatte sie nämlich selber: ihre berüchtigte Schlagfertigkeit machte sie zur Königin der klugen Sprüche. Die berühmten *one-liner* füllen ganze Bücher: "Goodness", haucht das Garderobenmädchen in NIGHT AFTER NIGHT ehrfürchtig, als sie die schmuckbehangene Maudie

Triplett alias Mae West erblickt, „what lovely diamonds." „*Goodness* had nothing to do with it, dearie", belehrt die West sie und rauscht hüftwackelnd die Treppe empor. Oder: „Von zwei Übeln wähle ich immer das, was ich noch nicht ausprobiert habe" — nicht nur in ihren Filmen kamen Dutzende dieser eindeutig-zweideutigen Sprüche über Maes kesse Lippen; der Witz der West sprudelte auch sonst fröhlich vor sich hin. Überhaupt waren Privatperson und Image kaum voneinander zu trennen. Auch in ihrem Alltag gebärdete sich die West stets als Vamp, trug volles Make-up und Korsett schon beim Frühstück und Diamanten rund um die Uhr.

So wie sich Anita Loos als filmisches Gegenstück Lorelei Lee schuf, ein charmant-gerissenes, diamantenbesessenes Dummchen, erfand die West als Alter ego die Diamond Lil. 1928 hatte sie mit dem gleichnamigen Bühnenstück einen gigantischen Erfolg, und auch als Filmheldin in SHE DONE HIM WRONG ließ die Lady nicht nur die Klunkern rasseln, sondern auch die Kassen klingeln. Doch im Gegensatz zu der Autorin Loos, die in ihren Drehbüchern eine Frau agieren ließ, die ihrem Wesen fremd war, ließ die West in den ihrigen sich und Diamond Lil miteinander verschmelzen. „Diamond Lil gehört mir und ich gehöre ihr, wir sind einander gleich", definierte West den vitalen Varieté-Vamp.

Mae West, die sich selbst ein rekordbrechendes Ego bescheinigte, hat sich privat wie beruflich selber erschaffen — eine Frau der Superlative, einmalig, nicht kopierbar, ohne Vorbild. Als solche gilt sie auch noch heute, auch wenn mancher Transvestiten-Showstar auf der Bühne davon träumen mag, das Original zu übertreffen.

Nicht nur durch ihre Filme ist Mae West unsterblich geworden: Salvador Dalí richtete ihr in seinem Museum im spanischen Figueras einen eigenen Raum ein, den Mae-West-Room, in dem ein rotes Sofa dominiert, das ihre Lippen bildet; andere Dalí-Werke vervollständigen das Gesicht der West. Heute stellt ein Museum auch einen wesentlich geeigneteren Rahmen für sie dar als der Film. In den letzten Jahren ihres Lebens, sie starb am 22. November 1980 im Alter von 88 Jahren, galt Mae West ohnehin als wohlkonserviertes erotisches Urviech vergangener Filmzeiten, als eine Art lebender — und noch immer glühend verehrter — Anachronismus.

Heute, in Zeiten zunehmender Gleichberechtigung von Frauen und Männern, kann man Mae West zwar immer noch lieben, sie bewundern und über sie staunen, doch ihre Filme provozieren nicht mehr, sie wirken keineswegs als öffentliches Ärgernis; kurzum: Mae und ihre Filme werden nicht mehr ernstgenommen. Nach wie vor sind sie witzige Parodien auf Männerphantasien, doch der Vamp selber hat einiges

136

an Bedrohlichkeit eingebüßt. Mae West, deren Typ in einer Zeit von verdrängter Sexualität Oberwasser hatte, sieht und hört sich jetzt so harmlos an wie Mickey Mouse.

Die Welt der Mae West war eigentlich schon in den dreißiger Jahren passé; sie funktionierte während der Depression einzig als Ort der Vergangenheitssehnsucht. Die *gay nineties,* die lebhaften neunziger Jahre des vergangenen Jahrhunderts, als „gay" nichts anderes als „fröhlich" bedeutete, boten der West mit Gaslaternen-Ambiente, Blumenhüten und Sonnenschirmen den geeigneten nostalgieträchtigen Rahmen für ihre Filme, in denen der Mann das Geld hat, die Frau das Geld haben will und der Mann die Frau.

An dieser Rollenverteilung hielt Mae in all ihren Filmen starr fest, die Stereotypen gaben die Standardrequisiten ab, mit denen sie gekonnt jonglierte. Späte Mädchen, leichte und schwere Jungs, gerissene oder liebenswerte Gauner, Ladies und Gentlemen, die keine waren — sie bildeten Dekoration und Hintergrund für Mae Wests Starauftritte, sie schwirrten um ihre Königin, die unumstrittene Domina der Szene, die ungerührt Männer angelte, um sie dann mit derselben Meisterschaft auszunehmen wie ein japanischer Koch einen Fugu.

Wenn Mae West den Raum betrat, lagen die Männer bereits auf dem Boden, sie brauchte sie nur noch einzusammeln. Die Dame wußte, worauf ihre Anbeter scharf waren, wenn auch die Ausrüstung, die sie benötigte, um einen Mann zu fangen, heute eher zum Lachen reizt: darunter ein auch im Wortsinn atemberaubendes Korsett, darüber einen Seidenfummel mit Ausschnitt, dazu klimpernde Armreifen, Hüftwackeln, Federn, Boas und Diamanten — Zutaten aus dem Rezeptbuch eines Vamps. Und eben weil diese Mae West heute so unwahrscheinlich scheint, so herrlich nostalgisch und so umwerfend komisch, hat sie ihre Gefährlichkeit verloren, die sie in den prüden Dreißigern besaß, als es in den Film-Badezimmern noch keine Toiletten gab: Aus der Sexbombe wurde ein domestizierter Knallfrosch.

Zum West-Mythos gehörte, daß sie Unmögliches möglich machen konnte, etwa, als 40jährige Frau eine Karriere in Hollywood zu starten. Ähnliches hatte vor ihr höchstens noch Marie Dressler geschafft, die mit 60 Jahren ein rauschendes Comeback auf der Leinwand feierte. Mae West jedoch hatte bisher lediglich auf der Bühne brilliert, aber Hollywood zeigte sich über ihr überdimensioniertes Ego verblüfft: „Ich bin keineswegs ein kleines Mädchen aus einer Kleinstadt, das sich die Großstadt erobern will. Ich bin ein großes Mädchen aus der Großstadt, das sich eine Kleinstadt erobert", kommentierte die West ihr Entrée in der Filmstadt.

Mae West in BELLE OF THE NINETIES (1934)

Dort war weibliches Selbstbewußtsein inzwischen aus der Mode gekommen. Die Weltwirtschaftskrise von 1929 hatte dem Flapper seine unbekümmerte Polygamie geraubt und ihn an den häuslichen Herd zurückgeschickt. Gangsterbräute verließen auf der Leinwand ihre Gangster, Ehebrecherinnen ihre Liebhaber und Karrierefrauen ihren Job. Sie bereuten die „Sünden" der Vergangenheit und sehnten sich nach Mann und Kind; in den trüben Dreißigern rangen sie mit den Nachwehen der *Roaring twenties*. Sie hatten ihre extravertierte Rolle ausgespielt.

Doch drei Stars bildeten strahlende Ausnahmen von der Regel — Marlene Dietrich, Greta Garbo und Mae West. Die Filmdiven entgingen der männlichen Dominanz allerdings nicht primär durch ein besonderes Durchsetzungsvermögen, sondern erhielten Selbstbewußtsein durch erotische Macht. Aber während die Dietrich die Männer durch gefährliche Eleganz und die Garbo diese durch tragische Schönheit in ihren Bann schlugen, präsentierte sich Mae West wesentlich unkomplizierter, als ein unmoralischer, witziger Vamp, der Männer als Karriereleiter benutzt und gleichzeitig eine Menge Spaß mit ihnen haben will.

Sie erfüllte die Phantasien, die sie zum Star machten, in dem gleichen Maße, wie sie sie parodierte. Die sarkastische Bemerkung des Schriftstellers George Jean Nathan angesichts eines West-Fotos für das Magazin *Vanity Fair*, auf dem sie als „Statue of Liberty" posierte, sie ähnele eher einer „Statue of Libido", brachte die Anziehungskraft des blonden Stars auf den Punkt: ein Vamp, der die Männer nicht mordet, sondern sie nur ein bißchen kitzelt und dabei zum Lachen bringt.

„Ein Vamp muß nicht unbedingt schön sein", belehrt uns die West, und sie wußte, wovon sie sprach. Recht dicklich tanzte sie in ihren Filmen routiniert auf dem schmalen Grat zwischen Witz und Vulgarität, demaskierte die Männer als Trottel, erhob sich selbst zum Star und war dennoch, als eine Art bodenständige Göttin, in ihrer Unerreichbarkeit durchaus erreichbar. Anders als Garbo und Dietrich hatte sie sich ihr Image selber geschaffen und benötigte keine cleveren PR-Jünglinge, um Privates und Professionelles zur Deckung zu bringen. Mae West war ihre eigene Schöpferin, und sie war von sich begeistert.

∗

Mae West wuchs in Brooklyn auf; ihre Eltern waren zwar nicht reich, aber Geld war kein großes Problem im Haushalt von „Battling Jack", einem irischstämmigen Preisboxer, und Maes Mutter, dem Korsettmodell Matilda Delker Doelger. Maes Mutter liebte ihre Tochter, die sie am 17. August 1892 zur Welt brachte (Mae selbst bestand auf 1893), stets mehr als ihre fünf und sechs Jahre später geborenen Kinder Beverly und den nach dem Vater getauften John.

Mae war der verwöhnte Mittelpunkt der West-Familie. Schon sehr früh soll die Kleine über einen immens ausgeprägten Willen verfügt haben; in ihrer Autobiographie *Goodness Had Nothing to Do with It* erinnerte sich die Autorin stolz, daß man niemals versuchen durfte, sie zu etwas zu zwingen, da sie sonst störrisch wie ein Maultier wurde. Eine ihrer Lieblingsanekdoten war die Geschichte von dem kleinen Hund mit dem schwarzen Ohr und dem schwarzen Auge, den die Göre einst, als sie sich fotografieren lassen sollte, über die Straße preschen sah. Augenblicklich beschloß Little Mae, daß es ohne Hund kein Foto geben sollte, und die West-Sippe mußte halb Brooklyn nach der Töle absuchen — und sie natürlich finden —, damit es zu der Aufnahme kam.

Im zarten Alter von sieben hatte Mae Beruf und Berufung entdeckt: das Theater. Nach einigen Tanzstunden ersteppte und ersang sie sich bei einem Talentwettbewerb die Goldmedaille. Später erinnerte sie sich, wie unendlich glücklich sie war, als das Scheinwerferlicht sie in die Arme nahm — die einzige Form von Geborgenheit, die sie jemals brauchte. Was Lampenfieber war, blieb ihr stets ein Rätsel. Neun Jahre lang spielte das talentierte Mädchen in der Hal Clarendon Company die Jugendliche vom Dienst und bildete sich, indem sie die Arbeitsweise von Regisseuren und Schauspielern genau studierte, autodidaktisch weiter. Mit 19 schloß sich Mae einer Vaudeville-Truppe an und lernte auf Coney Island ihren ersten und einzigen Ehemann kennen, mit dem sie über 30 Jahre verheiratet blieb, obwohl sie ihn schon nach drei Monaten schnöde verließ — den Jazzsänger Frank Wallace. In den Revuen *A La Broadway, Vera Violetta* und 1912 in der Broadway-Show *A Winsome Widow* heimste sie erste begeisterte Kritiken ein. Ihre sündig-spaßige Art zu singen und zu tanzen kam an beim Publikum wie bei den Kritikern.

In Chicago hatte sie in einem Kabarett jungen Schwarzen einen wilden Jazztanz abgeguckt, den „Shimmy-shawobble". Als sie mit *Vera Violetta* in New Haven gastierte, versetzte Mae mit ihrem erotischen Hüftwackeln die männlichen Einwohner in — auch zornige - Erregung: Auf weitere Vorstellungen der blonden Sängerin wurde verzichtet. Da sich der Tanz für Mae als so schön skandalträchtig entpuppte, wollte sie ihn den New Yorkern nicht vorenthalten, und mit Arthur Hammersteins *Sometime*, einer Musikomödie über die Abenteuer einer Theatergruppe, gelang ihr ein sensationeller Erfolg — ihr Shimmy wurde *der* Modetanz. *„I've Got a Style All My Own"*: der Song, den Mae West in *Vera Violetta* sang, erklärte ihre große Beliebtheit beim verwöhnten New Yorker Publikum. Sie stellte etwas nie Dagewesenes auf die Bühne, eine Frau, unbestreitbar sexy, die genau wußte, was sie wollte. Kurz darauf erklärte Mae: „Mein grundlegender Stil hat sich niemals geändert, ich hätte ihn auch gar nicht ändern können, selbst wenn ich gewollt hätte. Ich bin eine Gefangene meiner selbst. Etwas oder ich selber hat Mae West erschaffen, und keine von uns beiden kann die andere gehen lassen und möchte es auch nicht."

Mit 30 Jahren, als sie schon einige Zeit als etablierte Broadway-Vip galt, begann sie ihre Stücke selbst zu schreiben. Später kommentierte sie diesen Entschluß: „Wenn ich nicht angefangen hätte, selber Theaterstücke zu verfassen, hätte ich wahrscheinlich den Rest meines Lebens auf Sex verschwendet. Ich kann mich nicht erinnern, jemals nicht wild auf Sex gewesen zu sein, irgendwie begann mich das schon zu langweilen. Ich schrieb, weil ich dachte, daß es dann mit dem Sex aufhören würde." Wenn Mae West das wirklich dachte, hat sie sich selber in die Tasche gelogen — einen eindeutigeren Titel als *Sex,* wie sie ihr schriftstellerisches Debüt taufte, hätte sie für ihre Ambitionen wohl schwerlich finden können. *Sex* wurde im Handumdrehen ein Hit, und obwohl Mae das Pseudonym Jane Mast benutzte, sprach sich blitzschnell herum, daß die sündhafte Mae für das sündige Stück verantwortlich war. Mae West hatte mit *Sex* alles erreicht, was sich ein Skandalautor träumen läßt — es spielte jede Menge Geld ein und brachte sie geradewegs ins Kittchen.

Daß Skandale bares Geld wert sein können, hatte Mae West schnell kapiert. Die 500 Dollar Buße, die sie zusätzlich zu dem 21tägigen Gefängnisaufenthalt zahlen mußte, hatte sie nämlich im Nu wieder heraus. Für die Zeitschrift *Liberty* schrieb sie eine Story über ihre Knast-Abenteuer und kassierte das Doppelte der Strafe. Und daß anrüchige Themen Zuschauer wie Fliegen anziehen, verstand sich für sie von selbst. Professionell wie sie war, wählte sie 1927 für ihr zweites Stück, *The Drag*, ebenfalls ein Sujet von unter der Gürtellinie, das zudem noch ein besonderes Tabu darstellte: Homosexualität. Ins Gefängnis kam sie zwar damit nicht, aber es durfte auf dem Broadway nicht aufgeführt werden. Die New Yorker Stadtvertreter überzeugten die Autorin, daß der zu erwartende Eklat ihrer Laufbahn eher schaden als nützen würde.

So ließ sie es bei einem Profit von 30 000 Dollar bewenden und konzentrierte sich ganz auf ihr drittes Machwerk, das allerdings nur 19mal in New York aufgeführt wurde, obwohl Eintrittskarten für das Spektakel etwa ebenso schwer zu bekommen waren wie Billetts für eine Premiere der Metropolitan Opera. Ein Journalist klagte später, daß für die Berichterstattung über ein Mae-West-Stück ein Polizeireporter in jeder Hinsicht geeigneter sei als ein Theaterkritiker. Dennoch hatte Mae West an *The Wicked Age* jede Lust verloren, denn die Actors Equity Association, die Schauspielergewerkschaft, erlaubte ihr nicht, ihren unfähigen Hauptdarsteller zu feuern, obwohl er ihrer Meinung nach das Stück ruinierte.

Mit ihrer *Diamond Lil* brach Mae West dann 1928 sämtliche Kassenrekorde. Songs wie *Frankie and Johnny*, die malerisch verworfene Atmosphäre der Bowery des vergangenen Jahrhunderts, ein turbulenter melodramatischer Plot und die frivolen Tänze machten die Geschichte um die dominante Saloon-Lady zu einem gesellschaftlichen Ereignis ersten Ranges. „Die Diamond Lil hat mich zum Star gemacht", kommentierte Mae West ihren Erfolg, und diesmal konnte ihr niemand Übertreibung nachsagen.

Mit ausgeprägtem Sinn fürs Busineß schlachtete die West ihre Diamond Lil gründlich aus: zunächst als Roman — ihr zweites Buch nach *Babe Gordon,* nach dem sie wiederum das Theaterstück *The Constant Sinner* verfaßte — und 1932 als Drehbuch für ihren zweiten Film SHE DONE HIM WRONG.

✳

Geraume Zeit zuvor war Mae West bereits einmal für einen Film im Gespräch gewesen. Der Boxchampion Jack Dempsey hatte 1921 ein Auge auf den blonden Engel geworfen — und wohl mehr als das. Jedenfalls überredete sie der Muskelmann, der sich als DAREDEVIL JACK auch auf der Leinwand durchboxen konnte, zu Probeaufnahmen in den Pathéstudios. Doch auf Intervention von Maes Manager wurde das Projekt fallengelassen, obwohl der Test als durchaus positiv beurteilt wurde.

Auf irgendwelchen dunklen Wegen tauchte dieser kurze Streifen in einem New Yorker Kino auf. Die Paramount-Bosse, deren wachsame Augen die Begeisterung der Zuschauer nicht entging, waren hingerissen. Zumindest von Maes körperlichen Qualitäten — von einer Mitarbeit am Drehbuch war in dem Vertrag, den sie Mae offerierten, nichts erwähnt. Dieses eine Mal ließ Mae sich auch zu einem Kompromiß überreden; 50 000 Dollar verachtete auch der verwöhnte Broadway-Star nicht. Zudem gefiel ihr auch die Louis-Bromfield-Story, nach der NIGHT AFTER NIGHT gedreht werden sollte.

Sechs Wochen nach ihrer Ankunft in Los Angeles existierte allerdings immer noch keine einzige Zeile des Drehbuches. Zumindest bekam Mae keine zu Gesicht. Als sie es dann doch in den Händen hielt, wurde ihr klar, warum die Prozedur so lange gedauert hatte. Zwar wußte sie bereits, daß der Film nicht sie, sondern einen Kollegen aus alten Broadway-Tagen, George Raft, zum Star machen sollte, mit einem derartigen Mini-Part hatte sie allerdings nicht gerechnet. Mae West drohte mit Vertragsbruch — und ihre Rechnung ging auf: Sie durfte sich ihre Dialoge selber schreiben. Das gelang ihr so ausnehmend gut, daß George Raft nach der Premiere seufzend feststellte, Mae habe nicht nur ihm die Show, sondern „so ungefähr alles geklaut — außer der Kamera". Die Nebenrolle der vulgären Schönheitssalon-Besitzerin mit viel Herz und noch mehr Diamanten machte Mae West

Mae West in MYRA BRECKINRIDGE (1970)

zu einem Hollywoodstar, und das begeisterte Echo auf den Film rettete Paramount vor dem Ruin, als die Company schon von MGM verschluckt zu werden drohte.

Der Plot nimmt sich zwar reichlich verzwickt und chaotisch aus — und ist damit exemplarisch für sämtliche Mae-West-Filme —, aber nach dem Anfangs-Bonmot von den Diamanten, die „weiß Gott" nichts mit diesem zu tun haben, feuerte der Vamp einen Geistesblitz nach dem anderen ab. Schauplatz ist eine Flüsterkneipe während der Prohibition: Der Besitzer Joe Anton (George Raft) hat ein Auge auf die höhere Tochter Jerry Healy (Constance Cummings) geworfen, und nimmt, um einer solchen Rasselady würdig zu sein, Nachhilfeunterricht in gutem Benehmen bei der verschüchterten kleinen Miss Jellyman (Alison Skipworth). Bei einem luxuriösen Dinner, während dessen Joe seiner Jerry mit feinen Manieren imponieren will, taucht ausgerechnet seine abgelegte Geliebte Maudie Triplett alias Mae West auf. Nachdem sich Maudie einige Zeit damit vergnügt, Joe, Jerry und Miss Jellyman auf die Schippe zu nehmen, wendet sich dann doch alles zum Besten. Joe kriegt sein blaublütiges Park-Avenue-Geschöpf und Mabel Jellyman avanciert zur Hosteß in einem von Maudies Schönheitssalons.

Paramount jedenfalls verzieh der eigenwilligen Mae ihre Drehbuchbasteleien im Nu und bot ihr einen weiteren lukrativen Vertrag an. Für eine Gage von 100 000 Dollar entstand in 18 Tagen Drehzeit mit SHE DONE HIM WRONG die Filmversion der *Diamond Lil*, die zunächst „Ruby Red" betitelt wurde — um das Hays Office nicht auf die Spur der anrüchigen Mae West zu führen.

✳

1922 suchte Hollywood nach einem Mittel, die moralische Empörung über das „Sündenbabel", dessen Sex- und Drogenskandale weltweites Aufsehen erregten, zu dämpfen. Besonders durch die Affäre um den fetten Klempner aus Minnesota, Roscoe Arbuckle, der in Mack-Sennett-Komödien zum prominentesten Sahnetorten-Werfer aufgestiegen war, hatte der gute Ruf der Filmstadt gelitten. „Fatty" konnte nur mit viel Glück einer Verurteilung wegen Mordes entgehen, nachdem er auf einer Orgie die junge Schauspielerin Virginia Rappe vermutlich vergewaltigt und dabei tödlich verletzt hatte.

So wurde eine Selbstzensur der Filmbranche ins Leben gerufen, die vom Verband der Motion Picture Producers and Distributors of America (MPPDA), nach ihrem Vorsitzenden auch „Hays Office" genannt, ausgeübt wurde. Die moralischen Richtlinien des Hays Office schlugen sich 1930 in dem sogenannten *production code* nieder, durch den strengstens geregelt wurde, was auf der Leinwand gezeigt werden durfte und, vor allen Dingen: was nicht. 1934 verschärfte sich die Zensur,

144

als Joseph Breen in der MPPDA tätig wurde. Zur selben Zeit entstand auf Anregung katholischer Bischöfe die Legion of Decency, da, nach deren unerbittlichen Moralbegriffen, Will Hays nicht scharf genug durchgegriffen hatte.

An dieser Entwicklung war Mae West nicht unschuldig, wie sie später befriedigt feststellte. Während der Dreharbeiten zu IT AIN'T NO SIN durfte sie nur unter den Argusaugen eines Anstandswauwaus vom Hays Office mit den Hüften wackeln, und Muskelmänner waren total tabu. An diesem Punkt ließ Mae allerdings nicht mit sich spaßen — sie erfand eine obskure Entführungsdrohung und legte sich zu ihrem Schutz eine Garde wohlgebildeter Leibwächter zu, die selbst in ihrer Garderobe rührend für sie sorgten.

Noch waren der Paramount die Eskapaden ihres Stars recht. Mit NIGHT AFTER NIGHT hatte Mae der Hoffnung Nahrung gegeben, daß ein Bankrott oder der Verkauf an MGM abzuwenden möglich sei. Mit SHE DONE HIM WRONG und I'M NO ANGEL hatte sie dann das Unmögliche tatsächlich geschehen lassen — Paramount war finanziell saniert. 1934 begann der kirchlich-moralische Druck immer spürbarer zu werden. Der Titel von IT AIN'T NO SIN mußte geändert werden. Nach mehreren Umwegen — „That St. Louis Woman", „Belle of New Orleans", „Belle of St. Louis" — hieß der Streifen letztendlich BELLE OF THE NINETIES. Doch trotz einiger harscher Schnitte, die Mae zähneknirschend hinnahm: „Ich war sauer auf diesen Kerl von der Zensur, der jede meiner Zeilen unter die Lupe nahm, als hielte sich der Teufel hinter jedem Wort versteckt", beschrieb die Schauspielerin ihre Gefühl, blieb genug vom West-lichen Witz, von Musik und Tanz übrig, um das Publikum zufriedenzustellen.

Der *production code* in seiner verschärften Form von 1934 hatte detailliert aufgeführt, welche „Obzönitäten" im Film verboten waren, und dazu zählten nicht nur eindeutig sexuelle und gewalttätige Handlungen, sondern auch harmlose Flüche wie „God" oder „hell" und sogar, Gipfel der Lächerlichkeit, die Abbildung von Doppelbetten. Kein Wunder, daß Maes loses Mundwerk das Hays Office und die Legion of Decency immer mehr in Rage versetzte. „Haben Sie eine Kanone in Ihrer Hosentasche, oder freuen Sie sich nur, mich zu sehen?", „Nicht die Männer in meinem Leben zählen, sondern das Leben in meinen Männern" und — unübersetzbar — „A thrill a day keeps the chill away": solche frivolen Bonmots führten zu einer immer strengeren Zensur der Filme von Mae West, was ihrer Qualität alles andere als gut tat.

Dennoch konnte (und wollte) Paramount, obwohl sie der lakonischen Feststellung ihres Stars: „Kann ja sein, daß Tugend sich auszahlt, aber bestimmt nicht an der Kinokasse" rechtgeben mußte, nichts gegen die allmähliche Demontage ihres Rauschgoldengels unternehmen. Filme ohne das amtliche Sauberkeitssiegel des Hays Office durften nicht in die Kinos kommen. Als allzu lästig mögen die großen Studios die Beschränkung durch den *production code* wohl auch nicht empfunden haben, schließlich bot er ihnen ein Alibi dafür, sich vor jedem politisch brisanten Thema drücken zu können und voll auf der Kommerz- und Unterhaltungsschiene abzufahren. Empfindlich wie die legendäre Mimose reagierten die Produktionsgesellschaften auf potentielle Bedrohung ihrer Profite, und diese Gefügigkeit führte geradewegs zur schwarzen Liste. Der McCarthy-Ära und der Kalten-Kriegs-Ideologie in den fünfziger Jahren. Es gab stets nur vereinzelt Autoren, Schauspieler und Regisseure, die sich Einschüchterungsversuchen widersetzten. Mae West gehörte zu ihnen, denn sie propagierte mit einer größeren sexuellen Freiheit auch eine allgemeine, politische Aufrichtigkeit. So stellte der britische Schriftsteller Hugh Walpole treffend fest: „Nur Charlie Chaplin und Mae West haben in Hollywood Mut und Witz genug, die überkommenen Moralbegriffe einer trübsinnigen Welt aufs Korn zu nehmen." Als sich 1936 auch noch die gesamte Hearst-Presse auf Mae West einschoß — sie hatte wohl einige sarkastische Worte über das Talent der Geliebten des Pressezars, Marion Davies, fallenlassen — wurde die Situation für sie immer schwieriger. Aus ihrem letzten Film für die Paramount mußten zwei Sätze gestrichen werden, obwohl EVERY DAY'S A HOLIDAY schon von vornherein einer Anstößigkeitsdiät unterzogen wurde: „Für den würde ich noch nicht einmal meinen Schleier lüften" oder „Der dürfte mich selbst mit einer Fahnenstange nicht anfassen".

1938 trennte sich Paramount von seinem „Monstrum an Schlüpfrigkeit" (Hearst), indem sie den auslaufenden Vertrag der West nicht mehr erneuerte. Obwohl alles andere als ein Kassengift, war Mae auf der schwarzen Liste gelandet, die mißliebigen und politisch unbequemen Personen Hollywoods eine Art finanzielles K. O. versetzte: Den Companies suggerierte die Liste, daß mit den schwierigen Stars keine großen Geschäfte mehr zu machen seien.

Mit dem Abschied von Paramount waren die besten Tage von Mae West passé, die nur noch seufzend festhalten konnte: „Es ist schon reichlich schwierig, komisch zu sein, wenn man gleichzeitig sauber bleiben muß."

„Sorry George, too busy" — mit diesem Telegramm entschuldigte Mae West sich 1934 beim englischen König George V., der den umjubelten Star aus BELLE OF THE NINETIES unbedingt als Gast auf seiner Hochzeit begrüßen wollte. Wie Maes blaublütiger Fan auf die lakonische Absage reagierte, ist leider nicht überliefert, aber wahrscheinlich sah er weiterhin — wie jeder bürgerliche Bewunderer auch — erwartungsfroh

146

den Ankündigungen der nächsten West-Streifen entgegen: GOIN' TO TOWN, KLONDIKE ANNIE und 1936 dem vorletzten Paramount-Film des blonden Vamps GO WEST, YOUNG MAN.

Nach ihrem Erfolg als Löwenbändigerin Tira in I'M NO ANGEL, dem unbestrittenen Zenit ihrer Karriere, wurde Mae West noch die schwindelerregende Summe von 300 000 Dollar pro Film angeboten, fünf Jahre später war Paramount froh, daß sich die Schauspielerin Richtung Broadway aufmachte. Waren die Kritiken über GO WEST, YOUNG MAN schon alles andere als glänzend, urteilten sie über Maes letzten Film bei der Paramont, EVERY DAY'S A HOLIDAY, geradezu niederschmetternd. Zwar spielte der Streifen immer noch weit mehr als die Produktionskosten ein, aber von den gigantischen Gewinnen der frühen Paramount-Tage konnte nicht mehr die Rede sein: Die Gleichung Mae = Sex = Profit ging nicht mehr auf. Als Indiz dafür mag gelten, daß das Hays Office nach erfolgter Tilgung der beiden „anstößigen" Zeilen sogar Kindern gestattete, sich EVERY DAY'S A HOLIDAY anzusehen.

Auf der Bühne hatte Mae für ihr Publikum allerdings nichts an Attraktivität eingebüßt, und sie setzte ihren ganzen Ehrgeiz daran, einmal als Katharina die Große aufzutreten, nachdem das entsprechende Filmprojekt bei Paramount niemals hatte realisiert werden können. Nachdem ihr Wunsch 1944 mit dem Musical *Catherine Was Great* in Erfüllung gegangen war, kehrte sie nur noch sporadisch auf die Leinwand zurück und hatte alles andere als einen guten Riecher bei der Auswahl ihrer Projekte. THE HEAT'S ON, den sie 1943 für Columbia drehte, bezeichnete sie später als „größten Fehler meiner Karriere", und die beiden Spätwerke aus den Jahren 1970 und 1977, MYRA BRECKINRIDGE und SEXTETTE , gelten eher unter dem Aspekt der bemerkenswerten Vitalität einer alten Dame als bedeutungsvoll, weniger wegen des Inhalts der beiden peinlichen Streifen selbst.

Der einzige Film, der nach dem Bruch mit Paramount auch noch heute den gewohnten Hauch von Andacht der frühen Jahre in die Gesichter der Fans zauberte, ist MY LITTLE CHICKADEE, den Mae West 1940 für Universal drehte. Der Erfolg dieser etwas drögen Western-Burleske beruht allerdings weniger auf ihrer Qualität allein als auf der Zusammenarbeit der West mit einem anderen Filmoriginal: W. C. Fields. Mae West als Flower Belle Lee hingegen war von ihrem Co-Star, der den schleimigen Hochstapler Cuthbert J. Twillie verkörperte, nur wenig entzückt: „Etliche Leute hatten die malerische Idee, daß ich mehr als nur einen Film mit W. C. Fields machen würde — weit gefehlt, mein Junge, einer war genug." Als Antialkoholikerin und fanatischer Gesundheitsapostel ärgerte sie sich besonders über die feucht-fröhliche Unzuverlässigkeit ihres „kleinen Gockels".

Doch auch Mae West selbst blieb ein Ärgernis, denn außer ihrem schlechten Ruf als Kassengift des Kinos legte sich sich auch noch den einer Persona non grata des Radios zu. Zwölf Jahre lang galt für sie striktes Hörfunkverbot, nachdem sie in der populären Edgar-Bergen-Sendung zusammen mit Don Ameche den satirisch gemeinten Dialog *Garden Of Eden* gesprochen hatte. An sich war die verführerische Eva mit Mae West ausgezeichnet besetzt, doch als diese etwas zu lasziv hauchte: „Na, mein Süßer, hättest du Lust auf ein hübsches knackiges Äpfelchen?", schlugen die Wellen christlicher Entrüstung hoch.

Die stetig wachsende Fangemeinde von Mae West aber pfiff auf den Unmut der Moralisten; unverdrossen belagerten die Staranbeter die Bühneneingänge auf dem Broadway, solange ihre Heldin noch im Theater sang und tanzte — und darin war sie unermüdlich. Zuletzt flirtete sie mit 69 Jahren auf den Brettern, die ihre Welt bedeuteten, mit ihrem Publikum: in *Sextet*, ihrer Bearbeitung von Frances Hopes gleichnamiger Komödie, die sich ein letztes Mal um Mae West und — natürlich — „das Eine" drehte.

Wenn man eines nicht von Mae West behaupten kann, dann, daß sie flexibel sei. Die vielen Journalisten, die bis zum Tod des Stars den Weg zum kultisch verehrten Relikt vergangener, glänzender Hollywood-Tage suchten, fanden stets dieselbe Persönlichkeit vor, die bereits in der siebenjährigen Steptänzerin ihr Publikum bezaubert hatte. Niemals in ihrem Leben änderte Mae West ihr heute fast lächerlich wirkendes Credo einer Weiblichkeit, zu der Federboas und Dekolletés und andere Requisiten aus der Vamp-Trickkiste ebenso unvermeidlich gehören wie Diamanten. In ihrem Herzen fühlte sich Mae West stets als Diamond Lil, und unermüdlich versuchte sie, auch ihr Äußeres mit Make-up und Korsetts zu dem einer verführerischen Lady zu stylen.

Während die Welt um die große alte Dame des Sex sich änderte, blieb sich Mae West treu: eine Göttin der Liebe, ohne Anfang und ohne Ende und nur mit einem einzigen Gebot: Du sollst keinen anderen Star neben mir haben.

UvS

Filmographie Mae West:

Night After Night, 1932, Archie Mayo.** *She Done Him Wrong,* 1933, Lowell Sherman. *** *I'm No Angel,* 1933, Wesley Ruggles. * *Belle of the Nineties,* 1934. Leo McCarey.* *Goin' to Town,* 1935, Alexander Hall.* *Klondike Annie,* 1935, Raoul Walsh.* *Go West, Young Man,* 1936, Henry Hathaway.* *Every Day's a Holiday,* 1937, A. Edward Sutherland.* *My Little Chickadee,* 1939, Edward Cline.* *The Heat's On,* 1943: Gregory Ratoff. *Myra Breckinridge* (Myra Breckinridge — Mann oder Frau), 1970, Michael Sarne. *Sextette,* 1977, Ken Hughes.***

   * Drehbuch von Mae West
  ** Zusätzliche Dialoge von Mae West
 *** Nach einem Stück von Mae West

Lillian Hellman 1935

Die moralische Hexe
Lillian Hellman

Mit Lillian Hellman ist es genau wie mit Simone de Beauvoir — wenn man von ihr spricht, sind eigentlich immer zwei gemeint. Das Literatenpaar Hellman und Dashiell Hammett gehört ebenso eng zusammen wie de Beauvoir und Sartre und die Leinwand-Lovers Bogart und Bacall oder Katharine Hepburn und Spencer Tracy. Der Grund ist nicht, daß die Frau oder der Mann alleine kein Interesse zu erwecken vermögen. Eher scheint in der Kombination von Reichtum, Talent und Liebe ein besonders faszinierender Reiz zu liegen; wenn zwei Idole sich finden, kann die Starverehrung vollends erblühen, ist der Perfektionsdrang der Fans befriedigt.

Wenn die Anbetung auch dem Paar als ganzem gilt, so läßt sich eine künstlerische Hierarchie nicht leugnen. Simone de Beauvoir hegte bis zu seinem Tod einen höllischen Respekt vor ihrem Jean-Paul, und „Bogie's Baby" gelang es nie so recht, aus dem Schatten ihres als Kultfigur vergötterten Mannes zu treten. Bei Lillian Hellman und Dashiell Hammett ist es nicht anders: Der gefeierte Kriminalschriftsteller erst überzeugte seine Lebensgefährtin, die sich dann zu einer beliebtesten Film- und Theaterautorinnen Amerikas mausern konnte, von ihrem Talent. Ihn bewunderte die Hellman, von ihm allein akzeptierte sie Kritik, Lob und Tadel — nicht nur wegen seiner literarischen Leistungen, sondern mehr noch auf Grund seiner menschlichen Qualitäten. Lillian Hellman liebte in dem Exdetektiv den aufrichtigen, kompromißlosen Mann. In Lillian Hellman hatte Hammett dafür eine Partnerin gefunden, die mit ihm an Stolz und Wahrheitsliebe gleichzog und sein gelassenes, sehr rationales Wesen durch ihren zornigen und rebellischen Charakter ergänzte. Sowohl sein ruhiges Selbstbewußtsein als auch ihr kämpferisches Unabhängigkeitsstreben basierten auf einem ähnlich strengen Moralkodex. Nahezu alle Biographen greifen bei beiden tief in die literarische Mottenkiste, um das mutige politische Verhalten des Paares während McCarthys Hexenjagd in Hollywood zu verklären — von Edelmut ist da oft die Rede, von Treue und Stolz.

Doch alle schönen Legenden lassen jede Menge Schmutz unter dem Teppich verschwinden, und unter diesen kehrten die mythensüchtigen Biographen auch Hammetts Trunksucht und Hellmans reichlich spätes Aufkündigen der Stalin-Gefolgschaft Ende der dreißiger Jahre.

„Miss Lily of the New Orleans" taufte einmal eine Zeitschrift die Autorin. So war Lillian Florence Hellman denn auch eine echte Südstaatenlady, geboren am 20. Juni 1905 in New Orleans. Schon seit Generationen war die Familie in Amerikas tiefem Süden heimisch: Die Mutter Julia Newhouse kam in Alabama zur Welt, und der Vater Max wuchs in New Orleans auf.

Wie viele Südstaaten-Schriftsteller war auch Lillian Hellman stark von ihrer Herkunft geprägt — ihre Autobiographien und Erzählungen sind Zeugen ihrer Familienverbundenheit. Dennoch war sie alles andere als eine süßliche Heimatverklärerin: Illusionslos und nüchtern ließ sie in den Theaterstücken ihre Südstaaten-Protagonisten agieren, die oft habgierig sind, grausam und zynisch. Immer wieder belebte die Autorin ihre literarische Welt mit den Figuren ihrer Kindheit und mit Menschen aus den Erzählungen ihrer Eltern. In ihren Zu- und Abneigungen war Lillian Hellman beständig: So, wie stets ähnliche Charaktere in ihren Werken auftauchten, so, wie sie niemals ihre schwarze Amme Sophronia vergaß und 31 Jahre lang mit Hammett zusammenlebte, war sie auch in ihrer politischen Grundhaltung im besten Sinne des Wortes konservativ. „Ich kann mein Gewissen nicht nach der letzten Mode maßschneidern": Mit diesem mittlerweile legendären Satz, den sie McCarthys Gesinnungsschnüffelei entgegensetzte, hat Lillian Hellmann ihren Charakter selber treffend umrissen.

Die Autorin entstammte einer ebenso reichen wie bizarren Familie und verlebte eine ungewöhnliche Kindheit, die ihr trotziges und aufrechtes Wesen formte. Die Großmutter, Sophie Newhouse, herrschte als unumstrittene Königin der Familie mütterlicherseits. Aus schierem Vergnügen macht es sich Sophie Newhouse zum Hobby, den Willen anderer zu brechen. Zu dieser Kraft, die Lillian eigentümlich faszinierte, gesellte sich ein erkleckliches Vermögen. Nach eigenem Bekenntnis hat der familiäre Hintergrund aus Lilian „ein zorniges Kind gemacht und einen unüberwindlichen Hang zur Extravaganz und zugleich eine Hochachtung vor Geld und solchen, die es besitzen" in ihr wachgerufen, und in Zeiten, in der sie „dieser Hochachtung erlag, haßte" sie sich selber. Das Schreiben bedeutete eine Art Therapie für Lillian Hellman. Erst als sie diesen Konflikt in *The Little Foxes* literarisch verarbeitet hatte, kam sie mit ihm besser zurecht: Ihr drittes Theaterstück dreht sich um die habgierige Südstaatenfamilie Hubbard und besonders um den skrupellosen weiblichen Clan-Häuptling Regina, die durch den Kauf einer Spinnerei ein Vermögen verdienen und dabei die soziale Not der farbigen Arbeiter ausbeuten will.

Lillians Mutter war eine zugleich passive und exzentrische Frau, deren unerschütterlicher Starrsinn im Gegensatz zum Temperament ihres lustigen und warmherzigen Mannes stand. Als Max Hellman Michelin — die Mitgift seiner Frau war inzwischen durchgebracht, als Handlungsreisender endlich Erfolg hatte, verbrachte Lillian die eine Hälfte des Jahres mit ihren Eltern in New York und die anderen sechs Monate in der New Orleanser Pension ihrer über alles geliebten Tanten. Diese unruhige Kindheit, die Lillian später als „irrsinniges Tennismatch" bezeichnete, behielt auf ihr Leben als Erwachsene großen Einfluß: Zum einen fand Lilian bizarre Personen, Unruhe und ungewöhnliche Dinge ausgesprochen reizvoll, zum anderen wollte sie in Ruhe gelassen werden und sehnte sich nach etwas, das blieb und unverrückbar feststand — in ihr stritten sich eine konservative und eine neugierige Natur. Schon früh erkannte Lilian Hellman, daß es für Menschen wie sie „nicht leicht werden wird, den Weg durchs Leben zu finden", denn sie galt als problematisches Kind ebenso wie später als schwierige Erwachsene und sie stand, sich dieser Eigenschaft sehr bewußt, mit trotzigem Stolz zu ihr. So still und schüchtern sich Lillian oft nach außen hin gab, so war sie eigentlich ein leidenschaftliches und ungebärdiges Mädchen, das einzig seiner farbigen Amme Sophronia Autorität zuerkannte. An deren Stelle sollte viele Jahre später Dashiell Hammett treten.

Während der Kindheit in New Orleans entwickelte Lillian Hellman die zwei großen Leidenschaften ihres Lebens: Bücher und Wasser. Alles, was im Wasser lebte, zog sie magisch an, stundenlang konnte sie vor den Abflußrinnen in den Straßen der Stadt hocken und nach den dort herumschwimmenden Gegenständen fischen. Diese Wasserliebe verließ sie nie: Die Farmen, die sie mit ihrem ansehnlichen Vermögen erwarb, lagen stets unweit der (Ost-)Küste — auf Martha's Vineyard und in Pleasantville —, und auch als sie 1933 an ihrem ersten Stück arbeitete, lebte sie auf einer Insel vor der Küste von Connecticut.

Auf dem Höhepunkt ihrer Karriere galt Lillian Hellmann als Amerikas führende weibliche Theaterschriftstellerin; sie war Mitglied der National Academy of Arts and Letters und der American Academy of Arts and Sciences, wurde mit Ehrungen und Preisen überhäuft und lehrte in Harvard und Yale. Doch sie reüssierte nicht nur beim Theater. Die Filme nach ihren Drehbüchern spielten Millionen ein und brachten, wie etwa William Wylers THE LITTLE FOXES „ein ganz neues Frauenbild auf die Leinwand", wie der *Stern* anläßlich der Fernsehausstrahlung lobte: „Die Frau nicht als Lustobjekt oder Heimchen am Herd, sondern als machtbewußte Kapitalistin."

Nur gezwungenermaßen verbrachte Lillian Hellmann einen Teil ihres Lebens in Hollywood und lehnte, ebenso wie Hammett, die strahlend-oberflächlichen *beautiful people,* die die Filmstadt bevölkerten, vehement ab. Überhaupt sah sie in ihrer Arbeit für den Film eher eine Möglichkeit, schnell viel Geld zu verdienen, als daß sie sie wirklich ernstgenommen hätte. Doch auch am Theater hing sie nicht sonderlich. Sie mochte zwar manchen Schauspieler, Autor und Regisseur der Broadway-Szenerie, aber im wesentlichen bedeutete Theater ihr:

Schreiben fürs Theater. Das Flair von Film und Theater war ihr ziemlich zuwider. Als die 19jährige Lillian ein Semester auf der Columbia University verbrachte, befand sie sich, wie es in ihren Memoiren heißt, „eigentlich gegen alles in offener Rebellion". Sie konnte zwar genau beschreiben, wen oder was sie ablehnte, aber was sie eigentlich wollte, wußte sie nicht so genau. Anstatt im Hörsaal zu sitzen, verbrachte sie ihre Zeit meist in Greenwich Village. Doch dieser Zustand allgemeiner Orientierungs- und Ziellosigkeit kam Lillian Hellman eher angenehm als bedrückend vor. Daß sie kurze Zeit später einen Job annahm, war reiner Zufall. Auf einer Party lernte sie Julian Messner vom Horace-Liveright-Verlag kennen, der ihr prompt einen Job anbot. Messner war Vizepräsident dieses Verlages, der Faulkner und Freud, Sherwood Anderson und O'Neill herausgab und damit, wie Lillian Hellman sich erinnerte, „eine völlig neue und glänzende Welt der Literatur geschaffen" hat.

Die spätere Autorin schlug sich sechs Jahre lang als Lektorin durch, dilettierte zwischendurch mit ersten Kurzgeschichten und etwas Lyrik, bis sie den Job wegen ihrer Heirat mit dem humoristischen Schriftsteller Arthur Kober quittierte. Obwohl sie danach mit Bridgenachmittagen und Partyabenden eine recht vergnügliche Zeit verbrachte, verließ sie nie das Gefühl, daß dies nicht das Leben war, das sie sich immer vorgestellt hatte. Von ihren literarischen Versuchen ahnte sie, daß sie nicht gut waren, zu „damenhaft", wie sie in einem Interview feststellte: „Das waren solche Geschichten, in denen der Mann seine Gabel hinlegt und die Frau weiß, daß jetzt alles aus ist." Die Rebellin sehnte sich, obwohl sie es sich selber nicht eingestand, nach einem Ziel und nach einem Menschen, der ihrem schwierigen Wesen Widerstand entgegensetzte. In Arthur Kober konnte sie ihn nicht finden. Sie arbeitete als Presseagentin für eine kleine Theatertruppe, las Stücke für die Produzentin Anne Nichols, jobbte vier Monate lang in einem Versandhaus in Rochester, verspielte ihr Geld in den Kasinos, trank übermäßig und gab sich ungemein tough, wie es in den Flapper-fixierten zwanziger Jahren „in" war. Gelegentlich rezensierte sie Bücher für New Yorker Zeitschriften und Zeitungen. 1926 verbrachte sie mit Arthur Kober ein Jahr in Paris, wo ihm eine Stellung bei der englischsprachigen Zeitschrift *Paris Comet* angeboten worden war. Nach der Rückkehr in die USA zog es Lillian 1929 ein zweites Mal nach Europa. Einen Sommer lang lebte sie alleine in Deutschland, wo es ihr insbesondere das Rheinstädtchen Bonn antat. Doch erste Konfrontation mit antisemitischen — Lillian selber war Jüdin — und faschistischen Regungen brachten sie von ihrem Plan ab, in Bonn zu studieren. Die Erinnerung an diesen Sommer ließ sie in ihr viertes Stück *Watch on the Rhine* einfließen, das ihr fast 20 Jahre später vom McCarthy-Ausschuß als prokommunistisch vorgehalten wurde.

Lillian Hellman ging zu Mann und Haus auf Long Island zurück. Kurz darauf erhielt Arthur Kober ein Angebot, das Ruhm und Geld verhieß: Für Paramount sollte er als Drehbuchautor arbeiten. Und so übersiedelte das Paar nach Hollywood, wo Lillian Hellman 1931 Dashiell Hammett kennenlernte — den verwöhnten neuen Darling der Traumfabrik.

Dashiell Hammett, der große dünne Ex-Pinkerton-Detektiv, hatte zusammen mit Raymond Chandler den Krimi zum Kriminalroman erhoben. Als er 1930 einen Drehbuchvertrag mit Paramount akzeptierte, hatte der Autor bereits vier seiner fünf Bücher geschrieben: *Red Harvest*, *The Dain Curse*, *The Glass Key* und den berühmten *The Maltese Falcon*. Nur noch die Abenteuer um seinen *The Thin Man* standen aus. Als Hammett sich eines Abends in einem Restaurant von einer fünftägigen Sauftour erholte, lernte er die trinkfeste Frau seines neuen Paramount-Kollegen Arthur Kober kennen und lieben. Lillian Hellman sollte Hammett auch zur Figur der Nora inspirieren: der bissig-treuen Gattin des *Thin Man*-Detektivs Nick Charles. Mit dem gleichnamigen Film von 1934 hat die legendäre Hammett—Hellman-Beziehung ein Denkmal aus Zelluloid gefunden. Lillian Hellman war 25 Jahre jünger als ihr Geliebter. Doch nicht Schönheit und Jugend faszinierten Dash an Lillian. Im Gegenteil: Oft zog er die magere kleine Frau mit den rötlichen Haaren, den scharfen Gesichtszügen und der noch schärferen Zunge damit auf, daß sie George Washington wie aus dem Gesicht geschnitten sei. Dagegen bewunderte er Lillians Unabhängigkeit, ihren Verstand und ihren Witz. 1931 verließ das Liebespaar Hollywood und blieb dann, wenn auch nicht immer räumlich, 30 Jahre lang zusammen. Hammett und Hellman lebten keineswegs in einer schmalzigen Turteltaubenbeziehung: Sie schrien sich oft an, stritten sich, waren einander nicht „treu" im konventionellen Sinn, und die Sage geht, daß sie sich zuweilen mit Schreibmaschinen beworfen haben sollen — aber das mag zum Mythos einer Schriftstellerliebe gehören.

Andererseits besaßen die beiden Eigenschaften, die sie bis zu Hammetts Tod aneinanderketteten: Da gab es eine gemeinsame Moral, die sich jedoch nicht in einer gemeinsamen politischen Anschauung niederschlug — Hammett war im Gegensatz zu Hellman ein überzeugter Kommunist —; vor allem aber teilte das Paar Ideen von Freiheit und Aufrichtigkeit. Zudem galten beide als schwierige, stolze und unberechenbare Charaktere, die nur allzu selten Menschen ihres eigenen Kalibers trafen: Sicherlich neigten sowohl Hellman als auch Hammett ein wenig zur Arroganz. Lillian Hellman schätzte in Dashiell Hammett den literarischen Lehrer, den sie in Arthur Kober vermißte. Ihren Job bei MGM, den Kober ihr verschafft hatte, fand sie außerdem reichlich öde: Sie mußte schundige Manuskripte lesen und anschließend Berichte darüber anfertigen, die niemanden interessierten. Entnervt gab sie die Arbeit auf, Hollywood und ihren Mann obendrein.

Sechs Jahre später, als sie bereits zwei erfolgreiche Stücke und zwei Drehbücher geschrieben hatte, ließ sie in den Kontrakt mit Sam Goldwyn die Klausel einfügen, wonach sie den Stoff für ihre Skripts selber aussuchen konnte und nur sporadisch nach Hollywood zurückkommen mußte: Hollywood war, wie Lillian Hellman einmal sagte, „nicht die natürliche Umwelt für diejenigen, die das, was unter Glamour zu verstehen ist, in Frage stellen".

✳

Lillian Hellman wirkte niemals so charmant und bezaubernd wie Jane Fonda als ihr filmisches Gegenstück in JULIA. Ansonsten aber widerspiegelt der Film, den Fred Zinnemann 1977 nach den Memoiren der Lillian Hellman drehte, ziemlich detailgetreu eine wichtige Phase im Leben Lillians: die Periode, als sich in ihr die Überzeugung festigte, wirklich schreiben zu können. Die Szenen, in denen Lillian bebend das strenge Urteil des väterlichen Dashs über ihr zweites Theaterstück *The Little Foxes* erwartete, lösten allerdings einiges Entsetzen bei feministischen Zuschauerinnen aus.

Lillian Hellmans erstes Schauspiel *The Children's Hour* hatte auf dem Broadway wie eine Bombe eingeschlagen. Seit diesem Riesenerfolg konnte Lillian Hellman ihre Geldsorgen vergessen, und in Hollywood stand ihr nicht mehr nur die Hintertür offen. Nun bat MGM sie, ihre eigenen Stücke zu bearbeiten: gegen 2 500 Dollar pro Woche. Zunächst versuchte sie sich an einem Kriegsdrama um zwei Männer, die dieselbe Frau lieben — THE DARK ANGEL —, und begann dann mit der Drehbuchfassung von *The Children's Hour*. Hammetts Rat zufolge hatte die Autorin das Schauspiel nach einer wahren Begebenheit gestaltet, einem Rechtsstreit aus dem Edinburgh des 19. Jahrhunderts: Zwei Lehrerinnen wurden von einer Schülerin zu Unrecht der Homosexualität bezichtigt und in den psychischen Ruin getrieben.

Auf die Interview-Frage, ob Lillian Hellman Hollywood für eine Sackgasse für ernsthafte Schriftsteller hielte, hatte die Hellman mit einem entschiedenen Nein geantwortet: „Als ich zum erstenmal nach Hollywood ging, hörte ich von anderen Schriftstellern über die dortige Prostitution. Aber wenn man eben keine Hure sein will, läßt man sich auch nicht verführen." Um so seltsamer ist es, daß Lillian Hellman ohne weiteres bereit war, für THESE THREE das Lesbiertum ihrer Protagonistin der Heterosexualität zu opfern. Im Film nämlich ist der Lehrerin lediglich eine vermeintliche Affäre mit dem Bräutigam ihrer Freundin zugestanden: Die Zensurbestimmungen Hollywoods — und vielleicht auch die 35 000 Dollar, für die Lillian Hellman ihr Stück an MGM ver-

156

kauft hatte — brachten die Autorin dazu, diesem faulen Kompromiß zuzustimmen. Erst im Remake von THESE THREE aus dem Jahre 1962, der unter dem Originaltitel THE CHILDREN'S HOUR in die Kinos kam, wurde die Lehrerin wieder als lesbisch — und nicht nur ehebrecherisch — verleumdet.

Die dreißiger Jahre bezeichnete Lillian Hellman im Rückblick als die entscheidende und fruchtbarste Dekade ihres Lebens, da sie sich damals einer Radikalität des Denkens zuwandte, die sich bei ihr zu einer lebenslangen politischen Überzeugung formte und die sich auch in ihrem Handeln niederschlug. Wie viele amerikanische Intellektuelle — allen voran Ernest Hemingway — engagierte sie sich emotional sehr stark gegen die faschistische Drohung in Spanien. Zur selben Zeit, als das State Department die Amerikaner vor einer „Einmischung in die inneren Angelegenheiten" des bürgerkriegsgeschüttelten Landes warnte, entschloß sich Lillian Hellman zu einer Reise dorthin und kehrte, heute würde man sagen „radikalisiert", zurück. Zusammen mit Ernest Hemingway, John Dos Passos und Archibald MacLeish produzierte sie 1937 eines der frühesten antifaschistischen Leinwanddokumente: THE SPANISH EARTH. Ihre Mitarbeit beschränkte sich allerdings wegen einer schweren Krankheit hauptsächlich auf finanzielle Unterstützung.

Auch im Zweiten Weltkrieg plante Hellman einen antifaschistischen Dokumentarfilm und hatte mit Sam Goldwyn bereits einen Geldgeber und in ihrem Freund William Wyler einen Regisseur gefunden. Doch das Projekt, das an Originalschauplätzen gedreht und die Leiden der russischen Bevölkerung schildern sollte, scheiterte letztlich an Goldwyns Geiz und an Wylers Eintritt in die Airforce. Zwar entstand 1943 tatsächlich ein Film nach diesem Drehbuch der Hellman — THE NORTH STAR —, der jedoch anstatt in der Sowjetunion in den MGM-Studios gedreht wurde. Mitten in den Dreharbeiten hatte Lillian Hellman Goldwyn die Mitarbeit aufgekündigt, da sie THE NORTH STAR als „peinlichen, pompösen Schinken" empfand. In *An Unfinished Woman* schreibt sie: „Wenn der Film heute im Fernsehen gezeigt wird, heißt er ARMOURED ATTACK und hat Untertitel, in denen erklärt wird, daß die Russen einst unsere Alliierten gewesen sind, sich aber nicht so recht bewährt hätten."

Einen positiven Aspekt allerdings konnte sie THE NORTH STAR abgewinnen. 1944 erhielt die Schriftstellerin eine Einladung nach Moskau, als „kulturelle Botschafterin" Amerikas. Beinahe aber hätte sie diese russische Reise das Leben gekostet. Ihre Gastgeber holten sie mit einem Frachtflugzeug aus Alaska ab: 14 Tage dauerte der strapaziöse Trip in der engen, eisigen Maschine, und die Hellman fing sich eine schwere Lungenentzündung ein. Die ersten Moskauer Wochen verbrachte sie mit Schüttelfrost hohem Fieber im Gästezimmer des amerikanischen Botschafters. Der Rest der Reise war keineswegs weniger gefährlich. Die Autorin hatte es sich in den starrsinnigen Kopf gesetzt, den Krieg zu erleben, wo er am brisantesten war: an der Front. Zwei Wochen hielt sie sich dort in einem elenden, verwanzten Lager auf und entging oft nur knapp dem deutschen Kugelhagel.

Wenn man Lillian Hellmans Memoiren Glauben schenken darf, war dieses turbulente Abenteuer allerdings eine reine Sightseeingtour im Vergleich zu einer früheren Odyssee durch das Vorkriegseuropa. Schon damals war sie in die Sowjetunion gereist, doch in ihrem ersten Memoirenband, *An Unfinished Woman,* ist davon kein Sterbenswörtchen erwähnt. Erst in ihren autobiographischen *Pentimento*-Erzählungen lüftete Lillian Hellman den Schleier des Schweigens vom großen Abenteuer ihres Lebens: der Episode mit Julia.

Als Lillian 14 Jahre alt war, brach sie einmal wegen einer unwichtigen Kleinigkeit einen gewaltigen Streit mit ihrem Vater vom Zaun. Wütend und verletzt brannte sie von zu Hause durch und verschanzte sich weinend in einem schmuddeligen Hotel in New Orleans. Erst am nächsten Morgen konnte ihr besorgter Vater sie dort aufstöbern. An jenem Tag, so erinnerte sich Lillian Hellman 50 Jahre später, wurden ihr zwei Dinge klar: daß der Zorn in ihrem Kopf die „schlimmsten Verwüstungen" anrichtet und sie zu ihren gröbsten Fehlern treibt und daß „der Kampf schon gewonnen ist, wenn man entschlossen ist, die Strafe auf sich zu nehmen, auch wenn der Anlaß banal und der Kampf oft widerlich ist".

Bereits zweimal hatte Lillian Hellman vergeblich versucht, über den härtesten Kampf ihres Lebens zu schreiben: als Hollywood Hexenjagd spielte. Erst aus der Distanz des Jahres 1976 gelang ihr mit *Scoundrel Time* eine recht nüchterne und unpathetische Beschreibung ihrer Rolle während McCarthys Kommunistenhatz, die dem Paar Geld und Grundbesitz kostete und den lungenkranken Hammett obendrein noch um den kümmerlichen Rest seiner Gesundheit brachte.

Das Kriegsende ermöglichte dem Senatsausschuß gegen unamerikanische Umtriebe HUAC die rege missionarische Tätigkeit, die er während des Krieges hatte reduzieren müssen. Unter dem Demokraten Truman schufen Skandale im Innern und Niederlagen im Ausland ein Klima der Desorientierung, in dem sich der American Dream als trügerisch erwies. China in den Händen der Roten, die Koreapleite und die Russen im Besitz der tödlichen Bombe versetzten *God's own country* einen weniger heilsamen als gewaltigen Schock. Die amerikanische Angst bereitete den Boden für den Wahlsieg des Kriegshelden Eisenhower über seinen demokratischen Gegenspieler Adlai E. Stevenson: Die Bühne war frei für den Auftritt von Joseph McCarthy. Seinen Feldzug gegen die angebliche Unterwanderung begann der Senator in Washington und dehnte ihn dann bald nach Hollywood aus. Auf der

Lillian Hellman 1941

Pirsch nach Linken und Liberalen durchforstete der Kommunistenjäger die Personallisten der Studios und konnte dabei auf die Unterstützung der Studiobosse zählen. In der Waldorf Declaration von 1947 überschlugen sich die Filmfunktionäre geradezu darin, ihre Loyalität gegenüber dem HUAC auszudrücken und forderten die Regierung auf, „mit einer entsprechenden Gesetzgebung" der amerikanischen Filmindustrie zu helfen, sich „von subversiven und illoyalen Elementen" zu befreien.

Im Handumdrehen konnte sich nun jeder liberale Schauspieler, Regisseur und Autor plötzlich als ein solches „illoyales Element" verunglimpft sehen und auf der berüchtigten schwarzen Liste wiederfinden. Wer unter den Verdacht des Kommunismus geriet, hatte keine Chance mehr, im Filmbusineß sein Brot zu verdienen. Der sicherste Weg zum professionalen Selbstmord bestand darin, sich — unter Berufung auf den fünften Zusatzartikel der Verfassung — vor dem Senatsausschuß der Denunziation von Kollegen zu verweigern. Lillian Hellman und Dashiell Hammett gehörten zu den wenigen, die ihre politische Überzeugung auch vor dem HUAC aufrechterhielten. Anders als ihr Lebensgefährte hatte Lillian mit Kommunismus nichts im Sinn: Parteimitgliedschaft war der Autorin, von der ihr Vater immer behauptete, daß sie „im Fragezeichen" lebe, ein Greuel.

1951 wurde Dashiell Hammett zu sechs Monaten Haft verurteilt, da er sich weigerte, die Namen der Geldgeber für den Bürgschaftsfonds des Bürgerrechtskongresses preiszugeben. Wenn Lillian Hellman ihn auch wegen „des einfachen, altmodischen Stolzes" bewunderte, mit dem er den Gefängnisaufenthalt ertrug, ahnte sie doch, daß sie völlig anders waren: „Ich wußte, daß ich nicht aushalten würde, was er aushalten konnte. Ich besitze ein Naturell, das bei den sonderbarsten Gelegenheiten von den sonderbarsten Dingen außer Kontrolle gerät. Wenn man mich zu Unrecht einer Sache beschuldigt, löst das bei mir eine ganze Lawine von Reaktionen aus, die ich im Augenblick meines Zornesausbruchs nicht als kindisch zu erkennen imstande bin." Am 21. Februar 1952 dann wurde Lillian Hellman unter Strafandrohung vor den Ausschuß gegen unamerikanische Umtriebe vorgeladen.

Fünf Jahre zuvor war Lillian Hellman zum erstenmal mit der Macht McCarthys kollidiert. Damals hatte ihr Columbia einen Traumvertrag angeboten: Ihr wurde eingeräumt, innerhalb von acht Jahren vier Filme zu schreiben und zu produzieren, wann immer ihr eine passende Geschichte einfallen würde, und mit einer Million Dollar war das Salär mehr als üppig. Auch die Kontrolle über die endgültige Fassung der Filme sollte ganz bei ihr liegen. Dennoch unterschrieb Lillian Hellman nicht — im Kontrakt entdeckte sie eine versteckte Zusatzklausel: Hellmans Handlungsweise und ihre Lebensführung durften dem Studio keine Unannehmlichkeiten bereiten.

Beim zweiten Zusammenstoß mit den Hexenjägern waren sich Lillian Hellman und ihr Anwalt einig, daß die Zeit gekommen sei, gegenüber dem HUAC eine „moralische Position" einzunehmen. Bisher hatten die „freundlichen Zeugen", allen voran Ronald Reagan, Gary Cooper und Adolphe Menjou, fröhlich drauflos denunziert. Die „unfreundlichen Zeugen" dagegen nahmen den zweifelhaften Schutz des *Fifth Amendment* in Anspruch, der die Aussageverweigerung gestattete, falls Gefahr bestand, sich selber zu belasten. Lillian Hellman aber machte dem HUAC ein schriftliches Angebot, zwar über sich selbst auszusagen, jedoch nicht über andere Personen. Ihren Freunden und insbesondere Dashiell Hammet schien die Strategie jedoch darauf hinauszulaufen, Lillian auf dem schnellsten Wege ins Gefängnis zu befördern, und sie beschworen sie, um keinen Preis auf die einzige legale Möglichkeit zur Aussageverweigerung zu verzichten. Daß der Senatsausschuß dann auch die Offerte ablehnte, war keine Überraschung, die Reaktion des HUAC auf Hellmans Aussage dagegen eine Sensation: Man verkündete, nicht gerichtlich gegen die Autorin vorzugehen.

Lillian Hellman, der während der Anhörung kein Sterbenswörtchen ihre Kollegen betreffend über die Lippen kam, konnte sich ihre wundersame Rettung lange Zeit nur mit einem Verfahrensfehler erklären. Erst 25 Jahre später lieferte ihr Anwalt eine andere Erklärung: „Sie wollten drei Dinge erreichen: erstens, Namen hören, die Sie ihnen nicht nennen wollten, zweitens, eine Verunglimpfung, indem man Sie als eine *Fifth Amendment*-Kommunistin beschuldigte. Das konnten sie nicht, weil Sie in Ihrem Brief angeboten hatten, über sich selbst auszusagen. Und drittens, eine gerichtliche Verfolgung, die sie nicht einleiten konnten, weil sie uns dazu gezwungen hatten, Zuflucht zum *Fifth Amendment* zu nehmen. Sie besaßen Verstand genug, um zu erkennen, daß sie in der Klemme saßen. Wir hatten sie geschlagen, das ist alles."

Doch der Sieg war alles andere als triumphal, dazu erwiesen sich die finanziellen Verluste des Kampfes als zu groß: Das Finanzamt forderte von Hammett, der in solchen Dingen immer ziemlich nachlässig war, eine immense Steuerschuld nach, und Lillian Hellman fehlte das schnellverdiente Hollywood-Geld. An einem Theaterstück aber schrieb sie etwa zwei Jahre, und ehe es dann Geld abzuwerfen begann, dauerte es noch weitere Monate. Das Paar konnte sich nur über Wasser halten, indem es die geliebte Hardscrabble-Farm verkaufte. Erst ab 1960 ging es wieder aufwärts, als die Uraufführung von *Toys in the Attic* die finanziellen Sorgen fortspülte. Auch Drehbuchangebote begannen wieder ins Haus zu flattern, doch es war nur ein geborgtes Glück: Ein Jahr darauf starb Dashiell Hammett.

✳

Lillian Hellman und die Schriftstellerin Mary McCarthy hatten einander nie leiden mögen. McCarthy diffamierte ihre literarische Rivalin als „schmierig", und Hellman tat die Verfasserin von *The Group* (Die Clique) als „typisch weibliche Schriftstellerin" ab, deren Forum „bezeichnenderweise Frauenzeitschriften" waren. Über einen Film kam es 1977 zur offenen Fehde zwischen den großen alten Damen der amerikanischen Literatur: Ausgerechnet Fred Zinnemanns JULIA war der Anlaß, in dem nach einer langen Periode von „Männerfilmen" endlich einmal wieder Frauen die tragenden Rollen spielten.

Nach einer ihrer biographischen Erzählungen aus *Pentimento* handelt der Film von Hellmans Reise im Jahre 1937 zum Moskauer Theaterfestival. Auf Bitten von Julia, einer alten Schulfreundin und nun in Wien lebenden Ärztin, schmuggelte Lillian Devisen nach Berlin, die dem Freikauf von Juden dienen sollten. Die heldenhafte Transaktion glückt, doch Lillian erhält nach ihrer Rückkehr die Nachricht von Julias Ermordung. Die amerikanische Kritik war nicht allzu gut auf die hochkommerzielle Heldenballade zu sprechen. Der Plot galt als zu künstlich und konstruiert. Mary McCarthy aber ging noch einen Schritt weiter — sie hielt JULIA's Story für eine glatte Lüge: In einer Talkshow beschimpfte die greise Lady Lillian Hellman als „unehrliche Schreiberin". Die *Pentimento*-Autorin schlug mit einer Schadensersatzforderung zurück. 2,25 Millionen Dollar sollte Mary McCarthy für ihre „Verleumdung" bezahlen.

Nun mag es in der Tat so gewesen sein, daß Mary McCarthy Lillian Hellman den antifaschistischen Heiligenschein neidete, der sie nach den HUAC-Ereignissen umgab. Die Trotzkistin McCarthy konnte niemals akzeptieren, daß man ihre alte Gegnerin aus den Tagen der Moskauer Prozesse im Jahre 1930, die die amerikanische Linke gespalteten hatten, mit einem moralischen Mythos verklärte. Schließlich gingen Gerüchte um, daß Lilian Hellman noch 1938 eine Petition zugunsten der stalinistischen Säuberungsaktionen unterzeichnet habe. Doch der drohende Skandal versickerte, obwohl kaum jemand ernsthaft glaubte, daß Julia wirklich einmal existiert hatte. Die Öffentlichkeit verzieh Lillian Hellman ihre „Phantastereien", wenngleich die Autorin auch starrköpfig auf dem Wahrheitsgehalt ihres Abenteuers beharrte. Nur ein einziger Kritiker glaubte der Hellman, daß Julia alles andere als fiktiv sei — Joseph P. Lash, der Biograph Elinor Roosevelts: „Da gibt es keine Phantasie. Da werden Namen genannt. Da gibt es reale Sozialisten und Kommunisten ebenso wie Nazis und Faschisten."

Die vermeintliche Unterstützung aber erwies sich als Bumerang, denn Lash hegte eine eigene Vermutung über die Identität der Hellman-Heroine: Nach seiner Überzeugung sei die einzig mögliche Julia die amerikanische Psychoanalytikerin Muriel Gardiner. Während ihrer Studentenzeit in Wien hatte diese, wie sie in ihrem 1983 erschienenen Buch *Code Name „Mary"* erzählte, dem antifaschistischen Widerstand

162

angehört. Die Ähnlichkeit zwischen „Mary" und „Julia" ist auch sonst bemerkenswert: Muriel Gardiner schmuggelte Devisen und Pässe, arbeitete als Analytikerin, war enorm reich und mit dem Führer des österreichischen Widerstands liiert. Nur: Erst 1985, im Alter von 82 Jahren, ist die Gardiner gestorben, und hatte zuvor mit ihrem österreichischen Gatten, dem Sozialistenführer Joseph Buttinger, nach der Flucht in die USA noch einige zufriedene Jahre erlebt.

Die Wahrscheinlichkeit spricht dafür, daß Lillian Hellman das Schicksal der Muriel Gardiner, die sie niemals persönlich kennengelernt hat, literarisch in ihrer *Julia*-Erzählung ausgeschlachtet hat. Selbst wenn es Julia wirklich gegeben haben sollte, stellt sich die Frage, warum die Hellman ihre Kritiker so zornig und ungerecht attackierte. Und warum sie, deren Kardinaltugend immer in Wahrheitsliebe bestand, die Glaubhaftigkeit um einer spannenden Story willen aufs Spiel zu setzen bereit war. Die Antwort ist allein im Charakter der Lillian Hellman zu finden, die beileibe nicht das Denkmal von Mut und Moral darstellte, als das ihre Freunde sie verehren. Vielmehr war sie bis zu ihrem Tod am 30. Juli 1984 eine Frau mit menschlichen Schwächen, die in ihrem Leben viele Fehler gemacht hat — starrköpfig, unbeugsam und, mit den Worten Dashiell Hammetts, „hart und wertvoll wie ein Diamant".

„Sie ist eine alternde Löwin, hinfällig und verletzt, die sich weigert, aufzugeben und immer noch durch ihr Revier streift, um es bis auf den letzten Meter zu verteidigen, koste es, was es wolle." Was die Journalistin Wayne Warga pathetisch ausdrückte, beschrieb Lillian Hellman in ihren Memoiren ehrlich und einfach: „Ungefähr mit 50 hat man so viel gesehen und so viele Orte gekannt, daß Erinnerung Wahrheit verwischt. Ich glaube, daß die meisten Menschen das nicht sehen wollen."

Den Tod ihres Lebensgefährten schien Lillian Hellman niemals wirklich verwunden zu haben. Symbolisch für den Verlust nahm sie bis an ihr Lebensende Hammetts alte Armbanduhr nie vom Handgelenk. Ihre fiktionale Phantasie hatte sich erschöpft: Lillian Hellman hing, nicht zuletzt in ihren drei Memoirenbänden, Vergangenem nach, anstatt Neues zu schaffen. Ihre beiden Lieblingsstücke, *The Autumn Garden* und *Toys in the Attic*, hatte sie bereits 1951 und 1960 geschrieben. Die neuen Schauspiele aber stellten lediglich Adaptationen dar, und das einzige Drehbuch, das sie nach dem Tod Hammetts verfaßte — in THE CHASE, dem danach gedrehten Film, spielt Jane Fonda die Hauptrolle — basierte auf dem gleichnamigen Roman von Horton Foote.

Obwohl sie keine materiellen Sorgen mehr quälten, fühlte sich Lillian Hellman in ihren letzten Lebensjahren nicht glücklich. Um das befriedigende Gefühl, „etwas erreicht" zu haben, genießen zu können, litt sie zu sehr unter starken Selbstzweifeln. Mehr noch, die Vergangenheit schien immer neue Fragen aufzuwerfen. Die Orientierungslosigkeit ihrer Jugend war im Charakter der Autorin fest verankert, und oft genug hatte ihr rebellisches Wesen konkrete Gegner gefunden. Zwar war Lillian Hellman auf ihrem Lebensweg an keiner Stelle stehengeblieben, aber ein Ziel hat die „unfertige Frau" niemals erreicht: „Ich bedaure, daß ich zu viel Zeit meines Lebens auf den Versuch verwendet habe, die Wahrheit und den Sinn zu finden, oder vielmehr, was ich dafür hielt. Ich habe nie gewußt, was ich unter Wahrheit verstehen soll, niemals den Sinn gefunden, auf den ich gehofft habe. Alles, was ich sagen will, ist, daß zuviel in mir nicht vollendet wurde, weil ich zuviel Zeit verschwendet habe. Dennoch."

UvS

Filmographie Lillian Hellman:

Filme nach Drehbüchern von Lillian Hellman:

The Dark Angel, 1935, Sidney Franklin. *These Three,* 1936, William Wyler. *Dead End* (Sackgasse), 1937, William Wyler. *The Spanish Earth* (Die spanische Erde), Joris Ivens.* *The Little Foxes* (Die kleinen Füchse), 1941, William Wyler. *The North Star/Armoured Attack* (Nordstern), 1943, Lewis Milestone. *The Searching Wind,* 1946, William Dieterle. *The Chase* (Ein Mann wird gejagt), 1966, Arthur Penn.

* Drehbuch zusammen mit Ernest Hemingway, John Dos Passos und Archibald Mac Leish

Verfilmungen von Theaterstücken Lillian Hellmans:

Watch on the Rhine, 1943, Herman Shumlin.* *Another Part of the Forest,* 1948, Michael Gordon. *The Children's Hour* (Infam), 1962, William Wyler. *Toys in the Attic* (Puppen unterm Dach), 1963, George Roy Hill. *Julia* (Julia), 1977, Fred Zinnemann.

* Drehbuch von Dashiell Hammett

Katharine Hepburn um 1933

Die streitbare Dame
Katharine Hepburn

Spätestens seit Signe Hammers Studie *Daughters and Mothers: Mothers and Daughters* (Töchter und Mütter. Über die Schwierigkeit einer Beziehung), die 1975 in New York erschien, wissen wir, wie entscheidend die Beziehung von Töchtern zu ihren Müttern ist für die Prägung von Frauen. Dies ist lange Zeit nur wenig beachtet worden, da die Vermittlung von Wertvorstellungen von einer Frauengeneration zur nächsten überwiegend ohne von außen bemerkbare Konflikte abläuft und auch weil der durch Freud geprägten Psychoanalyse die gegengeschlechtliche Konstellation von Kind und Elternteil weit interessanter erschien. Signe Hammer dagegen räumt der Mutter—Tochter-Beziehung zu Recht einen hohen Stellenwert ein: „Die Beziehung zur Mutter ist für jede Tochter die erste menschliche Beziehung überhaupt, vielleicht auch die wichtigste. (. . .) (Sie bildet) das Fundament aller Beziehungen, die im Leben einer Frau vorkommen, nicht ausgenommen die zu ihrem Vater, zu anderen Männern und zu den eigenen Kindern. In der Beziehung zur Mutter erfährt die Tochter erstmals, was es bedeutet, eine Person zu sein, oder aber sie muß erleben, daß sie nicht dazu angehalten wird, ein Bewußtsein der eigenen Identität zu entwickeln."

Zieht man die Bilanz des Lebens der nun mehr als 75jährigen Katharine Hepburn, die man wohl als den Prototyp der von den Illusionsmärkten Hollywood und Broadway unabhängigen amerikanischen Schauspielerin bezeichnen muß, und vergleicht ihre Biographie mit der ihrer Mutter, einer engagierten Frauenrechtlerin, so sieht man die von Hammer formulierte These der Prägung bestätigt. Signe Hammer allerdings scheint sich mehr für die negative Beeinflussung der Tochter durch die Mutter zu interessieren; ihre Absicht ist es, aufzuzeigen, „auf welche Weise dieses geschwächte Ichbewußtsein von Mutter zu Tochter weitergegeben wurde". Daß der gleiche Mechanismus auch bei der Vermittlung eines *starken* Egos funktioniert, dazu liefert Katharine Hepburns Entwicklung den Beweis.

Von ihrer Mutter bekam sie Selbständigkeit, Selbstbewußtsein, Zivilcourage und die Fähigkeit zum Engagement mit auf den Lebensweg. Diese Prägung verlief aber eher zwanglos, gleichsam ohne daß die Mutter die Tochter in ein — in diesem Fall positiv besetztes — neues Abhängigkeitsverhältnis zwingen würde. So hat die Tochter Hepburn von ihrer Mutter viel übernehmen und sich dennoch von ihrem Vorbild ablösen können. Die Unterschiede in den Vitae der beiden Frauen machen dies deutlich. Mrs. Hepburn war eine eher theoretische Frauenrechtlerin, die Freiheiten und Rechte der Frauen vehement propagierte, sie aber in praxi kaum auslebte und ihr Leben nach einem anderen

Muster gestaltete. Die Tochter dagegen wandte die theoretischen Einsichten ihrer Mutter an, ohne sich groß Gedanken darüber zu machen. Beide Frauen, Mutter und Tochter, auf einen Menschen vereint, hätten ein emanzipatorisches Ideal verkörpert, das aber vermutlich nicht die Lebenserfüllung gefunden hätte, wie die beiden sie auf so unterschiedliche Weise jeder für sich erreichten.

✳

Mutter und Tochter Hepburn trugen den gleichen Namen. Die Mutter, in der Familie „Kit" gerufen, im Unterschied zu ihrer Tochter „Kate", war eine geborene Katharine Houghton, die ihren Mädchennamen Houghton sämtlichen sechs Kindern zum zweiten Vornamen gab. So hieß sie selbst wie auch ihre älteste Tochter in voller Länge Katharine Houghton Hepburn. Die Houghtons waren eine angesehene Familie aus Boston; man rühmte sich etwa eines Vetters von Kit, der eine Zeitlang als Botschafter die USA in London vertrat. Doch obwohl die Houghtons zu den feinsten New-England-Kreisen zählten, hatte Kit schon früh einen starken Willen und ungewöhnliche Ansichten entwickelt, die sie zum Klatschthema der Society machten und ein wenig zum Außenseiter stempelten. Sie hatte 1898 das renommierte Bryn Mawr absolviert und anschließend am Elite-College Radcliffe ihren Magister in Kunst gemacht. Sie war dünn, hochgewachsen, voller Stolz und hatte ein unbändiges Temperament — Eigenschaften, die sich auch ihren Kindern vererbten. Kit galt als engagierte Suffragette, die mit zahlreichen Geschlechtsgenossinnen einmal das Weiße Haus belagerte, um bei Woodrow Wilson bessere Arbeitsbedingungen für Frauen durchzusetzen, und zählte zu den frühesten Vertreterinnen der Geburtenkontrolle; seit den Zwanzigern war sie zusammen mit Margaret Sanger bei der American Birth Control League aktiv.

Darin wurde sie von ihrem Mann Dr. Thomas Norval Hepburn unterstützt, der in Hartford Chefurologe und Chirurg war. Daß sie dennoch sechs Kinder hatten, war für Mrs. und Mr. Hepburn offenbar kein Widerspruch. Es ging ihnen darum, arme Familien vor der Bürde einer übergroßen Kinderzahl zu bewahren. Ihrer eigenen privilegierten sozialen Stellung waren sie sich bewußt, in der sie sich sechs Kinder leisten konnten, die für weniger vermögende Familien — und vor allem für deren Frauen — eine ungeheure Belastung dargestellt hätten. Im Hause der Hepburns gingen bekannte amerikanische und britische Frauenrechtlerinnen ein und aus — so Emmeline Pankhurst, Emma Goldman und Charlotte Perkings Gilman, die bereits 1898 in Boston das für die damalige feministische Bewegung wohl bedeutendste Buch *Women and Economics* veröffentlich hatte.

Dr. Hepburn stammte aus Virginia und konnte seinen Familienstammbaum zurückverfolgen bis zu einem schottischen Adeligen na-

mens James Hepburn, Earl of Bothwell, der als Liebhaber von Mary
Stuart in die Geschichte eingegangen ist. Katharine Hepburns Vater
wurde — wie seine Frau wegen ihrer Emanzipationsvorstellungen —
von einem Teil der konservativen Gesellschaft geschnitten; sein For-
schungsgebiet waren Geschlechtskrankheiten, deren Entstehen und
Behandlung er zu enttabuisieren suchte. Er gründete auch, gemeinsam
mit einem Arzt von Harvard, eine Vereinigung für Sozialhygiene. Auf
der anderen Seite war er ein leidenschaftlicher Börsenspekulant und
Gründstücksinvestor, der später auch Kates Gagen zu einem bedeutenden Vermögen mehrte.

Katharine Hepburn kam, als zweites Kind der Familie, am 8. November 1909 in Hartford zur Welt. Das gelegentlich immer noch zitierte Geburtsjahr 1907 wäre nicht nur äußerst unwahrscheinlich, es ist
auch von der Hepburn selbst dementiert worden — und sie ist nun alles andere als der Typ Frau, der sich zwei Jahre jünger macht. Kates älterer Bruder hieß Thomas, und ihr folgten Richard, Robert, Marion
und Peggy. Die Kinder wuchsen in einem überaus freien Klima auf,
wurden von beiden Eltern stets dazu ermuntert, ihre persönlichen Ansichten zu entwickeln, unverhohlen auszudrücken und vehement zu
verteidigen. Bevor sie auf öffentliche Schulen kamen, wurden die Kinder im Elternhaus von Privatlehrern unterrichtet. Der Vater vor allem
vermittelte ihnen die Liebe zum Sport und zu einer gesunden, naturver-
bundenen Lebensweise. Bei Spiel und Sport wurde kein Unterschied
zwischen Jungen und Mädchen gemacht; auch die Mädchen kletterten
auf Bäume, ritten auf Pferden und spielten Indianer und Cowboys. Kate übte fast sämtliche Sportarten aus, von Tennis und Segeln über
Schwimmen, Tauchen und Schlittschuhlauf bis hin zu Ringkampf und
Golf. Bis ins hohe Alter hielt sie Tennis und Golf als Lieblingssport
bei.

Als Kate vier Jahre alt war, nahm die Mutter sie zum ersten Mal zu
ihren Suffragetten-Aktionen mit. Ebenso wie ihre Mutter Plakate trug,
hielt Kate Luftballons fest, auf denen „Votes for Women" stand, oder
sie ging mit auf Streikposten. Im Alter von acht Jahren hatte sie fast so
etwas wie einen öffentlichen Auftritt, als sie, im Kostüm einer jungen
Holländerin, auf einem Karren posierte, der bei einem Umzug mitge-
führt wurde. Zwei Jahre darauf stand sie gelegentlich schon morgens
alleine vor Fabriktoren und verteilte Handzettel an die Arbeiter der
Frühschicht. Bereits in diesem Alter wurde ihr bewußt, daß einige Leute die Hepburns verachteten, und sie lernte, unempfindlich dagegen zu
werden. Die Familienideologie lautete, daß jeder für alles zu kämpfen
habe, und Kämpfen hieß zuallererst Reden. Lautstarke und ausgedehnte Diskussionen schienen alle Familienmitglieder als ihre Lieb-
lingsbeschäftigung anzusehen, und man sprach offen über Sexualität,
Liebe, Heirat, Kinderkriegen und ähnliches. Da auch in der Kleidung

169

kaum zwischen Mädchen und Jungen unterschieden wurde, konnte jeder tragen, was er als bequem empfand, und das hieß für Kate fast ausschließlich weite Hosen und grobe Pullover, am liebsten die Sachen ihres älteren Bruders. Sie sah darin sehr jungenhaft aus mit ihren zahlreichen Sommersprossen, ihrer hochaufgeschossenen Figur und ihrem kurzen, rotbraunen Haarschopf.

Katharine Hepburn begann sich für Stummfilme zu interessieren, vorwiegend für Western, und ihr erstes Leinwandidol wurde der legendäre Cowboyheld William S. Hart. Zu Hause spielten die Hepburn-Kids oft Theater und gaben einmal eine Benefizvorstellung, deren Erlös von 60 Dollar an die Navajo-Indianer ging. Der mysteriöse Tod ihres knapp 16jährigen Bruders Tom, den Kate eines Morgen erhängt auffand, ließ sie monatelang verzweifeln und trieb ihr die ohnehin nur geringen religiösen Ambitionen aus. Ob ihr Bruder sich selbst tötete oder einem Unfall zum Opfer fiel — vielleicht hatte er einen wenige Tage zuvor gesehenen Seiltrick ausprobieren wollen —, konnte nicht geklärt werden.

Mit 16 Jahren ging Kate ebenfalls an das College ihrer Mutter, nach Bryn Mawr, wo sie zunächst Anpassungsschwierigkeiten hatte — mit den gesellschaftlichen Standards ebenso wie mit ihrer Rolle als weiblicher Teenager. Sie fand ihr Aussehen nicht gerade hübsch, oder vielmehr glaubte sie, dies sei die Ansicht der anderen, was sie verunsicherte. Auch fiel sie durch Extravaganzen auf, etwa mit einem Bad im College-Brunnen, mit Restaurantbesuchen im Ort — sie traute sich eine Zeitlang nicht in die Mensa — oder dadurch, daß sie während eines Schneetreibens zwecks Abhärtung nackt auf dem College-Dach stand. Erst nachdem sie, vorwiegend in ihren beiden letzten College-Jahren, in einigen Theateraufführungen geglänzt hatte, war ein Ventil für ihre überschäumende Energie gefunden und wuchs auch ihre Beliebtheit. Nach dem Abschluß des Colleges war sie mit knapp 19 eine recht selbstbewußte junge Frau geworden, mit der schlanken Figur ihrer Mutter und den klaren Gesichtszügen ihres Vaters, mit blaugrauen Augen und rötlichem Haar und mit einer hohen Stimme, die gelegentlich etwas schneidend klang und deutlich den arroganten Bryn-Mawr-Akzent verriet. Sie war entschlossen, eine Schauspielerkarriere zu starten, und sie wollte rasch berühmt werden.

Zunächst sah es so aus, als ob die Schauspielerei ein Wunschtraum bleiben sollte. Mit ein wenig Geld von ihren Eltern und einem Empfehlungsschreiben an den Produzenten Edwin H. Knopf in der Tasche reiste sie nach Baltimore, um einen Job in der Theatertruppe zu ergattern. Das einzige aber, was Knopf an dem ungewöhnlichen Teenager tief beeindruckte, war die ungeheure Chuzpe, mit der er ihn anging.

Kate erhielt von ihm nacheinander zwei winzige Rollen, aber er fand ihre metallische Stimme schrecklich und empfahl, zunächst ein Stimmtraining zu absolvieren. Man wollte sie aber auch loswerden, weil sie selbst bei ihren Minirollen bereits eigene Ideen entwickelte und damit den Regisseur und ihre Kollegen nervte.

Die Hepburn ging nach New York und nahm Sprechunterricht bei der berühmten Schauspiellehrerin Frances Robinson-Duff. Als Knopfs Truppe nach New York kam, sprach sie wieder bei ihm vor, und sie erhielt die Chance, die Hauptdarstellerin zu vertreten, falls diese einmal ausfallen sollte. Noch während der Proben wurde der Star des Stücks gefeuert, und bei der Premiere mußte die Hepburn die Rolle übernehmen. Sie war derart nervös, daß ihre Stimme noch höher klang und sie noch schneller sprach als sonst, und sofort wurde sie, da das Publikum die Hälfte ihres Textes nicht mitbekommen konnte, nach Ende der Vorstellung entlassen. Dadurch jedoch war ihr Wille keineswegs gebrochen; sie versuchte es weiter, erhielt wieder eine Nebenrolle und war dann im November 1928 erneut zweite Besetzung für die Hauptrolle von *Holiday*. Die Hauptdarstellerin Hope Williams dachte aber gar nicht daran, einmal auszufallen, und Kate kam nicht zum Zuge.

In dieser Zeit hatte Katharine Hepburn ihre ersten ernsthaften Dates mit Männern, von denen sich gleich vier heftig um sie bemühten. Schließlich gab sie, ohne eigentlich groß zu überlegen, den Heiratsanträgen eines wohlhabenden Junggesellen aus der High Society von Philadelphia nach. Wenn schon ihre Theaterkarriere nicht funktionierte, wollte sie zumindest auf andere Weise ein Stück Selbstbestätigung erhalten. Der Mann hieß Ludlow Ogden Smith, war gutaussehend, hatte in Grenoble studiert und beeindruckte durch sein selbstsicheres Auftreten. Ein wenig wird er Kate an ihren Vater erinnert haben, jedenfalls glaubte sie, an seiner Seite Geborgenheit und Schutz vor dem Theaterfrust zu finden. Was immer ihr Mann erwartet haben mag, eine brave Ehefrau bekam er nicht. Sofort nach der Hochzeit im Dezember 1928 lehnte sie es ab, den Allerweltsnamen Smith anzunehmen, und zwang ihren Ehemann dazu, seinen Vornamen zum Nachnamen und seinen Mittelnamen zu seinem neuen Vornamen zu machen, so daß sie nun Mrs. und Mr. Ogden Ludlow hießen.

Als nächstes bestand sie auf einem Umzug von Philadelphia nach New York, stellte dann fest, daß die ganze Heirat ein Fehler war. Sie wollte sich niemandem unterordnen und keinem Rechenschaft ablegen müssen, konnte nicht einmal einen Mann dauernd um sich ertragen. Exakt drei Wochen nach der Hochzeit trennte sich das Paar, aber sie blieben lebenslange Freunde. Kate ließ sich zunächst nicht scheiden (erst 1934 in Mexiko), zum einen weil es ihr gleichgültig war, zum anderen stellte sich heraus, daß der Pro-forma-Status einer Ehefrau die beste Abwehrwaffe gegen neue Heiratsanträge war. Nach diesem

Katharine Hepburn in PAT AND MIKE (1952)

kurzen Ehetrip kehrte sie wieder als Ersatzbesetzung zu *Holiday* zurück. Aber erst während der sich anschließenden Tournee konnte sie die Rolle ein einziges Mal spielen.

Weiter ging es mit Zweitbesetzungen und Nebenrollen, von denen eine der besseren noch in Turgenjews *Ein Monat auf dem Lande* war, mit dem die Nazimova sich gerade ihrem Theatercomeback entgegenspielte. Die Hepburn nahm weiterhin Stimmunterricht und zusätzlich fast drei Jahre lang Bewegungs- und Tanzunterricht bei Michael Mordkin. 1931 kehrte sie zeitweilig in den Schoß der Familie zurück, und es dauerte immerhin bis März 1932, bis sie in *The Warrior's Husband* ihren ersten größeren Erfolg verbuchen konnte. Sie stellte darin eine Amazonenkönigin dar, zeigte viel Bein und beeindruckte Zuschauer wie Kritiker durch einen Ringkampf mit dem Hauptdarsteller. Ein Talentscout von RKO sah sie in dem Stück und empfahl sie David O. Selznick weiter, dem Boß des Studios, der Probeaufnahmen veranlaßte. Man bot ihr einen Vertrag über 500 Dollar die Woche, aber für jemanden, der in den besten sozialen Verhältnissen an der Ostküste aufgewachsen ist, erschien Hollywood in den dreißiger Jahren nicht gerade das Ziel aller Träume. Von New York aus betrachtet war dies tiefste Provinz. Die Hepburn, die sich bislang mit 75 Dollar die Woche begnügen mußte, verlangte unverschämte 1500 — und erhielt sie zu ihrer eigenen Überraschung.

Dieses Angebot aus Hollywood war ein außerordentlicher Glücksfall. Es ist keineswegs sicher, daß Kate als Bühnenschauspielerin den Erfolg erreicht hätte, den sie mit ihren Filmen rasch bekam. Am Theater hatte sie sich nur mit Unterstützung ihrer Familie halten können; möglicherweise hätte sie ihre bescheidenen Schauspielversuche irgendwann einmal aufgegeben. Andererseits verdiente sie sich später am Theater große Meriten und blieb ihm bis heute stets verbunden. Immer wieder kehrte sie dorthin zurück, meist dann, wenn ihre Filmkarriere stagnierte. 1950 entdeckte sie ihre Leidenschaft für Shakespeare; zunächst trat sie in *As You Like It* auf. 1955 ging sie dann, mit der Old Vic Company, gleich mit drei Shakespeare-Stücken auf Australienreise. Mehrfach stand sie auch beim American Shakespeare Festival in Stratford, Connecticut, auf der Bühne. All dies brachte ihn nur ein Taschengeld verglichen mit ihren Filmgagen, aber der wirkliche Lohn lag für sie in der Bewältigung dieser künstlerischen Herausforderung.

Katharine Hepburn und ihre langjährige Gefährtin Laura Harding, die sie bei der Robinson-Duff kennengelernt hatte und die auch Schauspielerin war, kamen bezeichnenderweise am Unabhängigkeitstag, dem 4. Juli 1932, mit dem Zug in Pasadena an. Die Ankunft der Hepburn in der Filmmetropole war geradezu filmreif: Bei der Eisenbahnfahrt war ihr ein Stück Asche oder ein Funke ins Auge geflogen, das nun völlig zugeschwollen war. Angezogen hatte sie diesmal zwar nicht wie üblich Hose und Pullover, dafür aber ein schlechtsitzendes dunkelgraues Kostüm, in dem sie sich unsicher fühlte, und ihr zusammengeknotetes Haar war unter einem monströsen Hut verborgen. Als Selznick sie zu Gesicht bekam, fragte er sich, wie er dieser Vogelscheuche nur 1500 Dollar die Woche hatte zusagen können. Für ihren ersten Film war George Cukor als Regisseur verpflichtet worden, der bereits von dem Probestreifen angetan war und hinter der ungewöhnlichen Erscheinung ein großes Talent spürte. Um bei den Hollywood-Leuten Eindruck zu schinden — und um zu zeigen, daß sie von Hause aus über reichlich Geld verfügte —, mietete sie sich für die Ankunft im Studio einen Luxuswagen (es heißt, einen Hispano-Suiza oder einen Isotta-Fraschini) mitsamt Chauffeur. Was sie nicht wissen konnte, war, daß dieser Wagen bereits in einem halben Dutzend Filme, darunter auch in Garbos GRAND HOTEL, als Requisit gedient hatte, und die Eingeweihten lachten hämisch über ihr mißglücktes Entree. Ebenso waren sie verwundert über die Kleidung, in der sie dem Wagen entstieg: unweigerlich Hose, Hemd, Pullover.

Wie schon bei ihrer Theaterarbeit geriet sie nun auch in den Filmateliers mit jedem aneinander, mit den Friseuren, die ihr Haar beträchtlich kürzten, mit den Make-up-Leuten, die ihre Sommersprossen verschwinden ließen, mit der Kostümabteilung, mit Aufnahmeleitern, Assistenten, Kameraleuten und selbst mit Kollegen und dem Regisseur. Sie mischte sich in alles ein, schien alles besser zu wissen und ließ jeden ihre Überlegenheit spüren. Cukor jedoch kam bestens mit ihr zurecht, und die beiden wurden für Jahrzehnte Freunde. Der größte Unterschied zu ihrer Bühnenarbeit aber war, daß sie diesmal mit ihrer Rolleninterpretation Erfolg hatte: Kritiker lobten sie, und das Publikum begann sie zu lieben. Sie wurde die vielversprechendste Anwärterin auf den Starthron, und auch ihr Privatleben begann sich zu einem festen Image zu verdichten. Wie ein Lauffeuer verbreiteten sich ihre „Allüren", die in direktem Gegensatz zu dem standen, was in Hollywood „in" war: ihre bis an Gefühllosigkeit grenzenden Umgangsformen gegenüber Kollegen und Mitarbeitern, ihre strikte Trennung von Beruf und Privatsphäre, ihre Abneigung gegen Filmjournalisten, ihre Weigerung, Interviews zu gewähren und Autogramme zu geben, ihre langen Spaziergänge in den Hügeln von Hollywood, ihre ablehnende Haltung Partybesuchen gegenüber. George Cukor faßte ihr Verhalten, an dem sich bis heute kaum etwas geändert hat, einmal zusammen: „Katharine Hepburn hat sich nicht Hollywood angepaßt, sondern Hollywood sich ihr."

Durch den Erfolg des Debütfilms A BILL OF DIVORCEMENT, in dem die Hepburn gegenüber ihrem großen Kollegen John Barrymore glänzend hatte bestehen können, wurde das RKO-Studio übermütig und beschloß, aus ihr eine neue Garbo zu machen. Etwas übereilt steckte man sie in CHRISTOPHER STRONG, ein Frauenmelodram mit Glamour-Einlage, für das Dorothy Arzner als Regisseurin zeichnete. Die Hepburn agierte als waghalsige Pilotin, die ihre Montur auch schon mal mit einem Silberlamé-Dreß vertauscht und sich am Ende, wegen einer illegitimen Schwangerschaft, stilvoll mit ihrem Flugzeug vom Himmel stürzt.

Der Film war nicht gerade ein Erfolgstreffer, dagegen aber der unmittelbar im Anschluß gedrehte MORNING GLORY. Die Hepburn spielte darin eine Rolle, die ihrer eigenen Person und ihren Theatererfahrungen genau entsprach: eine selbstbewußte junge Schauspielerin, die Karriere machen will. Auch paßte ein Satz des Films auf die Hepburn, den Adolphe Menjou der Nachwuchsmimin mit dem schönen Namen Eva Lovelace sagt, als sie gerade ihren ersten Bühnenauftritt beendet: „Von jetzt an gehörst du zum Broadway, zum Licht der Scheinwerfer. Du darfst jetzt nur noch an dich denken — an nichts anderes oder niemanden sonst auf der Welt." Katharine Hepburn bekam, sensationell für den erst dritten Film, einen Academy Award, dem drei weitere und acht zusätzliche „Oscar"-Nominierungen folgen sollten. Damit ist die Hepburn der absolute Favorit der Academy-Mitglieder — und das, obwohl sie der Zeremonie nur ein einziges Mal beiwohnte und keinen ihrer „Oscars" selbst in Empfang nahm.

Nach ihrem vierten Film, LITTLE WOMEN, wieder unter der Regie von Cukor, kehrte Kate noch einmal zum Broadway zurück, der für sie immer noch der wahre Ort der Schauspielkunst bedeutete. Doch sie erntete für ihr Stück *The Lake* durchweg Verrisse. Dorothy Parker prägte in ihrer Besprechung der Aufführung einen genialen Satz, der der Hepburn noch lange anhing: „Sie durchmaß die Skala sämtlicher Gefühle von A bis B." Die Hepburn reagierte auf den Flop, wie später noch häufiger, indem sie sich — für mehr als 15 000 Dollar — aus dem Vertrag auskaufte. Ein Luxus, den sie sich nur leisten konnte, weil sie in Hollywood vehement und erfolgreich um ihre Gagen feilschte.

Für RKO, die ihren Jung-Star bald nur noch in Großbuchstaben als HEPBURN ankündigte, machte sie zehn weitere Filme in rascher Folge, aber irgendwie fanden die Produzenten zunächst nicht die richtigen Stoffe für sie — mit Ausnahme von ALICE ADAMS, in dem sie ein einfaches Mädchen spielte, das einen snobistischen jungen Mann beeindrucken will. Für Cukors SYLVIA SCARLETT agierte sie in Männerkleidung und mit einer Kurzhaarfrisur, die ihr ein hübsches androgynes Aussehen verlieh, aber sonst war diese Komödie reichlich albern. A WOMEN REBELS zeigte sie dann als streitbare Frauenrechtlerin im viktorianischen England, eine Rolle, die wohl ihrer Mutter gefallen hätte, sonst aber nur eine Minderheit von Zuschauern beeindruckte. Im darauffolgenden Jahr 1937 verkörperte sie, in QUALITY STREET, eine altjüngferliche Lehrerin und lieferte damit eine frühe Darstellung des Frauentyps, der später zu ihrer Spezialität wurde.

Nach einem weiteren Bühnenausflug — *Jane Eyre* von Charlotte Bronë — folgten ihre beiden letzten RKO-Filme, in denen sie wieder ausgezeichnete Leistungen zeigte. STAGE DOOR, nach einem erfolgreichen Bühnenstück, wiederholte ihre Rolle der karrierebewußten Broadway-Debütantin aus MORNING GLORY, der andere war die Screwball-Comedy BRINGING UP BABY von Howard Hawks. Die Hepburn ist darin eine reiche Erbin, die sich in einen verschrobenen Professor verliebt, dessen ganze Aufmerksamkeit — zunächst — einzig und allein einem Dinosaurierskelett gilt. Der heute als Klassiker gerühmte Film wurde damals nicht so gut aufgenommen; er war seiner Zeit voraus — oder auch hinterher. Jedenfalls geriet die Hepburn damit auf die schwarze Liste der Independent Theater Owners of America, einer einflußreichen Vereinigung von Kinobesitzern, und fand sich nun in der illustren Gesellschaft von Garbo, West, Dietrich und Crawford wieder, die allesamt als „Kassengift" verdammt wurden. Als man sie jetzt nur noch in B-Pictures auftreten lassen wollte, kaufte sie sich für 200 000 Dollar von ihrem RKO-Vertrag frei. Bevor sie wieder in Richtung Broadway verschwand, wirkte sie bei dem Konkurrenten Columbia noch rasch an der Verfilmung ihres alten Bühnenstücks *Holiday* mit — Regie wieder einmal ihr inzwischen guter Freund Cukor.

Ein noch viel besserer Freund — und Liebhaber — aber war seit 1935 Howard Hughes, dem zuliebe Kate ihre Affäre mit Leland Hayward beendet hatte, der nur ihr Agent weiterhin bleiben durfte. Der legendäre Hughes, Multimillionär, Flieger, Filmemacher, folgte ihr mit seinem Flugzeug zu Dreharbeiten und sonstigen Aufenthaltsorten, brachte ihr *auch* das Fliegen bei, teilte ihre Abneigung gegen Publicity und glotzende Fans und war genau wie sie sport- und naturbegeistert.

Hughes verhalf ihr darüber hinaus zu einem doppelten Comeback, am Broadway wie auch in Hollywood. Philip Barry, der Autor von *Holiday* und *The Animal Kingdom*, in dem die Hepburn 1931/32 einmal auf der Bühne gestanden hatte, schrieb ein neues Stück eigens für sie: *The Philadelphia Story*. In der Rolle der Tracy Lord ist die Hepburn eine verwöhnte und reiche junge Frau, die am Vorabend ihrer zweiten Hochzeit in allerlei turbulente Ereignisse gerät, die ausgelöst werden, als alter und neuer Ehemann und ein Klatschreporter aufeinandertreffen. Das Stück wurde zu je einem Viertel von der Hepburn, dem Autor und der Theatre Guild finanziert und von einem „stillen Teilhaber", der niemand anders als Hughes war. Diese gescheite Komödie wurde der größte Bühnenerfolg der Hepburn und brachte ihr eine gute halbe Million Dollar ein.

Hughes hatte die Filmrechte an dem Stück erworben und vermittelte Katharine Hepburn nun an den MGM-Präsidenten Louis B. Meyer, der aus dem Theaterhit einen Kinoknüller machen sollte. Mit ihrem Bühnenerfolg im Rücken verlangte und bekam die Hepburn Mitspracherecht am Drehbuch, konnte Cukor als Regisseur durchsetzten und als Co-Stars Cary Grant und James Stewart. Sobald THE PHILADELPHIA STORY abgedreht war, ging sie mit dem Stück auf eine ausgedehnte Tournee und tröstete sich mit ihrem Bühnen- und Filmerfolg allmählich darüber hinweg, daß David O. Selznick ihr — obwohl sie bei einer entsprechenden Publikumsumfrage weit vorne gelegen hatte — die Rolle der Scarlett O'Hara in GONE WITH THE WIND nicht zutraute. Sie selbst hatte sich natürlich — wie damals praktisch alle hochkarätigen Darstellerinnen — als einzig denkbare Idealbesetzung für die Traumrolle angesehen.

Als Katharine Hepburn und Spencer Tracy 1941 zum ersten Mal zusammentrafen, um über ein gemeinsames Projekt zu verhandeln — jeder der beiden hatte sich zuvor heimlich die Filme des anderen angeschaut —, drückte die Hepburn die Befürchtung aus, sie sei für Mr. Tracy wohl ein wenig zu groß. Tracy schoß zurück: „Keine Bange, Miss Hepburn, ich werde Sie schon auf die richtige Größe zurückstutzen." Wie so manche Anekdote ist auch diese nicht (ganz) wahr — in Wirklichkeit sprach der Produzent Joseph L. Mankiewicz den Tracy zugeschriebenen Satz —, aber sie trifft den Nagel auf den Kopf: Derartige Dialoge, bissig, schlagfertig, intelligent, waren bezeichnend für das Verhältnis Hepburn–Tracy auf der Leinwand wie auch im Privatleben.

Die beiden Stars waren von Temperament und Herkunft unterschiedlicher kaum denkbar. Der 1900 geborene Tracy rechnete in den Gangsterfilmen der dreißiger Jahre mit Cagney, Bogart und Robinson zu den harten Burschen und war auch privat ganz der irische Querkopf mit all den „typischen" Merkmalen: melancholisch und humorvoll, verletzlich und grob — und ein selbstzerstörerischer Trinker. Die streitbare Lady und das empfindsame Rauhbein beeinflußten sich wechselseitig zum Besseren: Sie verhalf ihm zu einem stabileren Wesen und zu einem neuen Rollen-Image, schaffte es auch, daß er zeitweise trocken war; er brachte sie dazu, ihre Besserwisserei und ihren Snobismus abzulegen. Tracy erreichte dies kraft der Autorität, die er ausstrahlte, sie mit Hilfe ihres Geschicks und ihrer Hartnäckigkeit. Auf der Leinwand bildeten sie zusammen das perfekte amerikanische Mittelschichtehepaar: Die selbstbewußte, beruflich erfolgreiche Frau stellt die männliche Dominanz ihres Ehepartners zeitweise in Frage, doch am Ende ist er (wieder) der Boß, hat aber auch dazugelernt — er erkennt die Qualitäten seiner Frau mehr an als zuvor und ist bereit, ihr (einen Hauch) mehr Rechte und Freiheiten einzuräumen. WOMEN OF THE YEAR hieß der erste gemeinsame Film der beiden und zeigte sie als Feuilletonistin

177

und als Sportreporter bei ein und derselben Zeitung, die — zunächst ohne sich persönlich zu kennen, dann als Liebes- und bald auch als Ehepaar — heftig mit- oder besser: gegeneinander konkurrieren. Dieser Ehekriegsfilm wurde ein derartiger Erfolg, daß MGM gar nicht anders konnte, als aus Tracy & Hepburn ein festes Leinwandteam zu machen.

Die Wahl für den nächsten Stoff fiel, unglücklicherweise, auf ein patriotisches Drama mit dem Titel KEEPER OF THE FLAME, in dem das Zusammenspiel der beiden nicht funktionierte, zumal eine Liebesbeziehung fehlte und die Hepburn noch einmal eine — ihre letzte — Glamourrolle spielte. Insgesamt traten Tracy und Hepburn in dem Vierteljahrhundert zwischen 1942 und 1967 gemeinsam in neun Filmen auf, die meisten und besten davon Ehekomödien mit emanzipatorischem Touch, den auch das gelegentlich noch arg konventionelle Happy-End nicht verwässern konnte. In dem exzellenten ADAM'S RIB beispielsweise spielt Kate eine Anwältin, die eine Frau vor Gericht verteidigt, während Tracy den Vertreter der Anklage abgibt. Die Wortgefechte, die sich das Juristenpaar im Gerichtssaal liefert, hören naturgemäß auch zu Hause nicht auf und verursachen eine handfeste Ehekrise, aus der beide gestärkt hervorgehen. Kate hatte in dem Film reichlich Gelegenheit, flammende Reden zur Frauenemanzipation und sexuellen Gleichberechtigung zu halten, und Tracy griff, um seine Film-Frau zurückzugewinnen, zu einem für ein Rauhbein wie ihn ungewöhnlichen Mittel: zu herzerweichenden Tränen.

Vor ADAM'S RIB hatten Hepburn und Tracy STATE OF THE UNION gedreht, in dem Tracy einen liberalen Präsidentschaftskandidaten verkörperte und die Hepburn seine von ihm entfremdete, aber loyale Ehefrau. Den reaktionären Gegenspieler der beiden stellte Adolphe Menjou dar. Es war von besonderer Pikanterie, daß Menjou zu eben dieser Zeit vor dem House Committee of Un-American Activities als „freundlicher Zeuge" auftrat und bereitwillig angebliche oder tatsächliche Linke denunzierte. Obwohl die Hepburn Menjou von zwei gemeinsamen Filmen her ganz gut kannte, strafte sie ihn von nun an, auch während der Dreharbeiten, mit Verachtung, und in ihre gemeinsamen Zusammenstöße auf der Leinwand floß ein Großteil von Kates persönlichen Abneigungen mit ein.

Die Hepburn äußerte sich auch öffentlich gegen das HUAC und gab ein freimütiges und mutiges Statement an die Presse: „J. Parnell Thomas, der Vorsitzende des Komitees, verwickelt sich in eine persönliche Schmutzkampagne gegen die Filmindustrie. Er wird bei seinen Bemühungen unterstützt und angefeuert von einer Gruppe von Super-Patrioten, die sich ‚Film-Allianz zur Aufrechterhaltung amerikanischer Ideale' bezeichnet. Ich selbst möchte an deren Idealen oder an denen von Mr. Thomas nicht teilhaben... Schon immer haben Künstler die Ziele

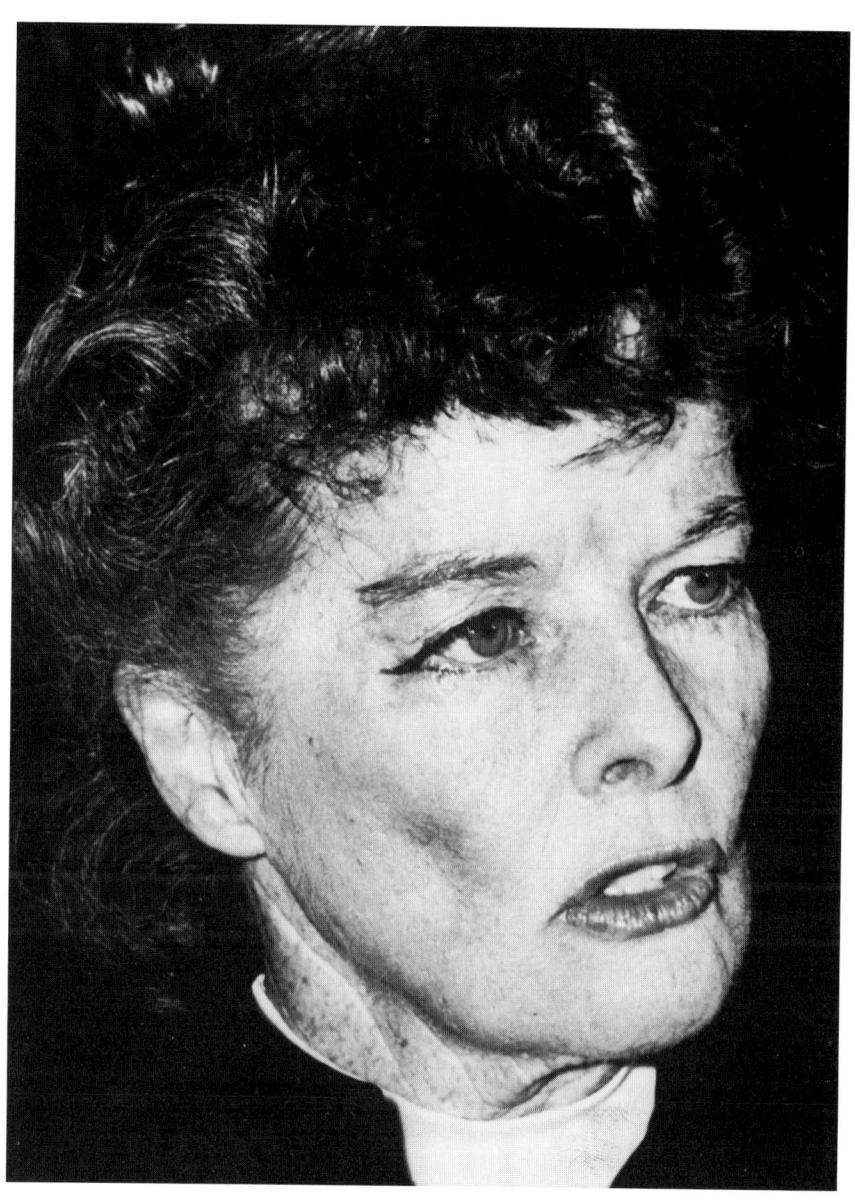

Katharine Hepburn 1974

und Träume ihres Volkes zum Ausdruck gebracht. Bringt die Künstler zum Verstummen, und ihr habt die Stimme des Volkes erstickt." Dies machte die Hepburn in der Öffentlichkeit ziemlich unbeliebt; man verdächtigte sie „linker Tendenzen" und überlegte, ob man sie vor den Untersuchungsausschuß zitieren sollte. Zu ihren Sünden rechnete man auch, daß STATE OF THE UNION einige spitze Pfeile gegen den amtierenden (und neukandidierenden) US-Präsidenten Harry S. Truman abgeschossen hatte und die Hepburn Henry Wallace, den Gegenkandidaten von der Progressive Party, unterstützte. Bei ihrer ersten und für Jahrzehnte letzten öffentlichen Rede sprach sie sich für Wallace aus und protestierte gegen die Behinderungen, die er bei seiner Kampagne hinnehmen mußte.

1952 entstand, nach einem von Garson Kanin und Ruth Gordon eigens für Hepburn & Tracy geschriebenen Drehbuch, PAT AND MIKE, in dem Kate eine talentierte Sportlerin darstellt und Tracy ihren Promoter. Diese Liebesgeschichte von zwei sehr selbständigen und eigentlich nicht zueinander passenden Personen bot den beiden Darstellern wieder reichlich Gelegenheit zu heftigen und komischen Wortgefechten. Ähnliches gilt für den 1957 entstandenen DESK SET, in dem die beiden sich als Bibliothekarin und Computerfachmann (be)kriegen.

Wenn sie in ihren Filmen auch meistens als Ehepaar auftraten und ihre private Verbindung für ein Vierteljahrhundert wohl zu den beständigsten in Hollywood zählte, waren die beiden doch nie miteinander verheiratet. Zu dieser Zeit bedeutete für Prominente ihres Kalibers das Zusammenleben ohne Trauschein (das jedoch mehrfach durch Phasen des Getrenntlebens unterbrochen war) eine klare Verletzung der gesellschaftlichen Konvention. Beide Seiten hatten dafür gute Gründe. Tracy war seit 1923 mit einer Schauspielerkollegin verheiratet und mochte sich als strenggläubiger Katholik nicht scheiden lassen, was ihn merkwürdigerweise aber nicht daran hinderte, mit der Hepburn zusammenzuleben. Mrs. Tracy, die sich ganz der Erziehung ihres taubgeborenen Kindes widmete, und Miss Hepburn waren im übrigen keineswegs miteinander verfeindet und saßen gelegentlich sogar abwechselnd am Krankenlager Tracys. Die Hepburn ihrerseits hätte Tracy ohnehin nicht heiraten wollen, da sie sich von der Institution Ehe keinen positiven Einfluß auf ihr Liebesverhältnis versprach — im Gegenteil, ihre dreiwöchige Eheerfahrung blieb ihr eine Lehre für ihr ganzes Leben.

Die Hepburn machte aus ihren Ansichten über die Ehe auch öffentlich keinen Hehl und äußerte einmal, gerade ein Schauspieler sollte nicht verheiratet sein: „Ein Schauspieler muß egozentrisch und arbeitsbesessen sein, und da bleibt wenig Raum, andauernd für einen anderen die nötige Aufmerksamkeit aufzubringen, die eine feste Partnerschaft verlangt. Der Partner würde sich überflüssig und vernachlässigt fühlen und unglücklich werden. Das kann nicht der Sinn sein." Und so lebte sie genau nach den Thesen ihrer Mutter: Keine Kinder, keinen Ehemann und eine freie Liebesbeziehung ohne Selbstaufgabe. Wohl aber mit Verantwortung für den Lebensgefährten — und Fürsorge: Katharine Hepburn half Tracy zeitweise von seinem Alkoholismus loszukommen und seine überaus angegriffene Gesundheit ein wenig zu stabilisieren. Zwischen 1959 und 1967 verzichtete sie wegen Tracys Krankheit — der Alkohol hatte Leber, Nieren, Lunge und Herz ruiniert — weitgehend auf ihre Karriere und wirkte in dieser Zeit nur in einem einzigen Film mit, in der hochgerühmten O'Neill-Verfilmung LONG DAY'S JOURNEY INTO NIGHT von Sidney Lumet.

1967 traten Hepburn und Tracy noch einmal gemeinsam vor die Kamera. Tracy war schon schwer von seiner Krankheit gezeichnet, konnte nur vormittags drehen, und auf der Leinwand wirkte der Altersunterschied zwischen den beiden bei weitem größer als die neun Jahre. In GUESS WHO'S COMING TO DINNER verkörpern die beiden die wohlhabenden und liberalen Eltern eines Mädchens (gespielt von Katharine Houghton, der Tochter von Kates Schwester Marion), das eines Tages einen farbigen Arzt als zukünftigen Schwiegersohn mit nach Hause bringt. In dieser Komödie wurde, wenn auch auf vorsichtige Weise, zum ersten Mal das Thema Mischehen in einem Hollywood-Streifen angepackt. Es versteht sich von selbst, daß die Hepburn wieder ganz die mutige und fortschrittliche Frau herausstellen konnte. Ende Mai 1967 waren die Dreharbeiten beendet und Tracy zog sich sofort auf seinen Landsitz zurück — zwei Wochen darauf erlag er seiner Krankheit. Der letzte gemeinsame Film wurde der erfolgreichste des Tracy—Hepburn-Teams, und Kate bekam dafür ihren zweiten Oscar, den sie auch als Preis für Tracy betrachtete.

Neben den Filmen mit Tracy drehte Katharine Hepburn zwischen 1942 und 1967 auch noch zehn ohne ihn, die aber nur selten die Qualität und den Erfolg der Ehekomödien erreichten. Die drei besten dieser Arbeiten zeigen die Hepburn als schrullige Jungfer, die neben der selbstbewußten Ehefrau zu ihrer zweiten Standardpartie wurde. Der schönste dieser Filme ist und bleibt natürlich THE AFRICAN QUEEN von John Huston, in dem sie als englische Lady und Missionarin von dem Herumtreiber und Bootsbesitzer Humphrey Bogart in ihrer altjüngferlichen Prüderie nach und nach aufgetaut wird. Ähnliche Rollen spielte sie in THE RAINMAKER als Gegenspielerin Burt Lancasters und in SOMMERTIME. Gerühmt wurde auch ihre Rolle als exzentrische Millionärin in SUDENLY, LAST SUMMER nach dem Stück von Tennessee Williams.

∗

Wer erwartet hatte, die Hepburn würde sich nach Tracys Tod völlig vom Film zurückziehen, sah sich nun gründlich getäuscht. Vielmehr schien sie sich geradezu in Arbeit zu flüchten. Verhältnismäßig rasch

hintereinander drehte sie in Europa drei Filme, die allesamt auf Thea-
terstücken beruhten und sie in der Rolle adeliger Hoheiten zeigten: als
Eleonore von Aquitanien, der Ehefrau von König Henry II, in THE LION
IN WINTER — wofür sie ihren dritten „Oscar" erhielt —, als exzentrische
Gräfin in THE MADWOMAN OF CHAILLOT nach Jean Giraudoux und als He-
kuba, die Königin von Troja, in THE TROJAN WOMEN. Zwischen diesen
Filmen kehrte sie, nach 17 Jahren Bühnenabstinenz, wieder zum
Broadway zurück und debütierte im Alter von 60 Jahren in einem Musical, wozu sie erst einmal richtig Singen lernen mußte. *Coco*, das auf
der wechselvollen Lebensgeschichte der späteren Modeschöpferin Ga-
brielle „Coco" Chanel beruhte, war aber eher ein Kassen- denn ein
Kunsterfolg. Die *New York Times* fand, Kate hätte lieber ein Musical
über ihr eigenes Leben machen sollen, und rühmte einzig die Hauptdarstellerin: „Es heißt, manche Schönheit ist alterslos, die Schönheit
der Hepburn ist zeitlos." An die Spielzeit am Broadway schloß eine
ebenfalls erfolgreiche sechsmonatige Tournee durch ganz Amerika an.

Nach einer Reihe von Angeboten, die sie entweder nach näherer Betrachtung verwarf — darunter auch ein Regieangebot — oder die sich
zerschlugen, drehte sie seit den frühen Siebzigern noch eine Handvoll
Filme, teilweise in großen Abständen. Die Albee-Verfilmung A DELICA-
TE BALANCE war fast ein Reinfall, ebenso OLLY, OLLY, OXEN FREE, aber in
zwei gelungenen, 1974 und 1981 gedrehten Filmen trat die Hepburn
gemeinsam mit jeweils einem anderen großen Star aus Hollywoods
Glanzzeiten auf: mit John Wayne in dem Western ROOSTER COGBURN, in
dem sie ihre Jungfernrolle noch einmal wiederholte, und mit Henry
(und Jane) Fonda in ON GOLDEN POND, in dem sie wieder eine selbständige und verständnisvolle Ehefrau war. Für die letzte Rolle erhielt sie
nun ihren vierten „Oscar". ON GOLDEN POND ist einerseits zweifelsfrei eine rührselige Schnulze, auf der anderen Seite fasziniert der Film durch
die schauspielerischen Qualitäten der drei Hauptdarsteller und bietet
dem in den USA und besonders im US-Kino grassierenden Jugendlich-
keits-Fanatismus heftigen Widerstand. Bei den Dreharbeiten sah Jane
Fonda in ihrer Filmmutter Hepburn zeitweise so etwas wie eine wirkliche Mutter, von der sie sich trösten und ermuntern ließ. Kate vermittelte ihr auch das nötige Selbstvertrauen, einen waghalsigen Sprung ins
Wasser ohne Double selbst auszuführen, nach der Devise, die sie selbst
von ihrer Mutter mitbekommen hatte: „Ein Kind muß lernen, seine
Ängste zu überwinden und Vertrauen in sich selbst zu entwickeln."

An Selbstvertrauen hat es Katharine Hepburn nie gefehlt, eher an
Nachsicht mit den Schwächen anderer, so auch mit den Bedürfnissen
der Klatschreporter und Autogrammjäger. Und mit mehr als 75 Jahren
sind ihre schauspielerischen Aktivitäten ungebrochen. Nach einem Autounfall, der sie monatelang ans Bett fesselte, arbeitet sie wieder häufiger fürs Theater, fürs Fernsehen (in einer Verfilmung über das Leben

der Rose Kennedy und in einer Story über ihre Sekretärin und Freundin Phyllis Wilbourn, die sie selbst geschrieben hat) und fürs Kino: 1985 wird, nach mehrfacher Überarbeitung, ihre schwarze Komödie THE ULTIMATE SOLUTION OF GRACE QUIGLEY in den Verleih kommen, für deren Verfilmung sie fast ein Jahrzehnt gekämpft hat. Mit ihren (bislang) 43 Kinofilmen in 53 Jahren dürfte sie derjenige weibliche Star sein, der auf die längste Karriere in Hollywood zurückblicken kann — und das, obwohl ihr Aussehen nie dem herrschenden Schönheitsideal und dem der Traumfabrik entsprach: in ihrer Jugend zu dünn, als Frau ohne Sex-Appeal, in den mittleren Jahren zu herb und im Alter zu unverhüllt faltig, ohne das übliche Face-Lifting. Und auch in der oberflächlichen Hollywood-Society hat sie sich nie heimisch gefühlt, lieber verbrachte sie ihre Zeit im intellektuelleren Ostküsten-Klima, wo sie stets einen (zweiten) Wohnsitz beibehielt.

Wie sehr ihre Ansichten und ihre Bereitschaft zum Engagement auch heute noch von ihrer Mutter geprägt sind, zeigt sich an ihrer ersten öffentlichen Rede seit den späten Dreißigern. Im Angedenken an die wichtigste Arbeit im Leben ihrer Mutter, dem Durchsetzen von Geburtenkontrolle und legaler Abtreibung, trat sie den in den letzten Jahren neu aufkommenden Gesetzesinitiativen entgegen, die abtreibende Frauen wieder kriminalisieren wollen. Für eine Briefaktion der Planned Parenthood-Organisation lieh sie ihren Namen und schrieb: „Keine Frau, ob schwarz oder weiß, ob arm oder reich, kann jemals wirklich frei sein, wenn sie nicht das Recht hat, über ihre Fortpflanzung selbst zu bestimmen." Eine Wahrheit, hinter der die Stimme ihrer Mutter hörbar wird.

PW

Filmographie Katharine Hepburn:

A Bill of Divorcement (Eine Scheidung), 1932, George Cukor. *Christopher Strong* (Ihr großes Erlebnis), 1933, Dorothy Arzner. *Morning Glory* (Morgenrot des Ruhms), 1933, Lowell Sherman. *Little Women,* 1933, George Cukor. *Spitfire,* 1934, John Cromwell. *The Little Minister,* 1934, Richard Wallace. *Break of Hearts,* 1935, Richard Moeller. *Alice Adams,* 1935, George Stevens. *Sylvia Scarlett,* 1936, George Cukor. *Mary of Scotland,* 1936, John Ford. *A Woman Rebels,* 1936, Mark Sandrich. *Quality Street,* 1937, George Stevens. *Stage Door* (Bühneneingang), 1937, Gregory La Cava. *Bringing up Baby* (Leoparden küßt man nicht), 1938, Howard Hawks. *Holiday,* 1938, George Cukor. *The Philadelphia Story* (Die Nacht vor der Hochzeit), 1940, George Cukor. *Woman of the Year* (Die Frau, von der man spricht), 1942, George Stevens.* *Keeper of the Flame,* 1942, George Cukor.* *Stage Door Canteen,* 1943, Frank Borzage. *Dragon Seed,* 1944, Jack Conway, Harold S. Bucquet. *Without Love,* 1945, Harold S. Bucquet.* *Undercurrent* (Die unbekannte Geliebte), 1946, Vincente Minelli. *The Sea of Grass* (Endlos ist die Prärie), 1947, Elia Kazan.* *Song of Love* (Clara Schumanns große Liebe), 1947, Clarence Brown. *State of the Union* (Der beste Mann), 1948, Frank Capra.* *Adam's Rib* (Ehekrieg), 1949, George Cukor.* *The African Queen* (African Queen), 1951, John Huston. *Pat and Mike,* 1952, George Cukor.* *Summertime* (Traum meines Lebens), 1955, David Lean. *The Rainmaker* (Der Regenmacher), 1956, Joseph Anthony. *The Iron Petticoat* (Der eiserne Unterrock), 1956, Ralph Thomas. *Desk Set* (Die Frau, die alles weiß), 1957, Walter Lang.* *Suddenly, Last Summer* (Plötzlich im letzten Sommer), 1959, Joseph L. Mankiewicz. *Long Day's Journey into Night,* 1962, Sidney Lumet. *Guess Who's Coming to Dinner* (Rat mal, wer zum Essen kommt), 1967, Stanley Kramer.* *The Lion in Winter* (Der Löwe im Winter), 1968, Anthony Harvey. *The Madwoman of Chaillot* (Die Irre von Chaillot), 1969, Bryan Forbes. *The Trojan Women* (Die Troerinnen), 1971, Michael Cacoyannis. *A Delicate Balance,* 1973, Tony Richardson. *Rooster Cogburn* (Mit Dynamit und frommen Sprüchen), 1974, Stuart Millar. *Olly, Olly, Oxen Free,* 1978, Richard A. Colla. *On Golden Pond* (Am goldenen See), 1981, Mark Rydell. *The Ultimate Solution of Grace Quigley,* 1985, Anthony Harvey.

* Mit Spencer Tracy

Shirley MacLaine in CAREER (1959)

Struppi mit goldenem Herzen
Shirley MacLaine

Als Shirley MacLaine zu Beginn der sechziger Jahre von einer Moskaureise nach Hause zurückkehrte, brachte sie ihrer kleinen Tochter Sachiko ein typisch russisches Geschenk mit: eine Maruschka-Puppe. Auf den ersten Blick erschien es Sachiko, als hielte sie nur ein recht gewöhnliches, naiv-buntes Holzspielzeug in den Händen. Doch als sie es schon gelangweilt weglegen wollte, entdeckte sie, daß die Figur es in sich hatte: Die hölzerne Bauersfrau entpuppte sich als bloße Hülle, unter der sich eine weitere Puppe versteckte, die wiederum eine Maruschka enthielt. Die Puppen schienen einander — bis auf die Größe — völlig zu gleichen, und nur bei angestrengtem Hinsehen bemerkte Sachiko, daß sich die eine von der nächsten durch leichte Farbabweichungen in der Bemalung und durch den Gesichtsausdruck unterschied. Manche verbreiteten mit breitem Grinsen Fröhlichkeit, andere wieder sahen ernst und traurig drein.

Mit ihren fünf Jahren war Sachiko viel zu klein, um in Maruschka die Metapher für ihre Mutter zu erkennen. Unter dem international bekannten lustigen Allerweltsgesicht, mit einem Lachen, so ansteckend wie Masern, führen in Shirley MacLaine die verschiedensten Personen ein Eigenleben: die Schriftstellerin und die Tänzerin, die Schauspielerin, Feministin und Politikerin. Doch wer eine Puppe nach der anderen hochhebt, um die eigentliche Shirley MacLaine zu finden, wird sich enttäuscht sehen. Diese nämlich offenbart sich erst in der Summe ihrer gegensätzlichen Charakterzüge. Verlangt es hingegen den Systematiker, die Erscheinungsformen der Shirley MacLaine einem Oberbegriff einzuverleiben, tut er wohl am besten daran, sie als „Reisende" zu klassifizieren: Der rothaarige Filmstar ist mehr noch als ein Tramp, den es in exotische Länder zieht: eine mutige Zigeunerin ihres eigenen Ichs.

Erste Reise: ins Leben

Am 24. April 1934, als der erzkonservative Grundstücksmakler Ira Beaty aus Richmond in Virginia sein erstes Baby in den Armen hielt, ahnte er noch nicht, daß das blauäugige Etwas, das so energisch mit den Beinen strampelte und aus vollem Halse brüllte, sein ruhiges, eingefahrenes Leben gehörig durcheinanderwirbeln sollte. Ausgerechnet ihm und seiner Frau Kathlyn, einer geborenen MacLean, denen als vorbildliche Angehörige des weißen Mittelstandes Sitte, Anstand und Unauffälligkeit als Kardinaltugenden galten, wurde mit Shirley ein Kuckuck in die Wiege gelegt. Denn dieses vorwitzige Energiebündel, das das Lachen für sich gepachtet zu haben schien, erblickte im American way of life lediglich eine öde Einbahnstraße zu materiellem Wohlstand, die mit Woolworth-Aktien gepflastert und von beheizbaren Garagen gesäumt war.

Shirley, die von ihren irisch-schottischen Vorfahren nicht nur den flammendroten Schopf, sondern auch das feurige Temperament geerbt hatte, stellte sich ihren Lebensweg viel lieber als Achterbahn vor. Lautstark protestierte sie seit ihrer Kindheit gegen die langweilige, verwaschene Mittelschichtsdurchschnittlichkeit, die ihre jugendliche Lebenslust zu ersticken drohte. Der blankpolierte Rahmen um ein geordnetes Leben, der den Bürgern von Richmond ihre Sicherheit garantierte — nach außen hin schützte ein schmuckes Haus im Grünen, nach innen die gemeinsame Feindschaft gegenüber den Roten und Schwarzen — war für Shirley nur ein lästiger Zaun. Und wenn es für die selbstbewußte Shirley überhaupt eine Grenze geben sollte, woran sie stark zweifelte, dann war es bestimmt nicht die von Richmond, Virginia. Mit jedem Jahr, das sie älter wurde, entwickelte sie sich fort von den Werten und Idealen ihrer Eltern und fand den einzigen Verbündeten dabei in ihrem drei Jahre jüngeren Bruder Warren. Wie seine Schwester sollte auch Warren einmal ein Filmstar werden, allerdings unter einem anderen Namen: Während Shirley sich frei nach ihrer Mutter MacLaine nannte, verdoppelte Warren das „t" im Familiennamen Beaty.

Shirley begann aus der Reihe zu tanzen — im wahrsten Sinne des Wortes. Wegen einer angeborenen Schwäche der Fußgelenke brachte ihre Mutter sie mit drei Jahren zum Ballettunterricht. Der Tanz wurde zu ihrem Lebensinhalt; mit eiserner Energie dreht sie 15 Jahre lang in Ballettschulen unermüdlich Pirouetten und malträtierte zum blechernem Gehämmere eines Klavieres Muskeln und Sehnen bei den Pliés und Jetées. Gelegenheit zu Auftritten vor einem breiteren und kennerischen Publikum bot ihr Liza Gardiners renommierte Washington School of Ballet, die sie nach dem Umzug ihrer Familie nach Arlington fünfmal die Woche besuchte. Begabt, engagiert und ehrgeizig, avancierte Shirley zu Miss Gardiners Musterschülerin. Nachdem sie mit 18 Jahren trotz eines gebrochenen Knöchels unter gräßlichen Schmerzen die Fee in *Cinderella* tanzte und bis zum Ende der Vorstellung durchhielt, traute Shirley Beaty es sich zu, die Welt aus den Angeln zu heben. Die Welt hieß für „powerhouse", wie ihr Spitzname lautete, zunächst einmal: New York.

In einem der seltenen Momente wirklichen Einverständnisses mit ihrer Mutter, in dem Shirley plötzlich begriff, wie sehr auch die Eltern unter ihrer wohlgeordneten Lebenslangeweile litten, erhielt sie die Erlaubnis zur Emigration: Aus dem stickigen Nest Virgina kletterte Shirley auf die Wolkenkratzer New Yorks, wo ihr ein kräftiger und eisiger Wind um die Nase blies. Daß er sie nicht umpusten würde, dessen war sie sich — gleichzeitig naiv und überheblich — sicher.

*

Mit ihrem runden Gesicht, in dem die Sommersprossen Platzangst hätten kriegen können, und der eher schlaksigen als schlanken Figur galt Shirley nicht gerade als Schönheit. Daß sie, die sich mehr als Clown denn als Sexbombe definierte, im Juli 1957 von *Cosmopolitan* neben Anita Ekberg und Kim Novak zu einer von sieben Sexgöttinen gekürt wurde, erheiterte den fröhlichen Newcomer ungemein.

Diese Ehrung entsprach auch ganz und gar nicht dem Image, das Shirley von der Filmindustrie verpaßt bekam und nach dem sie ihre Rollen erhielt. Meist mußte sie sich als Struppi mit goldenem Herzen verdammt anstrengen, um den Mann ihrer Träume zu kapern. Als naives, aber liebes Dummchen, das in 14 ihrer bislang 35 Filme als Prostituierte auf der Suche nach wahrer Liebe durch die Welt stolperte, war Shirley MacLaine in ihren Filmen meilenweit von jener Aura entfernt, die ansonsten die weiblichen Superstars von Hollywood umhüllte. Weder verfügte sie über die göttliche Kühle einer Garbo noch über die Eleganz der Dietrich, die kuschelige Weiblichkeit von Myrilyn Monroe oder auch die zynische Intelligenz Elizabeth Taylors. Eher erinnert sie an Doris Day oder Debbie Reynolds, die zumeist normale, patente Frauen verkörperten, die aus Mangel an außerordentlichen Talenten Tatkraft, Optimismus und Witz besaßen. Doch im Unterschied zu ihren sittenstrengen Kolleginnen Day und Reynolds, den Damen ohne Unterleib, leugnete Shirley MacLaine in ihren Filmen niemals ihre Sexualität.

Die fünfziger Jahre in Hollywood standen unter dem Unstern des *production code*, einer Selbstzensur der Filmbranche, der in den zwanziger Jahren als Vorbeugemittel vor gesetzlichen Zensurmaßnahmen ins Leben gerufen wurde und bis 1966 weitgehend bestimmte, was auf der Leinwand gezeigt werden durfte und was nicht. Mord, Verbrechen und Rauschgift waren ebenso tabu wie Nacktheit, Ehebruch, Leidenschaft und Homosexualität. Shirley MacLaine, die Prostituierte vom Dienst, balancierte mit ihren realitätsfernen und reichlich verkitschten Filmflittchen am Rande des sittlich gerade noch Tragbaren. Die schauspielerische Leistung Shirleys und der Charme ihrer Filme, die aber auch nicht den konsumträchtigen Weiblichkeitswahn der munteren Vororte-Hausfrau à la Doris Day predigten, liegen in der Doppelbödigkeit, die sie ihren Dummchen zu verleihen wußte: Unter dem grellen Optimismus der Straßenmädchen und denen „von nebenan" schimmert stets Verwundbarkeit und tiefe Sehnsucht nach Wärme und Liebe durch. In ihrer Anhänglich- und Abhängigkeit von den starken Schultern eines Mannes erweisen sich die Figuren nicht als so *straight*, wie es auf den ersten Blick den Anschein hat, sondern in sich gebrochen.

Wie die Ginny in Shirleys Erfolgsfilm SOME CAME RUNNING oder die schnöde vom Geliebten verlassene Fahrstuhlführerin Fran Kubelik in Billy Wilders THE APARTMENT entziehen sich die MacLaineschen Figuren jener raschen Einteilung in gute und böse Mädchen, wie sie bei den Filmen der fünfziger und frühen sechziger Jahre ansonsten leicht zu treffen ist. Im Unterschied zu Debbie Reynolds' keimfreier TAMMY, Doris Day in PILLOW TALK oder — auf der entgegengesetzten Seite — Carroll Bakers kleinem Luder BABY DOLL weiß man bei den Filmgestalten der MacLaine nie so recht, ob sie nun liebenswert sind, zynisch und clever oder einfach nur dumm.

Wenn Shirley MacLaine bemerkt: „Ich habe nichts gegen das Starsystem und gegen ein festes Image. Schließlich bin ich so an die Spitze gekommen. Aber man muß verdammt aufpassen, daß dabei die Individualität nicht verlorengeht", ist sie ehrlich. Eine glänzende Schauspielerin im europäischen Sinne war sie nie und wird sie wohlmöglich niemals sein. Daran wie auch am Verlust ihrer Individualität hindert sie ihre Neugier auf die Welt jenseits des Kinos: „Ich weiß, daß ich niemals eine exzellente Darstellerin sein werde. Ich glaube, daß ich es sein könnte, wenn ich daran wirklich mit meinem ganzen Herzen hinge. Aber es klappt nicht. Ich finde das wirkliche Leben einfach viel zu interessant."

✳

Zweite Reise: zum Ruhm

Shirleys künstlerischer Durchbruch wie die ganze Geschichte ihres Aufstiegs ist so klischeehaft, daß selbst der hartnäckigste Kitschfilmfan ungläubig kichern wird. Da sind die Jahre als frierendes Chorusgirl in New York, in denen Shirley zusammen mit Küchenschaben und Bettwanzen in einem verkommenen Loch unweit von Harlem hauste und sich ausschließlich von trockenem Grahambrot und Limonade ernährte. Dann der erste Tanzjob, den sie nicht auf Grund ihrer künstlerischen Fähigkeiten, sondern ihrer langen Beine wegen erhielt.

Es folgte 1952 die große Liebe. Shirley lernte den Autor, Schauspieler und Regisseur Steve Parker kennen, den sie nach zwei Jahren heiratete und mit dem sie 18 Jahre lang eine reichlich ungewöhnliche Ehe führte. Schließlich der Durchbruch: Als zweite Besetzung konnte sie für den Theaterstar Carol Haney im Erfolgsmusical *The Pajama Game* einspringen, nachdem sich die Hauptdarstellerin kollegialerweise den Knöchel gebrochen hatte. Klischeegemäß tauchte am nächsten Morgen der angesehene Filmproduzent auf — Hal B. Wallis, mit dem sie einen Fünfjahresvertrag schloß — und danach der berühmte Regisseur mit dem traumhaften Filmangebot: Alfred Hitchcock engagierte sie für seine schwarze Komödie THE TROUBLE WITH HARRY.

Als aparte junge Jennifer, Witwe eines von ihr nicht sehr betrauerten Mannes, strich Shirley MacLaine den ersten dicken Scheck und den

Shirley MacLaine

vorerst letzten süßen Ruhm ein. Denn die nächsten Filme, ARTISTS AND MODELS, AROUND THE WORLD IN 80 DAYS, THE MATCHMAKER und HOT SPELL, waren zwar an der Kinokasse recht erfolgreich, aber die Kritiker bescheinigten Shirley kaum mehr als ganz nette tänzerische und komödiantische Gaben. In der Rangfolge der Filmstars rangierte sie noch immer unter „ferner liefen". Dafür etablierte sich Shirley in den Klatschspalten der Zeitungen. Ihre Verachtung der Hollywood-Schickeria; das natürliche, frische Gesicht, in dem kein Make-up die Sommersprossen zu verbergen suchte; ihr schmuckloses Strandhaus in Malibu Beach und vor allem Scheidungsgerüchte machten das junge Talent interessant. Steve Parker nämlich, der es leid war, als Anhängsel seiner Frau zu firmieren, kehrte 1955 in seine Wahlheimat Japan zurück und machte dort als Theaterproduzent Karriere. Shirley und Steve, die noch immer eine tiefe Liebe miteinander verband, entwarfen das Modell einer „modernen" Ehe, die sich nicht auf ständige Präsenz der Ehepartner gründet, sondern auf gegenseitiges Vertrauen. Diese sporadische Beziehung auf Raten quer über den Globus wurde von den Flug- und Telefongesellschaften in einem weitaus freundlicheren Licht gesehen als von der konservativen Gesellschaft Hollywoods. Shirley erlebte eine mittlere Krise, als gute Filmangebote ausblieben und sie mit ihrer 1956 geborenen Tochter Stephanie Sachiko untätig in Malibu herumhing. Ein mehrmonatiger Japanaufenthalt, bei dem ihre Liebe zu Asien erwachte, half ihr über die unglücklichen Monate in Hollywood hinweg.

Wider Erwarten gelang ihr 1958 in dem auf die Japanreise folgenden Film SOME CAME RUNNING als selbstlose Hure Ginny der große Durchbruch. Dieser Part an der Seite von so hochkarätigen Schauspielern wie Frank Sinatra und Dean Martin, in deren legendärem Freundeskreis „Ratpack" Shirley als einziges weibliches Mitglied aufgenommen wurde, verschaffte dem neuen Star die erste von insgesamt sechs „Oscar"-Nominierungen. Seit diesem Film führte Shirleys Karriere steil nach oben; die Zuschauer wußten die vitale Frische des langbeinigen Talents in Blue Jeans nach der Blasiertheit der abgehalfterten Altstars zu schätzen. Shirley MacLaines Schauspielkünste reichten von ausgelassenen Musikkomödien wie CAN CAN bis zu eher dramatischen Rollen etwa in THE APARTMENT. 1959 brachte ihr ASK ANY GIRL Vergleiche mit Carole Lombard und einen Silbernen Bären als beste Darstellerin bei den Berliner Filmfestspielen ein. Das endgültige Image als Hure mit Herz schrieb sie 1963 mit ihrer wohl berühmtesten Rolle der IRMA LA DOUCE fest.

Ihre beste Leistung aber zeigte sie ein Jahr zuvor in der Verfilmung von Lillian Hellmans Bühnenstück THE CHILDREN'S HOUR. Bereits 1936 hatte der Regisseur William Wyler mit THESE THREE eine Leinwandadaptation in Angriff genommen, die den Inhalt des Stückes unter dem

Druck des *production codes* erheblich verfälschte. In der Theatervorlage geraten durch die Verleumdung einer Schülerin zwei Lehrerinnen in den Verdacht der Homosexualität; THESE THREE aber erlaubte der einen Lehrerin nur eine Affäre mit dem Bräutigam der anderen. In William Wylers Remake von THESE THREE dagegen muß Shirley MacLaine als Lehrerin gemäß der dramatischen Vorlage wieder mit dem Problem fertig werden, daß ein Mädchen sie als Lesbierin diffamiert. Nach THE CHILDREN'S HOUR durfte es Homosexualität auf der Leinwand geben — das Tabu war gebrochen. Dennoch machte sich die filmende Anwältin der Underdogs später Vorwürfe: „Ich hätte mit Wyler stärker darum kämpfen müssen, daß mein Lesbiertum viel mehr betont wird."

1964 rangierte Shirley auf der Liste der Kassenmagneten noch ganz oben, ein Jahr später kehrte sich diese Einschätzung um. Seit dem — von ihrem Mann Steve produzierten — Flop JOHN GOLDFARB, PLEASE COME HOME, lange vor dem Mißerfolg des Musicals SWEET CHARITY im Jahre 1969, galt Shirley als Kassengift. In dieser Zeit widmete sie sich zunehmend ihren politischen und literarischen Ambitionen, unternahm mehrere Reisen und trat ab und zu in Fernsehshows auf. Doch nicht nur Shirley geriet in eine berufliche Krise. Die Filmindustrie erlebte katastrophale Besucherrückgänge; gute Rollen in guten Filmen waren allgemein Mangelware. Hollywood konnte sich in den Jahren vor EASY RIDER noch nicht mit den Themen, die förmlich auf der Straße lagen — Vietnam, Studentenproteste und Hippies — anfreunden.

Mit der Fernsehserie *Shirley's World,* die sie für den britischen TV-Impresario Sir Lew Grade drehte, wollte Shirley ihrer Karriere 1971 neuen Aufschwung geben. Doch die Zuschauer mochten Shirleys schöne neue Welt nicht: Die Serie um die reiselustige Fotografin Shirley Logan entwickelte sich zum totalen Desaster. Künstlerisch frustriert stürzte sich die Schauspielerin auf die Politik. Selbst gute Kritiken für DESPERATE CHARACTERS und THE POSSESSION OF JOEL DELANEY konnten sie nicht davon abhalten, eine fünfjährige Filmpause einzulegen. Den Wendepunkt brachte erst 1977 der Ballettfilm THE TURNING POINT, der ihre Leinwand-Renaissance einleitete und ihr die fünfte „Oscar"-Nominierung einbrachte. Endlich durfte sie die Maske des kindlichen Dummchens fallen lassen, und eine gereifte, intelligente Frau kam zum Vorschein. Das Filmimage und die echte Shirley begannen, sich anzunähern.

Der Reifeprozeß auf der Leinwand hatte schließlich auch in der Realität seine Wurzeln: 1973 war Shirley MacLaine von einem Chinatrip „völlig verändert" heimgekehrt und fühlte sich „total auf mich selbst zurückgeworfen". Auf ihre Karriere jedenfalls wirkte sich der chinesische Einfluß ausgesprochen positiv aus. 1976 wurden ihre Las-Vegas-Show *If they could see me now* wie auch die anschließende Europatournee zu einem wahren Triumphzug. Bis heute akzeptierte Shirley

MacLaine dann nur noch wenige, aber überwiegend erstklassige Filmangebote: 1979 die Bankiersgattin in BEEING THERE mit Peter Sellers in der Rolle des weltfremden Gärtners und ein Jahr später A CHANGE OF SEASONS. THE CANONBALL RUN II, einen ziemlich gräßlichen Klamauk-Streifen, drehte Shirley „nur so zum Spaß. Ich wollte wieder einmal mit meinen alten Freunden Sinatra und Martin arbeiten." TERMS OF EN-DEARMENT schließlich bescherte ihr den lang ersehnten Academy Award. Shirley MacLaine als exzentrische Aurora, ihr flippiger Lover Jack Nicholson und ihre krebskranke Tochter Debra Winger outrieren in dem melodramatischen Kassenhit hemmungslos drauflos und stürzen das Publikum in ein genußvolles Wechselbad aus Leid und Freud'.

Seine seltenen Leinwandauftritte begründete der nun mit den höchsten filmischen Weihen gesegnete Star aus einem eklatanten Mangel an guten Frauenrollen heraus, den sie, als aufrechte Feministin, auf männlichen Chauvinismus zurückführte: „Ich glaube, daß die Frauenbewegung die schöpferische Phantasie der männlichen Autoren, Produzenten und Regisseure eingeschüchtert hat. Weil sie allmählich merken, daß die Anklage der Frauenbewegung, Männer seien chauvinistisch, richtig ist. Die Männer sitzen an ihrer Schreibmaschine und haben Angst, ihren Chauvinismus zu zeigen. Deshalb schreiben sie lieber gar nicht erst für Frauen, um diesen Chauvinismus nicht zu entlarven, und denken sich statt dessen Rollen für Männer aus."

Shirley MacLaine will diesen traurigen Zustand ändern: In einer geplanten Fernsehfasssung ihres Bestsellers *Out on a Limb* möchte sie die Hauptrolle spielen und auch das Drehbuch verfassen. Sehr am Herzen liegt ihr immer noch ein Filmprojekt über die Transatlantik-Pilotin Amelia Earhart, zu dem sie schon seit Jahren ein Szenario zu schreiben vorhat.

Ein Star ist ein Narziß: Wenn die ganze Welt ihn vergöttert, ist es nur logisch, daß er es sich bald in seiner Rolle als irdischer Gott bequem macht. Die neue Schauspielergeneration von Hollywoods, zu der Meryl Streep und Jessica Lange zählen, fühlt da anders. Beide sind in den protestbewegten und politisch brisanten sechziger Jahren in eine gesellschaftliche Verantwortungsrolle hineingewachsen, die sie in ihre Schauspielerei miteinfließen lassen.

Shirley MacLaine aber gehört noch zur alten Glamourgarde. Um so verwunderlicher ist die Intensität ihres politischen Engagements. Shirley verstand und versteht sich stets als „soziales Wesen", das „am Leben und am Menschen brennend interessiert" ist. Gleichzeitig glänzende Zuhörerin und fesselnde (Selbst-)Darstellerin, konnte sie diese Neugierde auf ihren zahlreichen Reisen befriedigen. Dieser engagierten Menschlichkeit entspringt wohl auch ihre intensive politische Arbeit:

Die Reisen lehrten Shirley, sich auch für andere verantwortlich zu fühlen — ohne jede Sozialhelferattitüde.

✳

Dritte Reise: nach außen

„Mein Wissensdurst verstärkte sich von Jahr zu Jahr. Wenn ich zwei Monate an einem Film gearbeitet hatte, steuerte mein Auto scheinbar von selbst auf den nächsten Flughafen zu. Gewiß, die Schauspielerei machte mir Freude, aber das Menschliche an den Figuren, die ich spielte, interessierte mich im Grunde viel mehr als der fertige Film." So beschrieb Shirley sich in ihrer ersten Autobiographie *Don't Fall Off the Mountain*. Die Schauspielerin, die in Hollywood als Freigeist gilt, bereiste fast die ganze Welt: Südostasien, Rußland, Afrika, ganz Europa, Indien und schließlich China. In Kenia lebte sie als einzige Weiße einige Wochen mit einem Massai-Stamm zusammen und im Himalayastaat Bhutan geriet sie wider Willen in eine Revolution, bei der sie den Adjutanten des Premierministers in ihrem Auto außer Landes schmuggelte.

Neben China war Indien das Land, das Shirley am meisten beeindruckte, denn die Abenteuer, die sie dort erlebte, spielten sich in ihrem Selbst ab. Indien erschien ihr als der „klarste Spiegel des Lebens und des Kampfes". Zunächst faszinierte sie die gleichzeitig grausame wie berauschende Wirklichkeit des Landes mehr als das spirituelle Indien. Doch erste Yogastunden und verblüffende, für sie nur als parapsychologische Erscheinungen deutbare Ereignisse in Bhutan, Indien und Kenia legten den Keim für ihr ausgeprägtes spiritistisches Interesse in den siebziger Jahren.

Ihre Freunde verdächtigten Shirley MacLaine bald eines latenten Masochismus, da ihr Herz für alles blutete, was klein, schwach, hilflos und unterdrückt war. Sie rief Hilforganisationen für Mischlingskinder in Vietnam und Korea ins Leben, finanzierte ein Waisenhaus in Kalkutta und sammelte Geld für Taifunopfer in Japan. In ihrem eigenen Land setzte sie ihr Mitleid in Politik um: Mit Marlon Brando und Steve Allen versuchte sie den Todeskandidaten Cheryl Chessman vor der Gaskammer zu retten; auf der Höhe der Bürgerrechtsbewegung arbeitete und lebte sie ein halbes Jahr lang zusammen mit schwarzen Freiheitskämpfern in Mississippi und protestierte später öffentlich gegen den Vietnamkrieg.

1968 beteiligte Shirley sich an der Wahlkampagne für Robert Kennedy und wurde im selben Jahr zur kalifornischen Delegierten des demokratischen Parteikonvents in Chicago gewählt. Vier Jahre später widmete sie sich ausschließlich der Wahlkampagne des Präsidentschaftskandidaten George McGovern und nahm am Parteitag der Demokraten in Miami teil. Dort entstand auch der halbdokumentarische, feministisch-satirische Film YEAR OF THE WOMAN, in dem sie neben ihren Freundinnen Gloria Steinem und Bella Abzug auftrat. Allen psychischen und physischen Erschöpfungen zum Trotz und obwohl der Watergate-Skandal sich zur Staatsaffäre verdichtete, endete die Präsidentschaftswahl zu Shirley MacLaines großer Enttäuschung erneut mit dem Sieg des Republikaners Richard Nixon. Shirley, die sich als „demokratische Sozialistin" bezeichnet und die für die Verstaatlichung der Gas- und Ölindustrie eintritt, rangierte ganz oben auf Nixons schwarzer Liste — diesem Guide Michelin durch die amerikanische Linke, auf dem sie sich wie auch ihre Kollegin Jane Fonda mindestens drei rote Sterne verdient hatte. Ihre Wohnung in New York wurde während der McGovern-Kampagne siebenmal durchwühlt und ihr Telefon rund um die Uhr abgehört. Eines der Themen, für die sich sich hartnäckig einsetzte, war die Rede- und Meinungsfreiheit. Als 1972 die *Federal Crime Statutes* insoweit geändert werden sollte, daß bestimmte Bücher und Filme als obszön verboten werden konnten, protestierte Shirley MacLaine in *Newsweek* mit ihrem Artikel *Eros and the Nixon Administration.*

Nach der Niederlage McGoverns und dem Desaster ihrer Fernsehserie unternahm Shirley MacLaine eine Reise, die ihrem Leben eine neue Richtung gab. 1971 hatte sie bei einem Essen den chinesischen Außenminister kennengelernt, der sie als Leiterin einer Frauendelegation zusammen mit einem Filmteam nach China einlud. Neben der jungen Filmemacherin Claudia Weill an der Spitze einer vierköpfigen Crew wählte Shirley sieben Frauen aus, die einen Querschnitt durch die weibliche Bevölkerung Amerikas bilden sollten: eine Navajo-Indianerin, eine schwarze Kämpferin der Bürgerrechtsbewegung, ein zwölfjähriges Mädchen, das für die Farmer-Gewerkschaft einen Streik organisiert hatte, eine Soziologin, eine Psycho- und Anthropologin, eine konservative Hausfrau und eine stramme Gewerkschafterin.

Im Frühling 1973 reisten diese zwölf unterschiedlichen Frauen 3 000 Meilen quer durch China. Die Erlebnisse im Land der hundert Blumen brachte die seltsame Reisegesellschaft aus ihrem inneren Gleichgewicht: Nicht die ungeheure Organisationsleistung Mao Tse-Tungs war es, die einen enormen Eindruck hinterließ, sondern die Tatsache, daß in China eine — für die Frauen meist positive — Gegenwelt zu Amerika entstanden war. Gemeinschaftsgeist statt Wettbewerb, Ruhe statt Streß und Zufriedenheit statt materieller Sehnsüchte: das ließ die amerikanische Delegation ihre ihnen kulturell und sozial vermittelten Werte in Frage stellen.

THE OTHER HALF OF THE SKY: A CHINA MEMOIR, den Claudia Weill und MacLaine über diese Reise drehten, dokumentiert nicht nur das neue China, sondern auch die Interaktion der Gruppenmitglieder und deren Reaktion auf die fremde Welt. Shirley war Koregisseurin, half beim

Shirley MacLaine

Schnitt und schrieb und sprach den Kommentar. Die Reaktion der Öffentlichkeit auf A CHINA MEMOIR war gemischt. 1974 bei den Filmfestspielen in Cannes erzielte er einen Achtungserfolg, und *Newsweek* nannte ihn einen „wahrhaft erschütternden und bewegenden Schritt in eine neue, positive Gesellschaft". Ein Verleih für A CHINA MEMOIR fand sich — trotz einer „Oscar"-Nominierung — allerdings nicht, mit rotchinesischen Reisebildern lassen sich in Amerika nun einmal keine Geschäfte machen.

Die härtesten Angriffe kamen von den Chinaexperten Edmund Clubb und Walter Goddman, die Shirley und ihre Reisegefährtinnen in einer Diskussion nach der Fernsehpremiere als naiv und propagandagläubig diffamierten. Mit einem Artikel in der *New York Times* holte Shirley zu einer Gegenattacke aus, indem sie die Propagandamethoden Amerikas aufs Korn nahm. Ihr Resümee: „Wenn ich meine Erfahrungen mit China überdenke, kann ich nur eines feststellen: In China hat sich etwas ungemein Wichtiges ereignet, das nicht nur gesehen, sondern vor allem verstanden werden muß."

Shirley MacLaine, für die Politik zugleich Handlung wie auch Haltung ist, die Manichäertum ablehnt und an den Wert des positiven Beispiels glaubt, erwägt nach anfänglicher Abwehr nun doch eine politische Karriere: „Ich möchte etwas tun, was mit Kommunikation zu tun hat und was vor allem menschliche Bezugspunkte besitzt. Ich identifiziere mich stets mit denen, die weniger glücklich und privilegiert als ich sind. Das ist meine politische Überzeugung und meine Überzeugung auf der Bühne, und deshalb bin ich eine soziale Aktivistin geworden."

Als Shirley MacLaine Anfang der achtziger Jahre mit *Out on a Limb* ihr drittes autobiographisches Buch in Arbeit hatte, versprach es weniger in Film- und Literaturkreisen eine Sensation zu werden als in der Gilde britischer Labour-Politiker. Ausführlichst, so die Gerüchte, wollte die Autorin ihre Liaison mit einem englischen Spitzenpolitiker beschreiben, der mit der Position des Premierministers geliebäugelt hatte, dem ein Glied des kleinen Fingers fehlte und der stets einige Mai-Tai-Cocktails schlürfte, bevor er sich in den besseren Hotels von Hongkong, Honolulu und Paris in die zärtlichen Arme seiner Gespielin zu Schäferstündchen begab. Nach ihrer Scheidung von Steve Parker zu Beginn der siebziger Jahre und der Trennung von dem Journalisten und Sozialisten Pete Hamill hatte Shirley den geheimnisvollen Labour-Mann 1976 im Londoner Palladium kennengelernt. Doch Gerry, wie er in *Out on a Limb* heißt, schien sich vor Erscheinen des Buches in weit entfernte britische Kolonien abgesetzt zu haben; bei den Labour-Leuten war er jedenfalls nicht zu finden.

Der Oppositionsführer Michael Foot, dessen Geburtstag auf dasselbe Datum wie das von Gerry fällt, wies die Liebhaberehre entrüstet von sich, zudem führte er den vollen Besitz seiner sämtlichen Fingerglieder zu seiner Verteidigung an. Joe Ashton hingegen, auf den wiederum dieses Merkmal zutraf, bedauerte: auch er sei nicht Shirleys Lover. Mittlerweile haben sich die Verdächtigten auf die Version geeinigt, daß Gerry von der Autorin wohl als literarisches Abgeordneten-Ragout angerichtet wurde.

Der Wirbel um Shirleys Geheimnis hat sich inzwischen längst gelegt; ein Knüller bei der Shirley MacLaine sonst so geneigten Kritik ist ihr neuester Bestseller nicht geworden. Den Feuilletonisten kam *Out on a Limb* reichlich obskur vor, denn die jüngste Expedition der fernwehgeplagten Autorin führte dieses Mal in eine besonders exotische Welt: in das Land des Spiritismus.

✳

Vierte Reise: nach innen

Shirley MacLaines Verlangen, sich selbst zu erforschen, fand seinen Ausdruck, indem sie sich von der extravertierten Selbstdarstellung auf der Bühne der reflektorischen, introvertierten Selbstdarstellung des Schreibens zuwandte. Sie ist älter geworden: Ihre Abenteuer, die sie früher spontan und impulsiv der Öffentlichkeit mitgeteilt hat, verwertet sie nun in erster Linie, um mit dem Instrumentarium der äußeren Welt ihre innere, eigene zu analysieren. Doch sie hat sich nicht gewandelt, sie hat sich entwickelt. Ihre nach wie vor unstillbare Neugierde gilt nun vor allem Shirley MacLaine.

Don't Fall Off the Mountain, ihr erstes Buch, aus dem Jahre 1970, ist zugleich ihr witzigstes. In dem „aufrichtig gescheiten Lesevergnügen" — wie es die *New York Sunday News* lobte — beschreibt die Autorin ihre Kindheit und ihren Aufstieg zum Star. Dennoch wurde Shirley MacLaine auf Grund dieses Bestsellers zu Unrecht als Schriftstellerin hochgejubelt. Schon vielen Filmkünstlern vor ihr — etwa Mary Astor mit *My Story* — war es gelungen, ihr aufregendes Leben in eine amüsante Autobiographie zu fassen. Shirleys zweites Buch, *You Can Get There from Here*, das sie vier Jahre später schrieb, unterscheidet sich, obwohl gleichfalls autobiographisch, beträchtlich von ihrem Erstling. Es erzählt von ihrem nervlichen Zusammenbruch nach der Wahlniederlage McGoverns und dem Fernsehflop *Shirley's World*, der Chinareise, dem daraus resultierenden seelischen Hoch und ihrem beruflichen Comeback. In der literarischen Darstellung dieses in sich geschlossenen Lebensabschnittes entwirft sie das Protokoll einer Persönlichkeitsveränderung. *You Can Get There from Here* ist darüber hinaus eine exzellente Reportage — eine ebenso farbige wie subjektive Beobachtung des heutigen Chinas.

Shirley MacLaines drittes Buch *Out on a Limb* kommt, obwohl von der Kritik zerfetzt, einer wirklich schriftstellerischen Leistung am nächsten. Wiederum behandelt die Autorin ihr Thema der Persönlichkeitsveränderung und läßt ihre eigene Person als Protagonistin agieren. Da aber dieses Mal die Impulse zum Wandel nicht aus dem Reich der Mitte, sondern aus dem der Geister kommen, zuckten die Rezensenten peinlich berührt zurück.

Die Ulknudel Shirley hat sich zum Spiritismus bekehrt, ihren Wortschatz um Ausdrücke wie „Karma", „kosmische Energie" und „Astralleib" bereichert, glaubt felsenfest an Wiedergeburt und nimmt an Séancen teil. Doch auch wenn man diese Dinge als übernatürlichen Firlefanz abtut, sollte man der Autorin konzedieren, daß ihr erneut eine schlüssige und nachvollziehbare Beschreibung ihrer psychischen Entwicklung gelungen ist. *Out on a Limb* liest sich nicht als überschwenglicher Bericht eines Geistes davon, was über ihn gekommen ist, sondern als ehrlicher und fesselnder Report eines Menschen, der an etwas zu glauben beginnt. Nicht nur weil die Kritiker schadenfroh ihre Rotstifte spitzten, sobald sein Thema bekannt wurde, ist Shirley MacLaines drittes zugleich ihr mutigstes und persönlichstes Buch. Sie versucht sich nicht an einer neuerlichen Dokumentation ihrer Abenteuer, sondern an einer Bestandsaufnahme dessen, was diese in ihr ausgelöst haben.

Doch auch, wenn die okkulte Shirley noch so obskur erscheinen mag: Mit *Out on a Limb* verbannt sie die Hollywood-Puppe endgültig in die Ecke und stellt sich im wahrsten Sinne des Wortes selbst dar. Sie ist kein Star mehr, der sich aus den Projektionen ihrer Anhänger mosaikartig zusammensetzt, sondern eine Suchende, die sich staunend und entzückt auf jede neue Persönlichkeit stürzt, die sich in ihr verbirgt. Und so wird Shirley MacLaine, die ewige Maruschka, wohl mit einem angekündigten vierten Buch abermals eine Puppe enthüllen, von der sie und wir heute noch nicht zu träumen wagen.

Vor einigen Jahren antwortete Shirley MacLaine auf die Frage, ob sie eine emanzipierte Frau sei: „Ich kenne keine wirklich befreite Frau, und ich kenne keinen wirklich freien Mann. Nein. Ich glaube, daß die Kinder die freiesten Wesen von uns allen sind." Wenn man das so sieht, wird Shirley MacLaine mit jedem Jahr jünger.

UvS

200

Filmographie Shirley MacLaine:

The Trouble with Harry (Immer Ärger mit Harry), 1955, Alfred Hitchcock. *Artists and Models* (Maler und Mädchen/Der Agentenschreck), 1955, Frank Tashlin. *Around the World in 80 Days* (In achtzig Tagen um die Welt), 1956, Michael Anderson. *Hot Spell* (Hitzewelle), 1958, Daniel Mann. *The Sheepman* (In Colorado ist der Teufel los/Colorado City), 1958, George Marshall. *The Matchmaker* (Die Heiratsvermittlerin), 1958, Joseph Anthony. *Some Came Running* (Verdammt sind sie alle), 1958, Vincente Minelli. *Ask Any Girl* (Immer die verflixten Frauen), 1959, Charles Walers. *Career* (Viele sind berufen), 1959, Joseph Anthony. *Can-Can* (Can-Can), 1960, Walter Lang. *The Apartment* (Das Appartment), 1960, Billy Wilder. *Oceans' Eleven* (Frankie und seine Spießgesellen), 1960, Lewis Milestone. *All in a Night's Work* (Alles in einer Nacht), 1961, Joseph Anthony. *Two Loves* (Der Fehltritt), 1961, Charles Walters. *My Geisha* (Meine Geisha), 1962, Jack Cardiff. *The Children's Hour* (Infam), 1962, William Wyler. *Two for the Seasaw* (Spiel zu zweit), 1962, Robert Wise. *Irma La Douce* (Das Mädchen Irma La Douce), 1963, Billy Wilder. *What a Way to Go!* (Immer mit einem anderen), 1964, J. Lee Thompson. *John Goldfarb, Please Come Home* (Eine zuviel im Harem), 1964, J. Lee Thompson. *The Yellow Rolls-Royce* (Der gelbe Rolls-Royce), 1965, Anthony Asquith. *Gambit* (Das Mädchen aus der Cherry-Bar), 1966, Ronald Neame. *Woman Times Seven* (Siebenmal lockt das Weib), 1967, Vittorio de Sica. *Sweet Charity* (Sweet Charity, 1968, Bob Fosse. *The Bliss of Mrs. Blossom* (Hausfreunde sind auch Menschen), 1968, Joseph McGrath. *Two Mules for Sister Sara* (Ein Fressen für die Geier), 1970, Don Siegel. *Desperate Characters,* 1971, Frank D. Gilroy. *The Possession of Joel Delaney*, 1972, Warris Hussein. *Year of the Woman,* 1973. *The Other Half of the Sky: A China Memoir* (China-Report), 1974, Claudia Weill, Shirley MacLaine. *The Turning Point* (Am Wendepunkt), 1977, Herbert Ross. *Beeing There* (Willkommen, Mr. Chance), 1979, Hal Ashby. *A Change of Seasons* (Jahreszeiten einer Ehe), 1980, Richard Lang. *Terms of Endearment* (Zeit der Zärtlichkeit), 1983, James L. Brooks. *The Canonball Run II* (Highway 2 — Auf dem Highway ist wieder die Hölle los), 1984, Hal Needham.

Jane Fonda in BAREFOOT IN THE PARK (1967)

Das standhafte Chamäleon
Jane Fonda

Etwas boshaft, aber nicht ganz unberechtigt könnte man sagen, Jane
Fonda springe seit den späten sechziger Jahren so ziemlich jedem da-
hinrasenden Modezug auf, sofern er die amerikanische Gesellschaft
nur irgendwie vorwärts und nach links zu bringen verspricht. Wo hat
sie sich nicht überall engagiert: für die Rechte der Indianer, bei den
Black Panthers, gegen den Vietnamkrieg, in der Studentenrebellion,
bei Women's Lib, für Demokratie, gegen Raketen, für die sexuelle Li-
beralisierung und gegen sexuelle Libertinage, für die Inder, wider die
Diskriminierung von Prostituierten, in Ökologie und Umweltschutz,
für Mietstopp in Santa Monica, gegen Atomwaffen und -energie, für
Solarenergie, für Sekretärinnen, Farmer und Bergleute, gegen Nixon
und Reagan, pro Angela Davis, für Tom Hayden und seine politische
Karriere, für sowjetische Dissidenten, gegen Bulimie, für Aerobic und
gegen das Altern der Frau zwischen vierzig und fünfzig und last and le-
ast für ihre neokapitalistische Geschäftemacherei... usw. usf., um nur
die wichtigsten ihrer Aktivitäten zu nennen.

Wenn man weniger boshaft ist, muß man konzedieren, daß sie zwar
auf viele Züge aufgesprungen ist, sich aber nicht gescheut hat, dann
auch als Lokomotivführerin oder Heizerin mitzuwerkeln, und daß sie
so manchen Zug überhaupt erst in Bewegung versetzt hat. Und wenn
man ihr überaus gutgesonnen ist, dann kann man sie nur noch mit
Jeanne d'Arc, Rosa Luxemburg und Marilyn Monroe in einer Person
vergleichen. Denn Jane Fonda ist nicht nur eine engagierte Heilige und
ein überaus politischer Mensch, sondern auch eine Film- und Bühnen-
darstellerin allererster Kategorie und mit erotischer Strahlkraft. Dazu
auch noch Ehefrau und Mutter zweier Kinder.

Um ein derartiges lebendes Gesamtkunstwerk aus sich zu machen,
bedarf es einer langen Reifezeit und beinahe zwangsläufig zahlreicher
Umwege. Jane Fonda hat sich in den drei Jahrzehnten ihres Erwachse-
nenlebens bei weitem häufiger verändert — und parallel dazu auch ihr
Bild in der Öffentlichkeit, also das, was man bei einem Star „Image"
nennt —, als dies eine gewöhnliche Sterbliche hätte verarbeiten können und es ein üblicher Hollywood-Star überlebt hätte. Das Kunststück Jane Fondas aber ist, und das verschafft ihr ihre einzigartige Position unter Amerikas „öffentlichen" Frauen, daß sie zumindest den
oberflächlichen Eindruck hinterließ, sie sei immer sie selbst und sich
treu geblieben. Das aber ist, genau gesehen, nichts als schöner Schein.

In Wirklichkeit folgte ihre Entwicklung zunächst einem individuel-
len chaotischen Muster, dann aber, nach '68, mit verblüffender Exakt-
heit dem wilden Auf und Ab der politisch-gesellschaftlichen Emanzi-

pationsbemühungen in der amerikanischen Neuen Linken und, seit ein paar Jahren, dem Muster der geschäftlich ehrgeizigen und erfolgreichen Selfmade-Woman. Und Fondas persönliche Geschichte wiederum spiegelt sich weitgehend in ihren Filmrollen. Wer Jane Fonda, den Filmstar, begreifen will, braucht ein gutes kinematographisches Gedächtnis. Denn wer sie in ihren bedeutenden Filmen seit der zweiten Hälfte der siebziger Jahre sieht — besonders in JULIA, COMING HOME, THE CHINA SYNDROME, mit Abstrichen auch in A DOLL'S HOUSE, THE ELECTRIC HORSEMAN und NINE TO FIVE —, der mag leicht vergessen, daß diese reife und intelligente Frau einmal so etwas wie eine Neue-Welt-Ausgabe der Brigitte Bardot war. Zumindest sollte sie dies nach dem Willen ihres damaligen Ehepartners Roger Vadim werden, der schließlich zuvor schon als Ehemann und geschäftstüchtiger Regie-Guru von Brigitte Bardot, Annette Stroyberg und — allerdings ohne Trauschein — von Cathérine Deneuve in Erscheinung getreten war.

Daß Jane Fonda so verhältnismäßig lange gebraucht hat, um, in ihren eigenen Worten, „eine bewußte Frau" zu werden, und dabei viele abwegige Stationen passieren mußte, hängt damit zusammen, daß sie aus einem „Getto" kommt: nicht etwa dem Getto der Armen von Harlem oder Watts, sondern dem der Superreichen von Bel Air und Beverly Hills. Als weiteres Handikap ihrer Kindheit könnte man ihr nachsehen, daß sie „im Schatten eines nationalen Monuments" heranwuchs. Mit diesem „Denkmal" meinte die Fonda niemand anders als ihren Vater Henry Fonda, den unerreichbaren Darsteller von 87 Filmrollen und Star für fast fünf von den neun Jahrzehnten amerikanischer Filmgeschichte. Erst in den letzten Jahren konnte Jane aus dem Schatten ihres Vaters heraustreten und ist heute selber fast zum National-Monolith geworden — oder auch, aus dem Sichtwinkel der ewig Unverbesserlichen — zum nationalen Stein des Anstoßes.

Wer ihre heutige Beliebtheit bei den Amerikanern und ihren gesellschaftlichen wie ökonomischen Einfluß in den USA sieht, der erinnert sich nur schwer daran, daß eben diese Nation, die in weiten Teilen heute so stolz auf „ihre Fonda" ist, sie vor etwas mehr als einem Jahrzehnt beinahe einmütig als Landesverräterin gebrandmarkt hat, und der vergißt beinahe, daß sie damals ganz oben auf der schwarzen Liste des amtierenden Präsidenten stand und von FBI und CIA zugleich bespitzelt wurde. Wer so etwas politisch und gesellschaftlich überlebt, wer vorher Star war und danach auch wieder und wer für seine Handlungen im nachhinein durch die Geschichte weitgehend recht bekommt, kann man von dem noch erwarten, daß er Zurückhaltung und Selbstkritik zu seinen Tugenden zählt? Wohl kaum. Und wenn dann ein Fleck das Bild von der Musteramerikanerin und der Idealemanzipierten trübt, dann ist es die Selbstgerechtigkeit und Intoleranz, die ihre flammenden Reden, Polittourneen und geschäftlichen Unternehmungen prägt.

Kritiker ihrer Ansichten, die aus demselben politischen Lager stamm(t)en — wie etwa Joan Baez, die Fondas Nibelungentreue zu den Vietnamesen und ihre Blindheit gegenüber den Leiden der Boat People nicht zu teilen gewillt ist, oder Country Joe McDonald, der sie als "totalitär" bezeichnet —, die werden ohne Zögern heruntergeputzt und in einen Topf geworfen mit den erzkonservativen Feinden. Das Unfehlbarkeitsdogma, das Jane Fonda für sich reklamiert, läßt sie nicht als rundum sympathische Frau erscheinen. Aber man braucht einen Manichäer nicht zu mögen, um ihn zu respektieren und bewundern oder ihm gar zu folgen. Und wer weiß? Nachdem sie schon derart viele überraschende Wendungen in ihrem Leben vollzogen hat, vielleicht mildert ihre weitere Entwicklung auch diesen Charakterzug. Sie ist eine Galionsfigur für die amerikanische Neue Linke und für die Frauenemanzipation zugleich — und Vor-Bild zahlloser Amerikanerinnen, die weder dem einen noch dem anderen nahestehen —, und das ist fast schon mehr, als man (von einem Hollywoodstar) erwarten darf.

Nicht selten sind es gerade Einzelerfahrungen ohne sichtbare Verbindung, die das politische Bewußtsein eines Menschen nach und nach erwecken und sich erst retrospektiv als Schlüsselerlebnisse darstellen. Auch Jane Fondas Politisierung erfolgte in kleinen, weit auseinanderliegenden Schritten, ausgelöst durch zunächst wenig bedeutend erscheinende Begebenheiten, Alltagserfahrungen beinahe, wie auch viele andere sie machen konnten.

Im Frühherbst 1966 arbeitete die Fonda in Louisiana an den Außenaufnahmen zu HURRY SUNDOWN, einem Film von Otto Preminger, der die Auseinandersetzungen zwischen einem Konzern und zwei kleinen Farmern — einer weiß, einer schwarz — um den Besitz von Grundstücken schildert. In der für die Rechte der Farbigen recht engagierten Story spielte Jane Fonda eine verwöhnte, wohlhabende junge Frau, die unter den Einfluß ihres skrupellosen Ehemanns gerät. Zwei der Hauptdarsteller waren Farbige, denen die Einheimischen des kleinen Dreh-Ortes von Anbeginn an Schwierigkeiten machten: Man untersagte ihnen, den hoteleigenen „weißen" Swimmingpool zu benutzen, drängte sie bald in ein anderes Hotel ab, und zuletzt ließ gar die örtliche Sektion des Ku-Klux-Klans ihnen eine Drohung zukommen. Wirklich brenzlig wurde die Situation für die Crew, als Jane Fonda eines Tages einem kleinen Negerjungen, der ihr Blumen brachte, spontan einen Kuß gab. Es dauerte nicht lange und der Sheriff des Ortes platzte mitten in die Filmszenerie, gab den Filmleuten eine halbe Stunde, die Stadt zu verlassen, und ein paar wahnsinnige Heckenschützen begannen die Windschutzscheiben der Produktionsautos zu zerschießen. Dies fand im selben Jahr statt, zu dessen Beginn Bobby Seale und

Huey P. Newton die Black Panthers Party gegründet hatten und Afro-Haarschnitte und die Parole „Black is beautiful" vom neuen Selbstbewußtsein der Farbigen kündeten.

Für Jane Fonda war diese erste hautnahe Konfrontation mit südstaatlichem Rassenhaß zwar ein bedrückendes Erlebnis, aber es hatte vorerst keine Auswirkungen auf ihr Tun. Sie entschied sich für die Neil-Simon-Komödie BAREFOOT IN THE PARK, und für zwei Filme ihres Ehemanns Vadim, die wohl zu den dümmsten Streifen ihrer Karriere zählen. Erst ein Jahr später — sie war inzwischen schwanger, was offenbar viele Frauen dazu bewegt, sich um den Zu- und Fortbestand der Erde ernsthaftere Gedanken zu machen — begann sich bei ihr ein Interesse für den politischen Kurs der USA abzuzeichnen. In Amerika selbst, aber auch weltweit wurden die kritischen Stimmen immer lauter. Im Oktober 1967 marschierte eine halbe Million Demonstranten nach Washington, um gegen den Vietnamkrieg zu protestieren, und im November begann in Schweden das Bertrand-Russell-Tribunal, auf dem die Vereinigten Staaten von Amerika wegen ihrer Kriegsverbrechen in Vietnam angeklagt wurden. Prominente Künstler, Wissenschaftler und Vertreter linker politischer Gruppen aus Europa und Amerika stellten Dossiers zusammen, befragten Augenzeugen der Kriegseinsätze und ließen sich von Opfern über Kriegsgreuel berichten. Was dabei zusammenkam, war vor allem für die Amerikaner selbst schockierend — sie mußten erfahren, daß sich ihre Führung, die so gerne das Wort von moralischer Verantwortung im Munde führte, in ein Kriegsabenteuer gestürzt hatte, dessen Grausamkeiten alles bisher dagewesene übertrafen. Jane Fonda verfolgte von Südfrankreich aus die ausführlichen Presse- und Fernsehberichte über das Tribunal und wurde, wenn auch nicht im Glauben an ihr Vaterland, so doch im Glauben an dessen Regierung erschüttert.

Vadim und seine Freunde sowie auch die von Jane schienen sich jedoch immer noch mehr für das Partylife von Saint-Tropez zu interessieren als für das, was in Südostasien geschah, und Jane Fonda ging allmählich auf Distanz zu dieser Jet-Set-Clique. Auch die Handlungen ihres Vaters wurden ihr zunehmend unverständlich. Henry Fonda hatte eine Tour durch Südvietnam absolviert, um die amerikanischen Truppen aufzumuntern. Nach seiner Rückkehr begann er nun mit geradezu patriotischem Eifer, das Kriegsengagement der Amerikaner zu rechtfertigen, beharrte aber zugleich darauf, nach wie vor der aufrechte Liberale zu sein, als den man ihn seit seiner Darstellung in YOUNG MR. LINCOLN und Steinbecks GRAPES OF WRATH immer betrachtet hatte.

1968 wurde dann Jane Fonda — endgültig klar, daß sie nicht länger die Augen vor den Geschehnissen verschließen konnte. Die Pariser Studenten hatten im Mai, vehementer noch als ihre Kommilitonen an der New Yorker Columbia University in Vormonat, gezeigt, daß man sich wehren mußte und konnte und welche Macht vom scheinbar schwachen einzelnen auszugehen vermag, wenn er sich mit den anderen verbündet. Unmittelbar aus nächster Nähe konnte Jane Fonda in den Straßen von Paris das brutale Vorgehen der Polizeikräfte beobachten. Aus Amerika kamen die Schreckensnachrichten von den Ermordungen Martin Luther Kings und Robert Kennedys, und sie war beunruhigt, daß im November mit Richard Nixon ausgerechnet ein Mann zum US-Präsidenten gewählt wurde, der sich schon in den fünfziger Jahren unter dem „Hexenjäger" Joseph McCarthy als strammer Rechter ausgewiesen hatte. Im September kam die Tochter Jane Fondas und Roger Vadims zur Welt, und Jane gab ihr den Vornamen der britischen Schauspielerin Vanessa Redgrave, die als politische „Radikale" galt, seit sie in London einen Marsch von Kriegsgegnern gegen die amerikanische Botschaft mit angeführt hatte. Offenbar sah Jane Fonda damals in der gleichaltrigen Kollegin so etwas wie ein Vorbild für ihr eigenes politisches Handeln. Die zwei standen 1977 zwar gemeinsam für JULIA vor der Kamera, aber da hatten sich die politischen Ansichten der beiden Frauen längst auseinanderentwickelt, und Jane Fonda bestritt, ihre Tochter nach der Redgrave benannt zu haben.

1968 war aber nicht nur das Jahr des weltweiten politischen Aufbruchs einer ganzen Generation, es war bezeichnenderweise auch das Jahr, in dem Jane Fonda den Film machte, der ihre Karriere völlig umkrempeln sollte. Sie nahm eine Rolle an in der Verfilmung eines Depressionsromans, den Horace McCoy Mitte der Dreißiger geschrieben hatte und der vor allem in den Nachkriegsjahren bei den französischen Existentialisten als Kultklassiker kursiert war. Der Film hieß, wie das Buch, THEY SHOOT HORSES, DON'T THEY? und schilderte, wie ein junges Paar, das voller Illusionen nach Hollywood kommt, anstatt im Film Furore zu machen, bei einem mörderischen Tanzmarathon strandet. Die Arbeit an dem Film gestaltete sich selbst zu einer Art Marathon, ließ aber gerade deswegen unter den Beteiligten ein ungewöhnliches Zusammengehörigkeitsgefühl entstehen. Die für Jane neuartige Erfahrung einer derart befriedigenden Kooperation, vor allem aber das überragende Ergebnis all der Mühen stärkten ihr Selbstwertgefühl beträchtlich und brachten sie weiter voran auf ihrem Weg in die Unabhängigkeit von Roger Vadim. Sie wurde für den „Oscar" nominiert, den sie auch verdient hätte, aber nicht gewann, und die Kritiker der New York Times zeichneten sie als „beste Schauspielerin des Jahres" aus. Sie wußte mit einem Mal, wie sie Erfolg und Engagement in Einklang bringen konnte und wie ihr weiterer Weg auszusehen hatte — die Ära der oberflächlichen Klischeerollen war passé und ebenso ihre Zeit als Mrs. Roger Vadim.

✳

Jane Fonda um 1980

Daß Jane Fonda überhaupt Schauspielerin geworden war, entsprang jener seltsamen Mischung aus Vorbestimmung und Zufälligkeit, die nicht selten das Leben verwöhnter höherer Töchter (und Söhne) leitet. Von ihrer verstorbenen Mutter mit einem enormen Vermögen ausgestattet und mit einem auch nicht gerade armen Vater, war sie zwar jeglicher materieller Sorgen ledig, hatte andererseits mit ihren 20 Jahren noch keinerlei Vorstellung, was sie mit ihrem Leben anfangen sollte. Zwei Jahre lang hatte sie das renommierte und traditionsreiche Vassar College in Poughkeepsie, New York, besucht, das 1861 gegründet worden war, um zum ersten Mal auch Mädchen den Zugang zu höherer Bildung zu ermöglichen. Zu dieser aber hatte Jane nicht die geringste Lust. Ihre schauspielerischen Gehversuche, die aus kaum mehr als einem Theaterworkshop und einem Bühnenauftritt an der Seite ihres Vaters bestanden, schienen auch nicht vielversprechend genug, um daraus einmal einen Beruf zu machen. Das Beste war, sich zunächst auf die Suche nach dem eigenen Ich zu begeben, und wo könnte man dies besser tun als in Paris? Da ihr Vater ja nicht nur ein berühmter Schauspieler war, sondern auch ein beachtlicher Maler, der das Stadium des Dilletierens längst hinter sich gelassen hatte, lag es nicht allzu fern, sich an einer Kunstschule mit dem Namen Académie Julian einzuschreiben, um dem Paris-Aufenthalt eine gewisse Berechtigung zu verleihen.

Fast ein Jahr verbrachte Jane in Paris, bis Henry Fonda Gerüchte zu Ohren kamen, seine Tochter bewege sich zwar rasant durch die Pariser Kunstszene, aber weniger als Malerin denn als gerngesehener Partygast. Tatsächlich brachte Jane für die Kunstseminare kaum Interesse auf, und auch die Resultate ihrer journalistischen Gelegenheitsarbeiten für das kleine, aber feine Magazin *Paris Review*, das von einem Amerikaner in Paris herausgegeben wurde, waren bescheiden. Wirkliche Erfolge konnte sie dagegen bei einer Gruppe junger Landsleute verbuchen, die von ihren Familien nach Europa geschickt worden waren, um dort ein wenig vom Leben und von der Liebe zu erfahren. Henry Fonda jedenfalls telegrafierte seiner Tochter die dringende Order, zurückzukehren und ihn über ihre Zukunftspläne zu informieren. Jane blieb, da es diese nicht gab, erst einmal in New York, ließ sich bei der Art Students League wieder als Kunststudentin eintragen, versuchte sich gelegentlich als Musikern und nahm Jobs als Fotomodell an.

In dieser Phase des Suchens lernte sie die gleichaltrige Susan Strasberg kennen, die Tochter des berühmten Schauspiellehrers und Leiters des Actors' Studio Lee Strasberg, und ließ sich von ihr dazu bewegen, es doch (noch) einmal als Schauspielerin zu probieren. Sie sprach bei Lee Strasberg vor und wurde sofort in eine seiner privaten Klassen, die er parallel zum Studio leitete, aufgenommen. Unter der psychologischen Anleitung der diversen Schauspiellehrer begann sie zunächst ihr eigenes Ich zu erforschen, um dann die neugewonnene Selbsterfahrung ins Rollenspiel zu übertragen. Dieser Lernprozeß war alles andere als leicht, aber er stärkte allmählich Janes Ego und bescherte ihr zum ersten Mal in ihrem Leben das Gefühl, zu irgend etwas begabt zu sein.

Nachdem die Anfangsschwierigkeiten überwunden waren, ging es rasch voran. Zunächst einmal verliebte Jane sich in einen der Regisseure des Actors' Studio, in den griechischstämmigen Andreas Voutsinas, der bei ihr bald die Rolle eines Ersatzvaters einnahm, während sich ihr Verhältnis zu ihrem richtigen Vater zunehmend verschlechterte. Joshua Logan, ein anderer Bühnenregisseur, der von Zeit zu Zeit auch Filme drehte und ein alter Freund von Henry Fonda war, hatte offenbar als erster Vertrauen in Janes schauspielerische Begabung. Er nahm sie unter persönlichen Vertrag und verhalf ihr mit einer Rolle in seinem Film TALL STORY zu einem, allerdings bescheidenen Filmdebüt. Zu diesem Zeitpunkt waren Voutsinas und die Fonda bereits in eine gemeinsame Wohnung gezogen; er beriet sie beim Aufbau ihrer Karriere, probte mit ihr zu Hause ausgiebig jede Theater- und Filmrolle und managte ihr gesamtes Privat- und Berufsleben.

Dies funktionierte ein paar Theaterstücke und fünf Filme lang bestens, bis die Fonda 1963 in Frankreich unter der Regie von René Clément eine Art Gangsterdrama drehte. Ihr Partner bei diesem Streifen mit dem Titel LES FÉLINS war der blendend aussehende Alain Delon, von dem sie sich offenbar allzu sehr angetan zeigte; es dauerte nicht lange, und ein eifersüchtiger und beleidigter Voutsinas flog nach Amerika zurück und erklärte seine Verbindung mit Jane Fonda für beendet. Jane verbrachte im Anschluß an die Dreharbeiten noch ein paar Wochen an der Seine und lernte den Regisseur Roger Vadim kennen, der gerade in den Vorbereitungen zu einer Verfilmung von Schnitzlers *Reigen* steckte. Der neun Jahre ältere Vadim war zwar — wie im übrigen alle Männer, mit denen die Fonda dauerhaftere Beziehungen einging — alles andere als ein schöner Mann, aber Jane mochte ihn auf Anhieb. Sie war einverstanden, einen Part in LA RONDE zu übernehmen, und schon bald schienen die beiden unzertrennlich und verbrachten den Winter 1963/64 gemeinsam in Paris und in einem Bauernhaus in St. Ouen, das Jane Fonda sich zulegte.

Im April besuchten die Fonda und Vadim die Sowjetunion, wo Vadims Eltern herstammten. Wie so viele Reisen später, war auch diese für die Entwicklung der Fonda bedeutsam. Die Russen stellten sich zu Janes Überraschung als sehr freundlich heraus und waren keineswegs die Menschenfresser, als die die amerikanischen Propagandisten des Kalten Krieges sie immer hingestellt hatten. Wieder zurück in Amerika, begann die Fonda im Sommer 1964 mit den Dreharbeiten zu der Western-Satire CAT BALLOU, dem wohl wichtigsten und schönsten Film ihrer frühen Karrierephase. CAT BALLOU ist nicht nur als Persiflage auf

210

die Männerwelt des Westerns zu verstehen, sondern ist in nuce auch eine Fabel über eine Frau, die sich in einer patriarchalischen Gesellschaftsordnung behaupten muß: Cats Vater ist von einem Killer umgelegt worden, und Cat beschließt, sich die Gerechtigkeit, die ihr die Gesellschaft verweigert, auf eigene Faust zu beschaffen und den Mord zu sühnen. Sie wird zum Outlaw und geht, nachdem sie dem Galgen knapp entronnen ist, als leuchtendes Vorbild aller Unterdrückten in die Geschichte ein. Der Film brachte der Fonda, und auch allen anderen Beteiligten, einhelliges Lob und machte zum ersten Mal deutlich, mit welcher Ernsthaftigkeit die Schauspielerin ihre Rollen zu gestalten vermochte, wenn Sujet und Regie sie wirklich forderten.

CAT BALLOU blieb aber zu dieser Zeit noch eine Ausnahme; zunächst einmal geriet Jane Fonda in einen Beziehungs- und Abhängigkeitsclinch mit Vadim, der ihr Privatleben wie ihre Karriere fest in die Hand nahm. Mit Vadim, den sie im Sommer 1965 in Las Vegas auch heiratete, zog sie in ein Haus in Malibu und führte ein zurückgezogenes Hausfrauendasein, das nur durch ihre jeweiligen Filmarbeiten unterbrochen wurde. Damals schien sie diese Lebensweise zu genießen, später sprach sie nur noch abfällig von dieser „Heimchen"-Phase, in der sie von Vadim ausgenutzt worden sei. Die wirkliche Ausbeutung fand aber in den gemeinsamen Filmen mit Vadim statt, in denen er ihren nackten Körper systematisch vermarktete. Als für die amerikanische Premiere von Vadims LA RONDE ein riesiges gemaltes Plakat sie mit bloßem Hintern zeigte — der in dem Film nicht zu sehen war —, hatte sie sich noch gerichtlich zu wehren versucht. Nun Ehefrau des Regisseurs geworden, ließ sie sich bei den beiden weiteren Filmen ihre Bedenken gegen Nacktszenen ausreden. Beim Drehen versicherte ihr Vadim zwar, auf der Leinwand würde alles sehr diskret aussehen, doch als sie dann die fertigen Produkte, LA CURÉ und — schlimmer noch — BARBARELLA, sah, packte sie das blanke Entsetzen darüber, wie sehr ihr Körper exponiert war. Obendrein hatte ein Fotograf während der Dreharbeiten zu diesen Szenen heimlich Fotos geschossen und sie dem *Playboy* verkauft, der daraus eine Riesensensation machte.

Drei, vier Jahre später schon konnte Jane Fonda kaum noch nachvollziehen, wie sie in diese Falle der Haus- und Ehefrau und des Sexsternchens geraten war, zumal sie sich bereits 1961 öffentlich für „freie Liebe" — was immer sie darunter verstehen mochte — ausgesprochen und die Ehe als „veraltete bürgerliche Institution" verdammt hatte. Damals allerdings hatte sie das abschreckende Beispiel ihres Vaters noch sehr nah vor Augen gehabt, der sie in ihrer Jugend mit immer neuen Stiefmüttern konfrontierte und dem sie auch lange Zeit nicht verzeihen konnte, daß ihre Mutter an der Ehe mit ihm zerbrochen war.

*

Im September 1936 heiratete der damals 31jährige Bühnenschauspieler und Filmdarsteller Henry Fonda die 28jährige Witwe Frances Brokaw, geborene Seymour. Frances Seymour stammte aus einer kanadischen Familie und hatte einen wohlhabenden älteren Mann geheiratet, von dem sie eine Tochter namens Pan hatte. Auch Henry Fonda war vorher bereits einmal verheiratet gewesen, mit der Schauspielerin Margaret Sullavan, von der er sich hatte scheiden lassen. Die Vorfahren der Fondas stammten ursprünglich aus Italien, waren um 1400 nach Holland und um 1600 nach Amerika übersiedelt. Frances Seymour brachte aus ihrer Ehe ein beträchtliches Vermögen mit, und auch Henry Fonda, der Sohn eines armen Druckers aus Nebraska, war auf dem Weg zu finanziellem Wohlstand. Jane Seymour Fonda, die am 21. Dezember 1937 in New York City zur Welt kam, wurde somit in eine Familie geboren, in der Geld nie ein Thema und schon gar kein Problem war. Da die beiden Vornamen des Kindes an die dritte Frau Heinrichs des Achten erinnerten, wurde es meist „Lady Jane" gerufen. Als Kind war Jane ein wenig plump und glich im Gesicht genau ihrem Vater: etwas vorgewölbte Stirn, strahlend blaue Augen und ein energisches Kinn. Dieses Kinn wirkte auf viele *zu* energisch, und der Produzent Jack L. Warner sagte später einmal, die Fonda könne ein Star werden, wenn man ihr die Knochen des Kinns zertrümmern und neu zusammensetzen würde. Noch als Teenager war Jane Fonda mit ihrer Figur und ihrem Aussehen unzufrieden, aber spätestens mit 20 besaß sie eine Topfigur von 172 Zentimetern Größe und keiner Spur von Pummeligkeit mehr.

Die Mutter zog den 1940 geborenen Sohn Peter ihrer Tochter vor, und Jane mühte sich um so mehr, die Liebe ihres Vater zu gewinnen. „Hank" Fonda, wie er allgemein genannt wurde, war ein extrem introvertierter und schüchterner Mann, für den die Schauspielerei eine Art Therapie darstellte. Jane litt unter der Unzugänglichkeit ihres Vaters; auf Fragen pflegte er häufig nicht zu antworten und in brütendem Schweigen zu verharren. Erst in den letzten Jahren vor seinem Tod im April 1982 war er zumindest ansatzweise in der Lage, seine Zuneigung seinen Kinder gegenüber auszudrücken. Die scheinbare Gleichgültigkeit des Vaters verwirrte die Fonda-Kinder, und beide hatten — jedes auf seine Art — bis ins Erwachsenenalter hinein große Probleme mit ihrer Identitätsfindung. Auch hierin liegt sicherlich eine Ursache für den komplizierten Entwicklungsprozeß von Jane Fonda. Von außen betrachtet, schien es den Kindern an nichts zu fehlen. Sie wuchsen in der Nähe von Los Angeles auf einem riesigen, abgeschotteten Farmgrundstück mit eigenen Pferden auf und waren umgeben von Hausmädchen, Ammen, Köchen und Gärtnern. Jane und Peter schien dieser Wohlstand selbstverständlich, da auch alle ihre Freunde und Nachbarn in ähnlichen Verhältnissen lebten.

Nach Kriegsende kam Henry Fonda von seinem mehr als zweijährigen Dienst bei der US-Navy im Pazifik nach Hause zurück und faßte den Entschluß, mit dem Stück *Mister Roberts* für längere Zeit wieder als Theaterschauspieler am Broadway zu arbeiten. Die Familie zog nach Greenwich, Connecticut, wohin zumindest Frances Fonda ungern ging, da sie alle Freunde in Kalifornien zurücklassen mußte. Janes Mutter wurde schwer krank, und die Ehe entwickelte sich, da Henry Fonda inzwischen eine wesentlich jüngere Frau liebte, immer mehr zum Ehekrieg. Im Herbst 1949 kündigte Henry Fonda an, er wolle sich scheiden lassen. Dies war ausgerechnet zu einem Zeitpunkt, als sich seine Frau von einer schweren Operation erholte, und sie brach völlig zusammen. Sie mußte in ein Sanatorium, wo sie sich im April 1950 die Kehle durchschnitt. Den Kindern wurde erzählt, ihre Mutter sei an einer Herzattacke gestorben, aber Jane fand wenig später durch einen Zeitungsartikel die Wahrheit heraus. Für sie war der Verlust ihrer Mutter ein langandauerndes Trauma, und sie gab jahrelang ihrem Vater die Schuld am Selbstmord seiner Frau. Erst viel später begann sie, in ihrer Mutter eher ein Opfer der Zeit und der Umstände als ihres Vaters zu sehen.

Als Henry Fonda acht Monate später bereits Susan Blanchard dann zu seiner dritten von fünf Ehefrauen machte, reagierte Janes Bruder Peter auf das Verhalten des Vaters auf seine Weise: Ob bei einem Unfall oder einem Selbstmordversuch — wahrscheinlich eine Mischung aus beidem —, jedenfalls löste sich ein Schuß aus Peters Gewehr und drang in seine Leber, und er kam nur knapp mit dem Leben davon. Hanks neue Frau war erst 21 Jahre alt, und Jane sah in ihr eher eine ältere Schwester als eine Ersatzmutter. Nachdem Jane ihre High-School-Zeit in Troy hinter sich gebracht hatte, ging sie aufs Vassar College — und hatte bereits wieder eine neue Stiefmutter, diesmal eine italienische Baronesse namens Afdera Franchetti, mit der sie sich ganz gut verstand. In ihren College-Jahren entdeckte Jane ihre Vorliebe für Parties, Boyfriends, Dates, und das, was sie später „freie Liebe" nannte — eine gute Vorbereitung für ihre Reise nach Paris, die nicht mehr weit entfernt lag.

Nachdem sie sich von Vadim getrennt hatte und nach ihrem Erfolg mit THEY SHOOT HORSES, DON'T THEY? trat Jane Fonda in eine neue Phase der Selbstfindung ein. Sie las Hesses *Steppenwolf*, der sie außerordentlich beeindruckte, und verbrachte einen Gutteil des Sommers 1969 mit einer Frau aus ihrer Tanzklasse in Indien und Nepal. Von dieser Reise kam sie verändert zurück. Unter dem Eindruck der Armut und der Unterdrückung, die sie in diesen Ländern beobachtet hatte, schärfte sich auch ihr Blick für die Unterprivilegierten ihres eigenen Landes, und sie wollte irgend etwas tun. Aus den Zeitungen erfuhr sie von der Besetzung der ehemaligen Gefangeneninsel Alcatraz in der San Francisco Bay durch ein paar Indianer, die damit gegen die Vernichtung ihrer Volksgruppe und ihrer Geschichte durch die weißen Siedler protestierten. Jane besuchte die Insel, sprach ausführlich mit den Besetzern und machte im Anschluß daran eine Vortrags- und Demonstrationstour durch die USA, um für die Sache der Indianer zu werben. Das war das erste Mal, daß sich in der Öffentlichkeit ein Filmstar der Topkategorie derart vehement gegen soziale Ungerechtigkeit wandte, und Hollywood reagierte auf die — aus seiner Sicht — „Exzentrität" mit Verstörung.

Diese nahm noch bei weitem zu, als sich Jane Fonda bald auch für den Kampf der Farbigen gegen Rassendiskriminierung zu interessieren begann. Speziell die Black Panthers, die offensiver und militanter als die Indianer waren, fanden bei ihr volle Unterstützung. Zusätzlich stellte sie, gemeinsam mit ein paar anderen Schauspielern, darunter auch Donald Sutherland, eine Politrevue mit dem Slogan *Free the Army* auf die Beine, die die GIs von der Sinnlosigkeit des Wehrdienstes und des Krieges überzeugen sollte. Anderthalb Jahre lang reiste die FTA-Gruppe von Kaserne zu Kaserne und agitierte gegen den Vietnamkrieg. Jane Fonda hielt auch zu allen anderen Gruppen von Kriegsgegnern Kontakt und trat rastlos bei einer Veranstaltung nach der anderen auf.

Von Mitte 1970 an wurde sie, teilweise auch ihre Bundesgenossen, vom FBI beschattet, eine Zeitlang auch von der CIA. Man folgte ihr von Haus zu Haus, saß bei allen ihren Flügen mit in der Maschine, schrieb bei ihren Auftritten mit, öffnete ihre Post, zeichnete ihre Telefongespräche auf und legte Hunderte von Aktenblättern an. Die Rapporte wurden Nixon (gelegentlich auch Kissinger) persönlich zugestellt, und — wie nach dessen Sturz an die Öffentlichkeit gelangte — Jane Fonda hielt einen ehrenvollen Spitzenplatz auf der schwarzen Liste des Präsidenten, in der sorgsam alle Intimfeinde verzeichnet waren. Im November 1970 wurde Jane an der Grenze nach Kanada vom kanadischen Zoll — auf Weisung des FBI — festgehalten und durchsucht. In ihrem Gepäck fand sich eine Menge Tabletten, die man für Drogen hielt, nach dem logischen Schluß, wenn Peter Fonda schon Acid schluckt, dann seine linke Schwester erst recht. Man steckte sie über Nacht in eine Zelle, bis sich am anderen Morgen zur Enttäuschung der FBI-Spitzel herausstellte, daß die „Drogen" nur aus Vitaminpillen und Valium bestanden. Dennoch hatte die Presse einen fetten Aufmacher, in dem von der Verhaftung groß und von der Freilassung nur am Rande berichtet wurde.

Über ihre politischen Aktivitäten hatte Jane Fonda aber nicht vergessen, daß sie auch und in erster Linie Schauspielerin war. Ab Mitte 1970 arbeitete sie gemeinsam mit Donald Sutherland an einem neuen

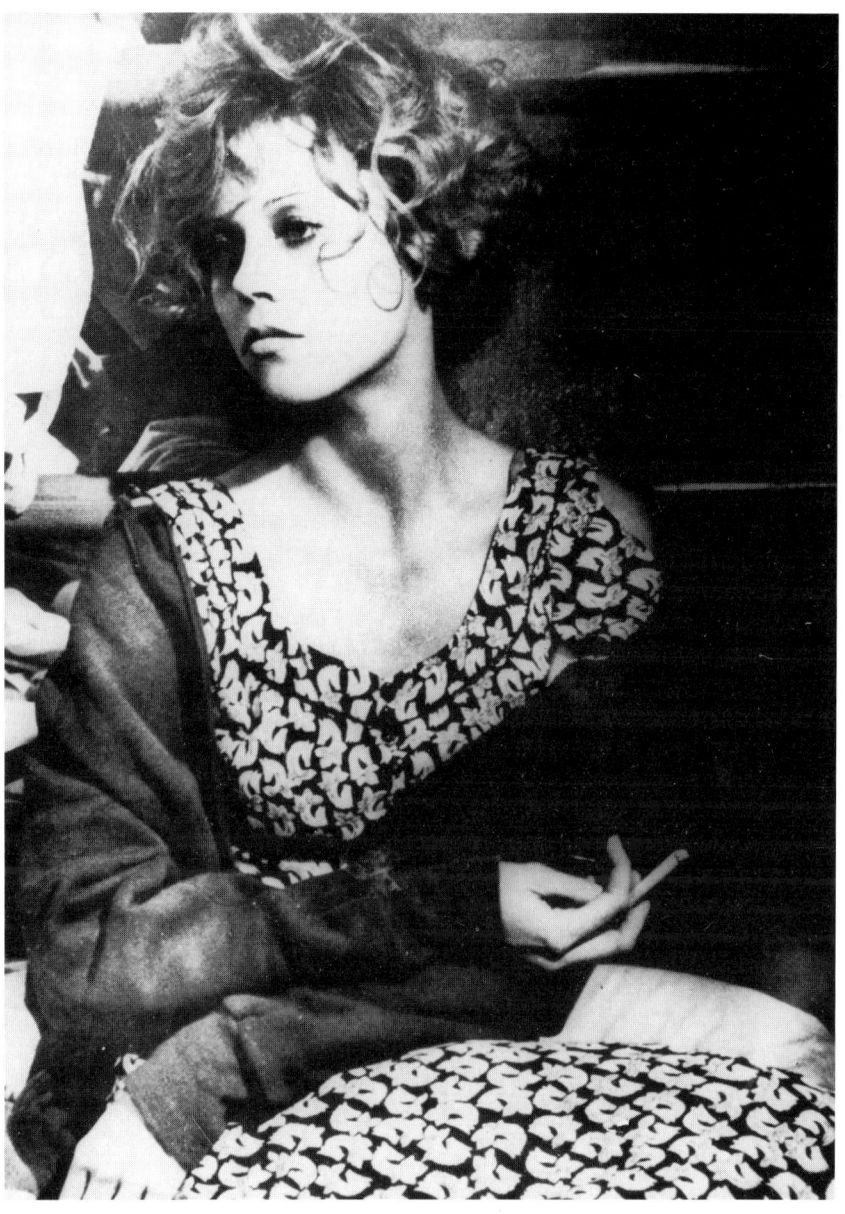

Jane Fonda in THEY SHOOT HORSES, DON'T THEY? (1969)

Filmprojekt, einem Psychothriller, in dem sie ein neurotisches Callgirl darstellen sollte. Diese Frau wich von dem üblichen (Kino-)Klischee der Prostituierten ab; sie war sensibel, intelligent und sich ihrer zwiespältigen Rolle als Ausbeuterin und Ausgebeuteten bewußt. Noch während der Dreharbeiten zu KLUTE verlagerten sich Janes politische Interessen auf die Frauenbewegung. Sie begann, ihr Leben und das anderer Frauen im gesellschaftlichen Kontext zu sehen, begriff mit einem Mal ihre eigene Rolle, die ihrer Mutter und ihrer Freundinnen. Sie besuchte auch New Yorker Prostituierte und machte auf deren Situation aufmerksam. Diese neuen Erfahrungen und Janes verändertes Bewußtsein flossen in den Film mit ein, der sie als gereifte Schauspielerin zeigte. In ihrer Rolle als Bree Daniels sah man auch eine äußerlich veränderte Jane Fonda. Sie hatte sich eine kürzere Frisur zugelegt und war auch zu ihrer natürlichen dunkleren Haarfarbe zurückgekehrt — der vorläufige Abschied vom Blondinen-Image. Für ihre schauspielerische Leistung, aber auch für ihre — scheinbare — Rückkehr in den Schoß des Filmestablishments erhielt sie einen „Oscar", bei dessen Entgegennahme sie zur Erleichterung der Anwesenden auf ein politisches Statement verzichtete. Spätestens mit dieser Auszeichnung war sie aus dem Schatten des „nationalen Denkmals" Henry Fonda herausgetreten, der bis dato diesen Preis noch nicht erhalten hatte und darauf auch noch ein Jahrzehnt warten mußte.

Während der Dreharbeiten zu ihrem nächsten Film, zu STEELYARD BLUES, der sie wieder mit Donald Sutherland zusammenbrachte, lernte sie einen neuen Mann kennen, der ihrer „Unabhängigkeitsphase" seit der Trennung von Vadim ein Ende setzen sollte. Zwar hatte sie in der Öffentlichkeit zu diesem Zeitpunkt ein Bekenntnis zur Frauenbewegung abgelegt und in einem Interview geäußert, „mit den Männern in der Führungsrolle ist die Welt in ein Chaos gestürzt worden, und es ist an der Zeit, daß die Männer einmal auf die Frauen zu hören beginnen", aber in ihrem Privatleben war sie schnell wieder bereit, auf einen Mann zu hören. Dieser Mann war freilich kein Unbekannter. In linken politischen Kreisen hatte er ein Renommee, das dem einer „Oscar"-Preisträgerin in Filmkreisen in nichts nachstand: Der 1939 geborene Tom Hayden, den eine deutsche Illustrierte einmal recht treffend „nach Aus- und Ansehen" mit Rudi Dutschke verglich, hatte im Dezember 1961 mit 35 anderen Aktivisten den „SDS" (Students for a Democratic Society) gegründet und im Sommer darauf das Manifest der Neuen Linken mitformuliert. Als einer der berühmten „Chicago Seven" war er dann, zusammen mit dem Black-Panther-Mitbegründer Bobby Seale, dem Pazifisten David Dellinger, dem Ober-Yippie Abbie Hoffman, mit Jerry Rubin und anderen, in einem politischen Schauprozeß als Rädelsführer der 68er Demo gegen Chicagoer Parteitag der Demokraten verurteilt worden. Zwar lebten Hayden und einige Genossen mittlerweile recht komfortabel in einer Kommune in Berkeley, aber er war nach wie vor einer der bekanntesten politischen Aktivisten der linken Szene.

Gemeinsam mit ihrem neuen Freund und Verbündeten besuchte Jane Fonda im Juli 1972 die Demokratische Republik Vietnam, also eben jenes Nordvietnam, wo der Feind der USA saß. Über Radio Hanoi riefen die beiden die amerikanischen Soldaten im Süden dazu auf, die Kampfhandlungen einzustellen. Sie sprachen mit internierten GIs und sahen die von ihren Landsleuten zerstörten Dörfer und getöteten Zivilisten. Das eine Prominente dieses Kalibers und international bekannter Filmstar obendrein eine Reise ins Feindesland machte und sich auf deren Seite schlug, ließ in den USA rechte Presse- und Fernsehkommentatoren schäumen und brachte Nixon, der für seine zweite Amtsperiode kandidierte, zum Toben. Bei ihrer Rückkehr aus Hanoi gab es Anti-Fonda-Demonstrationen von Veteranen aus diversen US-Kriegen, die rechte Presse schimpfte sie „Hanoi-Jane" und eine Handvoll Kongreßmitglieder versuchte mit Unterstützung des Justizministeriums, Jane Fonda wegen Landesverrats anzuklagen, was allerdings scheiterte.

Ein Foto im Pariser *L'Express*, das Jane Fonda im Gespräch mit vietnamesischen Bombenopfern in Hanoi zeigte, nahmen Jean-Luc Godard und sein Drehbuchautor Jean-Pierre Gorin zum Anlaß, einen Kurzfilm mit dem Titel LETTER TO JANE/ UNE LETTRE POUR JANE zu drehen, der, ausgehend von Jane Fondas „Polit-Tourismus", sich über die Rolle des Intellektuellen in revolutionären Bewegungen ausläßt. Der Streifen lief bei Godards Amerika-Präsentation seines kurz zuvor mit der Fonda gedrehten Spielfilms TOUT VA BIEN als Vorfilm. LETTER TO JANE geht mit dem Verhalten des Filmstars in Vietnam hart ins Gericht und wurde von der Fonda als Diffamierung empfunden — und als Racheakt Godards. Jane Fonda hatte nämlich nach Abschluß der Dreharbeiten zu TOUT VA BIEN, in dem sie eine Radiokorrespondentin spielt, die in eine Fabrikbesetzung gerät und radikalisiert wird, Godard wegen seiner „mangelnden menschlichen Qualitäten" angeklagt. Sie ereiferte sich nicht nur über seine Misanthropie und Misogynie, sondern bezeichnete seine Regiemethoden als „leicht faschistisch". Was wirklich während der Dreharbeiten stattgefunden hatte, war das Aufeinandertreffen einer Schauspielerin mit großer Sehnsucht nach Selbstbestimmung und Mitverantwortung mit einem introvertierten Regisseurs auf der Suche nach neuen Formen und Produktionsweisen.

Ähnliche Zusammenstöße zwischen Star und Regisseur fanden auch während der Arbeit an Janes nächsten Film statt. An ein Angebot aus Hollywood war in der momentanen Anti-Fonda-Stimmung nicht zu denken, und so kam ihr ein Projekt ganz gelegen, das Joseph Losey in Norwegen realisieren wollte: die Verfilmung von Ibsens *Nora oder Ein Puppenheim.* Losey schien ihr ein Verbündeter zu sein, zumal er in der McCarthy-Ära Hollywood den Rücken gekehrt hatte und ins europäische Exil gegangen war. Dennoch gab es gravierende Unterschiede in der Auffassung über den Ibsen-Stoff: Jane Fonda wollte das Emanzipationsstück vollends für die Frauenbewegung reklamieren und entsprechend „modernisieren", während Loseys oberste Intentsion „Werktreue" war. Beide Herangehensweisen, die jede für sich A DOLL'S HOUSE möglicherweise statisch hätten erscheinen lassen, lagen im Wettstreit miteinander und machten den Film zu einer lebendigen Auseinandersetzung mit den historischen wie aktuellen Dimensionen des Stoffes.

Jede weitere Beschäftigung mit dem Film schob Jane Fonda zunächst einmal auf — für beinah vier volle Jahre. Die einzige Ausnahme war der 1974 bei einem weiteren Hanoi-Besuch gedrehte Dokumentarfilm VIETNAM JOURNEY: INTRODUCTION TO THE ENEMY. Ansonsten galt ihre ganze Aufmerksamkeit ihren und Haydens politischen Zielen, den sie im Januar 1973, wenige Tage nach ihrer Scheidung von Vadim, geheiratet hatte und mit dem sie ihren Sohn Troy bekam. Nach dem Rücktritt Nixons im August 1974 und der Offenlegung des ungeheuren Ausmaßes seiner Amtsvergehen, konnte auch das Establishment nicht anders, als Jane Fonda nachträglich für ihren Kampf auch und vor allem gegen diesen Präsidenten recht zu geben. Für Hollywood war Jane mit einem Mal wieder Persona grata, und sie wurde mit Filmangeboten überhäuft. Sie beschloß wieder zu filmen, nicht zuletzt deshalb, weil Haydens neugegründete Organisation mit dem nichtssagenden Namen „Campaign for Economic Democracy" dringend finanzieller Unterstützung bedurfte. Hayden hatte 1976 vor, als kalifornischer Abgeordneter in den US-Senat einzuziehen, was mißlang. Jane aber kehrte, über den Umweg einer belanglosen amerikanisch-sowjetischen Koproduktion mit dem Titel THE BLUE BIRD, nach Hollywood zurück, drehte FUN WITH DICK AND JANE, eine mäßig erfolgreiche Satire auf die amerikanische Konsumgesellschaft, um dann in JULIA in der Rolle der Lillian Hellman mit ihrer (ehemals) so bewunderten Kollegin Vanessa Redgrave gemeinsam vor der Kamera zu stehen.

Mit JULIA begann ein neuer, der vorerst letzte Abschnitt in der künstlerischen Biographie der Jane Fonda. Was vielen wie die Quadratur des Kreises vorkam, gesellschaftlich wichtige Themen in einen spannenden, auch kommerziell erfolgreichen Film zu verpacken, gelang ihr seit dem JULIA-Jahr 1977 mehrfach hintereinander — wenn auch mit unterschiedlichem Ergebnis. Der von dem Regieveteranen Fred Zinnemann gedrehte JULIA ist zwar mehr ein gefühliges Melodram als ein dezidiert politischer Film — der er hätte werden können — , aber er war insofern ein wichtiger Film, als er mutigeren und besseren „Frauenfilmen" den Weg nach Hollywood bahnte. Gleich zwei Frauen, und politisch exponierte dazu, waren in den Hauptrollen zu sehen und hatten die Männer in unbedeutende Nebenparts abgedrängt, und die Story drehte sich um die Freundschaft zweier Frauen, die nicht einmal miteinander um Macht oder um Männer konkurrierten, — und dennoch zog dieser Film alle möglichen Zuschauerschichten in die Kinos und spielte sein Geld mehrfach wieder ein. Das hatte es in Hollywood seit Produzentengedenken noch nicht gegeben, und eine Lawine von „Frauenfilmen" war losgetreten.

Ein Jahr später brach Jane Fonda in COMING HOME mit einem weiteren Tabu, mit dem Thema Vietnamkrieg. Zwar profitierte der Film von Coppolas APOCALYPSE NOW, dessen Dreharbeiten früher begonnen hatten, der aber erst später in die Kinos kam, dennoch war es ein riskantes Unternehmen, für das Jane eigenes Geld aufs Spiel setzte. Kaum den Krieg zeigt COMING HOME, vielmehr seine Auswirkung auf die amerikanischen Soldaten, auf ihre Ehefrauen und Familien und schildert vor allem die Entwicklung einer von der Fonda gespielten Soldatenehefrau vom Heimchen am Herd zur politisch bewußten und sozial engagierten Kriegsgegnerin. Für die einfühlsame, unsentimentale Darstellung der Liebesbeziehung dieser Frau mit einem gelähmten Kriegsheimkehrer, erhielten Jane Fonda und ihr Filmpartner John Voight je einen „Oscar".

Nachdem sich die Fonda zwei Jahre lang vergeblich um die Verfilmungsrechte einer Story über die bei einem mysteriösen Autounfall umgekommenen Atomkraftgegnerin Karen Silkwood bemüht hatte (inzwischen mit Meryl Streep unter dem Titel SILKWOOD doch verfilmt), stieg sie in einen Film mit ähnlicher Brisanz und Thematik ein, in Michael Douglas' ehrgeiziges Projekt THE CHINA SYNDROME. Dieser fiktive Stoff über einen Atomunfall in einem Kernkraftwerk, den die Industrie als Hirngespinst weltfremder Öko-Paxe abtat, wurde dann im März 1979, wenige Wochen nach der Premiere des Films, Realität. Durch eine als harmlos bewertete Panne in dem Atommeiler Three Mile Island bei Harrisburg, Pennsylvania, wurden radioaktive Stoffe freigesetzt, die die Bevölkerung der Umgebung zu vernichten drohten und sie zum Teil wohl auch in noch nicht abschätzbarem Maße schädigten.

Doch dann, so scheint es, gingen der guten Jane die Themen für engagierte Filme aus: THE ELECTRIC HORSEMAN, in dem sie ihre Reporterinnen-Rolle aus THE CHINA SYNDROME fortzusetzen suchte, bekommt den Konflikt von Geschäftemacherei und Naturschutz nicht in eine überzeugende Story; die Sekretärinnen-Komödie NINE TO FIVE, ein Reflex von Janes Einsatz für die und bei der National Association of Office-workers, geriet zur albernen Klamotte; und ROLLOVER, der die Fonda und den Schauspieler-Sänger Kris Kristofferson als New Yorker Banker zeigt, hat die richtigen Darsteller im falschen Film — oder umgekehrt. Auch ON GOLDEN POND stellt, verglichen mit den Fonda-Filmen aus der zweiten Hälfte der Siebziger, einen überraschenden Rückzug ins Private dar. Es ist Henry Fondas letzter Film und der erste, der ihn zusammen mit seiner Tochter zeigt, und er reflektiert ein wenig exhibitionistisch die Vater—Tochter-Beziehung der famosen Fondas, die nun doch noch zu einem Happy-End fand. Kurz darauf, am 12. August 1982, erlag Henry Fonda einem Herzinfarkt, hatte ein paar Monate zuvor für diesen Film doch noch seinen ersten (regulären) „Oscar" erhalten können.

Inzwischen stellen, Mitte der achtziger Jahre, Kinofilme nur noch einen Geschäftszweig unter vielen im Jane-Fonda-Konzern dar: AGNES OF GOD zeigt Jane Fonda als Psychiaterin, die ein Gutachten über eine junge Nonne, die ihr Baby getöt hat, anzufertigen hat, und in Arbeit sind OLD MONEY, der Jane zusammen mit ihrem Bruder Peter vor die Kamera bringen soll, und eine Komödie mit dem Titel STRAIGHT TALK — aber was ist das schon, verglichen mit all den anderen Aktivitäten? Wieder steht Jane Fonda im Kreuzfeuer der öffentlichen Meinung. Die Ewiggestrigen haben ihr und Tom Hayden noch immer nicht ihr nordvietnamesisches Engagement verziehen und sehen in ihr nach wie vor eine Landesverräterin; linke Gefährten von einst sind über den neuen Fonda & Hayden-Kurs entsetzt, der geradewegs in die Arme des Establishments zielt; und selbst die bislang wohlgesonnenen Teile der Presse beginnen Jane in einem kritischen Licht zu betrachten. Ihre rastlosen geschäftlichen Unternehmungen lassen sie selbst für kalifornische Verhältnisse, wo der schnell und (halbwegs) ehrlich verdiente Dollar immer noch einen guten Klang hat, als „geldgeil" erscheinen. Ihre Workout Studios in Beverly Hills und Encino (das in San Francisco ist mittlerweile geschlossen) bringen auch nach Abebben der Aerobic-Welle noch gute zwei Millionen Dollar pro Jahr, ihre Aerobic-, Schwangerschafts- und Anti-Altern-Bücher sind als Hardcover und als Taschenbuch monatelang auf den Bestsellerlisten, die dazugehörigen Videokassetten haben sich mehr als eine Viertelmillion Mal verkauft, und die LP mit seichter Aerobic-Musik wurde ihr in Platin überreicht. Den einzigen Flop mußte die Fonda mit ihrer übersteuerten Fitneßkleidung hinnehmen, aber dies schien eher ein Marketingproblem zu sein, das wohl bald ausgebügelt sein wird.

Und da wirkt nun auch wie ein geschickter Reklametrick, wenn Jane Fonda in der Januarausgabe von *Cosmopolitan* der staunenden Nation „gesteht", daß sie auch bei der allerneuesten (Frauen-)Krankheit Bulimie längst Vorreiterin ist und diese, natürlich, aus eigener Kraft überwunden hat. Seit ihrem zwölften Lebensjahr hat sie, 23 Jahre lang, an dieser Freß-und-Würgsucht gelitten, die nach ihren Schätzungen 20 bis 30 Prozent aller Amerikanerinnen befallen hat. Sicher wird Jane auch dagegen bald ein Rezept in einem Buch vermarkten, das ein gutes Geschäft werden könnte. Ein Großteil des Fonda-Vermögens wird wohl wie bisher in politische Arbeit fließen oder genauer: in Tom Haydens Karriere. Er, der seit 1982 im kalifornischen Staatsparlament als Abgeordneter sitzt, hat einen neuen Anlauf auf den US-Senat nicht aus den Augen verloren und, wie es aussieht, auch nicht die Präsidentschaft. Und da Amerika heute mehr denn je als das Land der unbegrenzten (Un-)Möglichkeiten zu sein scheint, ist es auch nicht auszuschließen, daß Jane Fonda eines schönen Tages tatsächlich als First Lady ins Weiße Haus einziehen wird. Oder aber daß — da heute Schauspieler Politiker sind und Politiker, wenn nicht gar Schauspieler, so zumindest doch TV-Selbstdarsteller —, daß Tom Hayden, für die perfekte Verkörperung des Politikers selben Namens, einmal einen „Oscar" erhalten wird.

PW

Filmographie Jane Fonda:

Tall Story (Je länger — je lieber), 1959, Joshua Logan. *Walk on the Wild Side* (Auf glühendem Pflaster), 1962, Edward Dmytryk. *The Chapman Report* (Der Chapman-Report), 1962, George Cukor. *Period of Adjustment* (Zeit der Anpassung), 1962, George Roy Hill. *In the Cool of the Day* (Begierde an schattigen Tagen), GB 1963, Robert Stevens. *Sunday in New York* (Sonntag in New York), 1963, Peter Tewksbury. *Les Félins* (Wie Raubkatzen), F 1964, René Clément. *La Ronde* (Der Reigen), F/I 1964, Roger Vadim. *Cat Ballou* (Cat Ballou — Hängen sollst du in Wyoming), 1964, Elliot Silverstein. *La Curée* (Die Beute), F/I 1965, Roger Vadim. *The Chase* (Ein Mann wird gejagt), 1966, Arthur Penn. *Any Wednesday/Bachelor Girl Apartment* (Jeden Mittwoch), 1966, Robert Ellis Miller. *Hurry Sundown* (Morgen ist ein neuer Tag), 1967, Otto Preminger. *Barefoot in the Park* (Barfuß im Park), 1967, Gene Saks. *Barbarella* (Barbarella), I/F 1967, Roger Vadim. *Histoires extraordinaires,* F/I 1968, Roger Vadim. *They Shoot Horses, Don't They?* (Nur Pferden gibt man den Gnadenschuß), 1969, Sydney Pollack. *Angela Davis — Portrait of a Revolutionary,* 1971, Yolande du Luart. *Klute* (Klute), 1971, Alan J. Pakula. *Steelyard Blues* (Steelyard Blues), 1972, Alan Myerson. *Tout va bien* (Alles in Butter), F 1972, Jean-Luc Godard, Jean-Pierre Gorin. *Letter to Jane/ Une lettre pour Jane,* F 1972, Jean-Luc Godard, Jean-Pierre Gorin. *A Doll's House* (Nora), GB/F 1972, Joseph Losey. *Vietnam Journey: Introduction to the Enemy,* 1974, Haskell Wexler. *The Blue Bird* (Der blaue Vogel), USA/UdSSR 1976, George Cukor. *Fun with Dick and Jane* (Das Geld liegt auf der Straße), 1976, Ted Kotcheff. *Julia* (Julia), 1977, Fred Zinnemann. *Coming Home* (Coming Home — Sie kehren heim), 1978, Hal Ashby. *Comes a Horseman* (Aufstand der Gerechten), 1978, Alan J. Pakula. *California Suite* (Das verrückte California-Hotel), 1978, Herbert Ross. *The China Syndrome* (Das China-Syndrom), 1979, James Bridges. *The Electric Horseman* (Der elektrische Reiter), 1979, Sydney Pollack. *Nine to Five* (Warum eigentlich... bringen wir den Chef nicht um?), 1980, Colin Higgins. *Rollover* (Das Rollover-Komplott), 1981, Alan J. Pakula. *On Golden Pond* (Am goldenen See), 1981, Mark Rydell. *Agnes of God,* 1985, Norman Jewison.

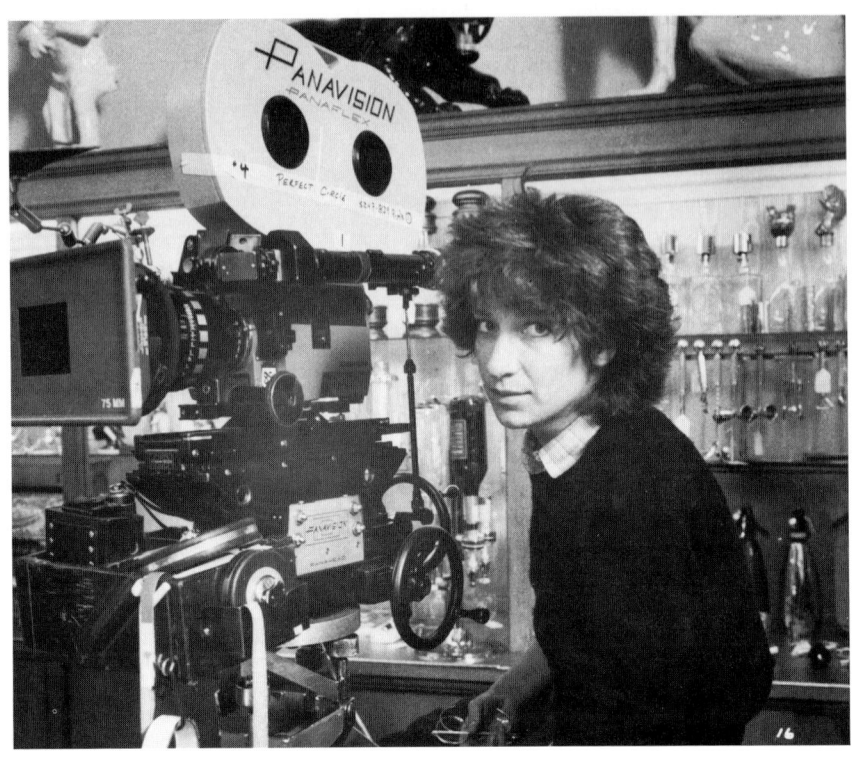

Claudia Weill bei den Dreharbeiten zu IT'S MY TURN (1980)

Frau und Filmerin
Claudia Weill

Hi, this is Claudia Weill. I'm not in right now so please leave your name and number, the day and time you called and I'll call you back as soon as possible. Thank you.

Eine sympathische Stimme kommt vom Anrufbeantworter, und sie scheint recht gut zu der Frau auf dem Foto zu passen, das da vor mir auf dem Schreibtisch liegt. Das Foto habe ich ein paar Tage zuvor in Hollywood bei Larry Edmunds Cinema Bookshop für zwei Dollar erworben, das einzige, was in dem ansonsten gutsortierten Laden aufzutreiben war. Es zeigt eine schlanke junge Frau mit widerspenstigem Haar (es soll dunkelrot sein, wie ich später lese), mit einem verhaltenen Lächeln und skeptisch dreinblickenden Augen (angeblich blau). Die Stimme klingt eindeutig nach Eastcoast, nur überrascht mich die Aussprache des Diphthongs von „Claudia": das ist nicht Amerikanisch, sondern klingt beinah wie Deutsch.

Ein überaus sonniger Spätvormittag im Januar 1985 in Los Angeles, und ich sitze vor dem Telefon in einem Haus in Brentwood Heights, etwa eine Viertel Meile oberhalb des Sunset Boulevards, über den ich jetzt lieber mit dem Wagen in Richtung Pazifikküste fahren würde. Wie schon an den Tagen zuvor versuche ich Claudia Weill telefonisch in dem von sibirischer Kälte heimgesuchten New York zu erreichen. Heute lasse ich keine Nachricht auf dem Anrufbeantworter, den ich allmählich zu hassen beginne, und versuche im Stundentakt Miss Weill direkt zu erreichen. Ich ahne noch nicht, daß es derart lange dauern und so schwierig sein würde.

Mir kommt eine Szene aus Claudia Weills grandiosem Spielfilmdebüt GIRLFRIENDS in den Sinn. Susan Weinblatt, die Hauptfigur des Films, kehrt nach einem mühsamen Arbeitstag, nach ihren fotografischen Streifzügen durch Manhattan, in ihre einsame Wohnung zurück, hört als erstes ihren Anrufbeantworter ab, macht Rückrufe, die nicht selten wieder nur ein Tonband erreichen. Ein mühsames und groteskes Spiel, nur um jemanden ans Telefon zu bekommen. Ähnlich stelle ich mir Claudia Weill vor, wie sie nach ihrem Arbeitstag — von dem ich allerdings nicht weiß, wie er zur Zeit aussehen könnte — in das Büro ihrer winzigen Filmfirma „Cyclops Films" am Broadway, nicht weit von der Ecke zur 53rd Street, kommt und die eingegangenen Anrufe abhört. Ich versuche es zur Abwechslung mal wieder mit der Privatnummer, mit der ihres Apartments in der 10th Street in Greenwich Village, wo die Weill nun schon seit mehr als 15 Jahren wohnen soll. Kein Anrufbeantworter — aber es hebt auch niemand ab.

„I'm not in right now." Die unfreiwillige Doppelbedeutung dieses

Satzes bestätigt sich im Gespräch mit ein paar Leuten, die sich auszu-
kennen scheinen: Claudia Weill ist tatsächlich nicht „in" im Augenblick. Zumindest nicht in Hollywood. Natürlich erinnert man sich an
den Weill-Hit GIRLFRIENDS, mit dem sie sich beinahe über Nacht ihren
Platz als „hottest woman filmmaker" in der Filmstadt erobert hat, auch
noch, daß ihr zweiter Film IT'S MY TURN nicht schlecht, aber eben kein
Kassenerfolg war. Was sie jetzt macht? Keine Ahnung. Wird wohl wieder in New York City sein, dort, wo sie herkam.

An einem der nächsten Tage sitze ich in Beverly Hills in der Bibliothek der Academy of Motion Picture Arts and Sciences. Vor mir habe
ich einen mittleren Berg von Zeitungsausschnitten, Illustriertenberich-
ten und Pressemitteilungen über Claudia Weill. In einem Extra-Um-
schlag finde ich einige Szenenfotos aus ihren Filmen und ein von ihr
ausgefülltes Formblatt der Academy mit persönlichen und filmogra-
phischen Daten. Nur die Zeile „Birthdate" hat Claudia Weill mit einem Strich versehen. Vielleicht erklärt sich daraus, daß die Artikel
über sie abwechselnd 1946 und 1947 als Geburtsjahr angeben. Aus
dem Datenblatt geht hervor, daß es allen Personen zugesandt wird, die
eine „Oscar"-Nominierung oder gar einen „Oscar" erhalten, mit der
Bitte, es ausgefüllt an die Academy wieder zurückzusenden. Denn deren vornehmste und bekannteste Aktivität seit dem Jahr 1929 ist die
alljährliche Verleihung der heißbegehrten „Oscars".

Nachdem ich mich durch den Packen der Clippings durchgearbeitet
habe, ergibt sich ein vorläufiges, unvollkommenes Bild von Claudia
Weill, dem aber, wie bei einem unfertigen Puzzle, noch zahlreiche
Stücke fehlen. Der letzte Artikel stammt aus der *New York Times* vom
20. April 1984 und kündigt den Probenbeginn zu einem Theaterstück
am Broadway an, der vorletzte berichtet von der Premiere von IT'S MY
TURN im Frühjahr 1981. Dazwischen liegt ein Nachrichtenvakuum von
ziemlich genau drei Jahren.

Ich setze meine Anrufe fort. Cyclops Films: Anrufbeantworter. Privatnummer: niemand hebt ab. Dann endlich doch. Eine Frauenstim-
me, die nicht die der Weill ist, erzählt mir, Miss Weill inszeniere gerade
ein Stück am Broadway und in wenigen Tagen sei Premiere. Sie habe
zur Zeit einen Sechzehn-Stunden-Tag, ich könne aber am Sonntagmor-
gen noch einmal anrufen. Ich versuche es, Claudia Weill ist nicht da,
es wird ein neuer Termin ausgemacht, der aber auch nicht klappt. Ich
bin ein wenig enttäuscht, habe aber Verständnis: Wenn man kurz vor
der Premiere steht, hat man keine Zeit für längere Telefoninterviews.
Ich suche weiter nach Material über die Weill, kaufe ein paar alte Zeitschriften und Magazine mit Artikeln über sie oder ihre beiden Filme,
frage ein bißchen herum — sammle Fakten und Eindrücke. Auch der
nächste Gesprächstermin scheitert, aber die Frau am Telefon schlägt
vor, ich könne mich mit Claudia Weill in Los Angeles treffen, sie habe

vor, in zwei, drei Wochen dorthin zu fahren. Schade, dann muß ich bereits wieder in Deutschland sein. Wir vereinbaren, daß ich dann von dort aus wieder bei Claudia Weill anrufen werde.

✳

„Zwei Mädchen, zwei Freundinnen, leben zusammen und fühlen sich wohl. Da heiratet die eine und zieht aus. Die Zurückbleibende ist traurig und durch die Trennung psychisch gestreßt. Sie leidet, versucht der Einsamkeit zu entkommen. Sie besucht ihre verheiratete Freundin und merkt, daß die Ehe auch nicht alles Glück der Erde bedeutet. Das tröstet sie, aber ihre Unruhe bleibt. Ich bin eben anders als die anderen, denkt die Alleingelassene und findet das Leben wieder bunt und angenehm ..."

So faßte Melanie Mayron, die Hauptdarstellerin von GIRLFRIENDS, den Inhalt des Films recht treffend zusammen. An einem unfreundlichen Donnerstagmorgen im Oktober 1978 sitze ich in einem Kölner Kino und warte auf den Beginn der Pressevorführung. Lustlos blättere ich in der Pressemappe, die von Warner-Columbia verteilt wird und die, wie sich später herausstellt, voller Fehler steckt. Es scheint, als seien gutgemachte Pressemappen noch seltener als gute Filme. Zwar wird in dem dünnen Heftchen versichert, der Film sei in Cannes „mit Begeisterung aufgenommen" worden, aber ein paar andere Sätze wirken eher abschreckend: „Hier erweisen sich die beiden unbekannten Hauptdarstellerinnen und die Regisseurin als ein Trio, das Filme der herrlich banalen Sorte herzustellen weiß." „Man geht mit dem Gefühl aus dem Kino, endlich mal einen Blick durchs Schlüsselloch ins Nachbarhaus getan zu haben. Und das befriedigt bekanntlich enorm ..."

Weder mag ich Filme „der herrlich banalen Sorte", noch befriedigen mich Blicke durch irgendwelche nachbarlichen Schlüssellöcher — schon gar nicht am (relativ) frühen Morgen. Dennoch, von dem Film bin ich begeistert. Die Alltagsabenteuer der jungen New Yorker Fotografin, die Geschichte dieser amüsanten und schmerzlichen Frauenfreundschaft faszinieren mich — so sehr, daß ich am Samstagabend mit ein paar Freunden wieder in den Film gehe. Und bevor er nach ein paar Wochen wieder aus den Kinos verschwindet, habe ich ihn ein drittes Mal gesehen und so einen langweiligen Abend in Hamburg gut überstanden.

GIRLFRIENDS erinnerte mich, vor allem durch seine Schauplätze in Manhattan mehrfach an Paul Mazurskys AN UNMARRIED WOMAN, der ein paar Monate vorher in den Kinos lief. Erst viel später erfuhr ich, was es damit auf sich hat: Mazursky, der mit den Dreharbeiten zu seinem Film begann, als Claudia Weill schon mitten in der Arbeit an ihrem steckte, hatte sich einige Zeit zuvor von ihr bei der Auswahl der Drehorte beraten lassen. Im Gegenzug dürfte Mazursky ihr Melanie Mayron empfohlen haben, die in Mazurskys HARRY AND TONTO vier Jahre früher mit einer kleinen Nebenrolle ihr Filmdebüt abgeliefert hatte. Für die Darsteller und für die Regisseurin muß es sehr schmerzlich gewesen sein, zu sehen, wie andere Filme über „Frauenthemen" — neben Mazurskys AN UNMARRIED WOMAN auch JULIA mit Jane Fonda und Vanessa Redgrave und THE TURNING POINT mit Shirley MacLaine und Anne Bancroft — nach und nach in die Kinos kamen, während der eigene Film nicht fertig wurde. Andererseits ebneten gerade diese Filme mit ihren großen Star- und Regisseurnamen GIRLFRIENDS den Weg in die Kinos.

Im Frühjahr 1981 sah ich dann Claudia Weills zweiten Spielfilm IT'S MY TURN und war ein wenig enttäuscht. Sicherlich hing das damit zusammen, daß ich gegen die Hauptdarstellerin Jill Clayburgh eine kaum begründbare Abneigung habe und mich ihre überdrehte Darstellungsweise bereits in AN UNMARRIED WOMAN nervte. Anstelle der spontanen Frische von Melanie Mayron setzte Jill Clayburgh ihre üblichen Tricks und Manierismen, und ich fühlte mich zeitweise in „Die entheiratete Frau — zweiter Teil" versetzt. In IT'S MY TURN spielt sie Kate Gunzinger, eine Mathematiklehrerin, die Karriere und Privatleben — sie lebt „lokker" mit einem Mann zusammen — vorzüglich im Griff hat oder zumindest zu haben scheint. Sie fährt zu einem Vorgespräch wegen einer Stelle an der Columbia University nach New York, wo sie auch an der zweiten Hochzeit ihres verwitweten Vaters teilnimmt. Sie verliebt sich in den 35jährigen Sohn ihrer neuen Stiefmutter und muß mit einem Mal erkennen, daß sie in ihrem bisherigen Leben emotionale Nähe weitgehend ausgespart und verdrängt hat. Sie gerät in ein doppeltes Dilemma: Soll sie den prestigevollen Job an der Uni annehmen oder ihrem College treu bleiben, und soll sie ihrem neuentfachten Wunsch nach einer engeren Beziehung nachgeben oder ihr wohlorganisiertes Privatleben fortsetzen?

Zunächst beginnt IT'S MY TURN wie eine spannende Fortsetzung der GIRLFRIENDS-Geschichte: Wie sieht das Leben der Frau zehn Jahre später aus, nachdem sie sich beruflich durchgesetzt, ihr Privatleben jedoch weitgehend vernachlässigt hat? Dann aber entwickelte sich der Stoff zu einem verwaschenen Plädoyer dafür, daß die beruflich erfolgreiche Frau doch wieder zu Ehe und Haushalt zurückkehren soll, womit der Film reichlich althergebracht und gleichzeitig auch seiner Zeit voraus wäre. Kein Wunder, daß er bei den Zuschauern nicht die stürmische Zustimmung wie GIRLFRIENDS auslöste.

Claudia Weill wehrt sich vehement gegen den Vorwurf, eine eher konservative Story erzählt zu haben: „Kates bisherige Beziehung basierte mehr auf Distanz als auf Nähe, was für eine Weile sehr wichtig, auf Dauer aber unbefriedigend ist. Der Film schildert einen Bewußtseinswandel. In dieser Hinsicht könnte man ihn als eine Rückbesinnung auf konservativere Werte betrachten, aber ich glaube nicht, daß das stimmt. Ich plädiere nicht dafür, Frauen sollten sich wieder in die Rolle des Opfers fügen, sondern dafür, daß sie genausoviel Energie in ihre Beziehungen stecken wie in ihre Karrieren oder in sich selbst. Ich glaube überhaupt nicht, daß das reaktionär ist, ich glaube, dies wäre der nächste Schritt: die überkommenen Werte akzeptieren zu können, ohne jedoch deren negativen Aspekte zu übernehmen."

Wenn dies die Intention der Drehbuchautorin und der Regisseurin gewesen sein sollte, so läßt die Komödienhandlung, die ihren Witz aus der genauen Beobachtung des Alltags einer weitgehend selbständigen Frau bezieht, nicht viel davon übrig. IT'S MY TURN gerät auch an keiner Stelle in Gefahr, zu tiefgründig zu werden — wie Claudia Weills Erklärung befüchten lassen könnte —, sondern im Gegenteil, am Ende überwiegt der Eindruck der Oberflächlichkeit. Die Entwicklung der bewundernswert schlagfertigen und selbstbewußten Mathematikerin — bei allen Selbstzweifeln, wie sie sich entscheiden soll — zu einer Frau, die mit aller Gewalt ihre kurze, neue Affäre fortsetzen will, kommt überraschend und wirkt nicht gerade überzeugend. Es scheint, als habe Claudia Weill in die letzten Minuten des amüsanten, aber auch ein wenig belanglosen Films noch eine ernst zu nehmende „Botschaft" packen wollen. Genau dies aber widerspricht dem ausdrücklichen Credo der sich selbst gelegentlich als Feministin bezeichnenden Regisseurin: „Ich bin Feministin und ich bin Filmemacherin — das eine hat mit dem anderen nicht unbedingt zu tun. Ich glaube nicht an didaktische Filme. Man kann Menschen nur verändern durch Emotionen — indem man sie lachen oder weinen macht."

✳

So ähnlich die beiden Spielfilme der Weill sich auch sind — vor allem indem sie mehr Wert legen auf das Skizzieren von Charakteren, Milieus und Situationen als auf die Entwicklung einer glaubhaften Fabel —, so unterschiedlich sind die Umstände ihrer Entstehung. Beinahe exemplarisch beleuchten die Vorgeschichten zu beiden Filmen den Unterschied von einer „unabhängigen" Billigproduktion und einem im Studio gedrehten Hollywood-Film.

Die Uridee zu GIRLFRIENDS rührt aus dem Jahre 1973 her. Claudia Weill hatte gerade zusammen mit Shirley MacLaine einen Dokumentarfilm über die erste Reise einer amerikanischen Frauendelegation ins kommunistische China gedreht. Nach diesem THE OTHER SIDE OF THE SKY: A CHINA MEMOIR war das Interesse der Weill am dokumentarischen Arbeiten erschöpft. „Ich hatte genug von Dokumentarfilmen. Ich wollte nicht mehr tagelang warten, bis ich das drehen konnte, was ich brauchte. Ich sehnte mich danach, eine fiktive Geschichte zu erzählen, bei der die Leute genau das tun würden, was ich wollte." Das American Film Institut gewährte ihr 10 000 Dollar als Stipendium für einen Dokumentarfilm über die Situation heranwachsender Jüdinnen in New York, doch Claudia Weill konnte das Institut davon überzeugen, daß sich das Thema besser in einem etwa zehnminütigen Kurzfilm mit Spielhandlung darstellen ließe. Zusammen mit der Autorin Vicki Polon entwickelte sie ein Skript und schaffte es — nachdem eine „Oscar"-Nominierung für THE OTHER HALF OF THE SKY ihr weiteren Aufwind gebracht hatte —, mit zwei weiteren Förderungszusagen das Budget des Projekts auf 80 000 Dollar zu erhöhen. Im Winter 1975 begannen die Dreharbeiten zu dem Film, der inzwischen auf eine Länge von 30 Minuten konzipiert war.

Die Weill und Vicki Polon waren mit dem abgedrehten Material aber unzufrieden und mußten einsehen, daß der Stoff nach einer ausführlicheren Behandlung verlangte. Sie beschlossen, das Wagnis einzugehen und einen richtigen Spielfilm zu drehen. Claudia Weill trieb von Freunden und Bekannten weitere 60 000 Dollar auf und begann, ein Jahr nach der ersten, mit einer zweiten Drehphase. Nach einem weiteren aufreibenden Jahr, in dem man ihr mehrfach Strom und Telefon abstellte und seitens ihrer Kreditkartenfirma mit dem Gerichtsvollzieher drohte, war der Film im Januar 1978 endlich fertig. Er hatte alles in allem etwa eine halbe Million Dollar verschlungen, die zum größten Teil noch bezahlt werden mußte. Eine vergleichsweise lächerliche Summe für einen ausgewachsenen Spielfilm, aber ziemlich viel für eine nahezu unbekannte Nachwuchsfilmerin aus New York.

Doch nach der langen Phase des Zitterns um Budget und Ergebnis folgte nun ein ungewöhnlicher Siegeszug. Auf einem Avantgardefilm-Festival in Rotterdam war der Film zwar völlig deplaziert, kam aber beim Publikum gut an. Mutig geworden, führte die Weill ihn dem Auswahlkomitee für das Filmfestival in Cannes vor, das ihn sofort für die „Quinzaine des Réalisateurs" akzeptierte. Nur einen amerikanischen Verleiher zu finden, war schwierig. Die unabhängigen Verleihfirmen äußerten sich hinhaltend — die einen fürchteten, dieses „Frauenthema" sei nicht kommerziell genug, die anderen hatten Bedenken, dieser durch und durch hollywoodähnliche Streifen würde nicht in ihre Staffel passen. Mit dem Mut der Verzweiflung flog Claudia Weill nach Los Angeles, mietete sich in einem drittklassigen Hotel ein, suchte aus dem Telefonbuch die Telefonnummern der großen Studios heraus und rief von einem öffentlichen Telefon aus an. Mit der Cannes-Einladung als einziger Referenz bot sie ihren Film feil, und zu ihrer Überraschung akzeptierte Warner Brothers — man wollte, da der Konkurrent 20th Century-Fox mit JULIA, AN UNMARRIED WOMAN und THE TURNING POINT auf die Frauenfilmwelle gesetzt hatte, den Trend nicht verpassen. Warner nahm GIRLFRIENDS nicht nur in ihren weltweiten Verleih auf, das Studio machte auch gleich einen Vorvertrag mit der Weill über zwei weitere, noch zu entwickelnde „Frauenstoffe". Bald danach kam der Erfolg mit dem Film auf der Filmex in Los Angeles und dann bei dem Festival in Cannes. Mit einem Mal war Claudia Weill die begehrteste Frauenfilmerin der USA und unter den Wunderkindern Hollywoods das einzige weibliche.

Auch IT'S MY TURN war genau wie GIRLFRIENDS zunächst nicht als Spielfilm geplant gewesen. Schon seit einigen Jahren kannte und bewunderte die Weill die Romanautorin Eleanor Bergstein, hatte sie auch als Drehbuchautorin für GIRLFRIENDS in Betracht gezogen. Damals war die Bergstein jedoch zu beschäftigt gewesen, und erst als GIRLFRIENDS beinahe fertig war, kam die Zusammenarbeit der beiden Frauen zustande. Unter dem Titel „The Perfect Circle" sollte aus dem Stoff ein Fernsehfilm für die Visions-Serie des Public Broadcasting Service gedreht werden. Nun mit dem Erfolg von GIRLFRIENDS in der Tasche, kaufte die Weill das Projekt zurück, entwickelte mit Eleanor Bergstein daraus ein Filmdrehbuch und bot es Warner an. Die lehnte ab, und auch 20th Century-Fox interessierte sich nur vorübergehend dafür. Dann stieg der Produzent Ray Stark ein, brachte Jill Clayburgh und Michael Douglas mit in den Deal und verkaufte das Ganze an Columbia.

Während der Drehzeit an dem Film, 1979/80, stieg der Erfolgszwang, unter dem die Weill stand, ins Ungeheure. Jane Wagner hatte mit dem Travolta-Film MOMENT BY MOMENT soeben einen Riesenflop gelandet, und Nancy Walkers CAN'T STOP THE MUSIC befand sich gerade auf dem Weg in dieselbe Kategorie. Frauen als Regisseure begannen die Studiobosse — nach einer winzig kurzen Phase des Vertrauens — bereits wieder nervös zu machen. Bald gab es wilde Gerüchte, die Stars und die Regisseurin oder der Produzent und die Regisseurin hätten heftigste Auseinandersetzungen auf dem Set, Claudia Weill mangele es an Erfahrung und Autorität, Ray Stark hasse den Film, und die Drehbuchautorin fühle sich überfahren.

Zumindest nach außen hin blieb Claudia Weill gelassen. Sie meinte, sie sei nicht anders behandelt worden als jeder andere Hollywood-Debütant, und die Geldgeber hätten nun mal das Recht, sich um ihre Investitionen zu kümmern. Trotz gelegentlicher Schwierigkeiten, sich bei den auf männliche Autorität fixierten Schauspielern und Technikern durchzusetzen, konnte die Weill den Film rechtzeitig beenden und blieb auch innerhalb ihres Budgets von sieben Millionen Dollar. Im Oktober 1980 kam der Film unter dem Titel IT'S MY TURN dann in die Kinos. In den ersten drei Wochen spielte er zwei Millionen Dollar ein, doch dann machten sich die gemischten Kritiken bemerkbar und die Einnahmen an der Kinokasse ebbten rasch ab. Der große Traum von Hollywood war für Claudia Weill (zunächst einmal) ausgeträumt. Hatte sie kurz zuvor noch optimistisch verkündet: „Ich bin als Regisseur mittlerweile akzeptiert. Ich glaube, daß in zehn Jahren niemand mehr bei meinem Namen an eine *Frauen*filmerin denken wird", so sah es jetzt aus, als ob sich dieser Satz in einem ganz anderen Sinne bewahrheiten würde — niemand mehr würde bei ihrem Namen an überhaupt etwas denken.

✳

Ebenso wie die Hauptfiguren ihrer beiden Filme, Susan Weinblatt in GIRLFRIENDS und Kate Gunzinger in IT'S MY TURN, entstammt auch Claudia Weill einer New Yorker jüdischen Familie. Ihre Eltern waren in den dreißiger Jahren unter der Bedrohung durch die Naziherrschaft in Deutschland von der Schweiz nach New York emigriert. Der Vater, Guy Weill, stammte aus einer Schweizer Tuchmacherfamilie und führte in der Madison Avenue in Manhattan ein Herrenausstattergeschäft mit Namen „British American House" — nebenbei widmete er sich der Malerei und der Fotografie. Die Mutter Marie Hélène arbeitete zeitweise als Dozentin für ostasiatische Kunst am China Institute und am Metropolitan Museum of Art. Und für denjenigen, der bei dem Namen „Weill" an den berühmten *Dreigroschenoper*-Komponisten Kurt Weill denkt, der in den Dreißigern ebenfalls von Deutschland nach New York ging, für den hat die Regisseurin eine verwandtschaftliche Beziehung parat: Sie ist eine „entfernte Kusine" des 1950 in New York verstorbenen Komponisten, an den sie keine persönliche Erinnerung hat.

Als erstes Kind der Familie — zwei weitere Töchter folgten — kam Claudia Weill 1946 in New York City zur Welt. Ihre Kindheit und die High-School-Zeit verbrachte sie in Scarsdale, doch in den Sommerferien half sie stets im Laden ihres Vaters und kam so zu dem Vergnügen, in Manhattan umherstreifen und ihre Liebe zu der Stadt entwickeln zu können. Als ein sehr frühes Idol ihrer Kindheit erinnert sie sich an George Sand, und auch für sich selbst träumte sie davon, einmal Künstlerin und Gefährtin von Künstlern zu werden. Obwohl ihr Großvater ihr riet, den sprachunabhängigen und krisenfesten Beruf einer Näherin zu erlernen — ein Ratschlag, der aus seinen Flüchtlingserfahrungen resultierte —, zog sie doch bei weitem die Beschäftigung mit Malen und Fotografieren vor.

Nach Abschluß der High-School ging sie 1966 ans renommierte Radcliffe College in Cambridge bei Boston. Ursprünglich wollte sie dort Malerei studieren, doch dann entschied sie sich für Geschichte und Fotografie. Bald schon wurde sie für einen Sommerkurs an die Yale University ausgewählt, um mit dem Fotografen Walker Evans zu arbeiten. Zuvor hatte sie bereits eine andere Einladung zu Oskar Kokoschka nach Salzburg geführt. Im Sommer 1967 vermittelte Evans ihr dann einen Job als Standfotografin bei den Dreharbeiten zu einem Dokumentarfilm über die Hippiebewegung. Gedreht wurde dieser Strei-

Claudia Weill bei den Dreharbeiten zu GIRLFRIENDS (1978)

fen mit dem passenden Titel REVOLUTION in Haight-Ashbury bei San Francisco, der damaligen Hochburg der Bewegung. Zwar wurde die Weill bei der Produktion für alle möglichen Hilfsarbeiten herangezogen, aber insgesamt machte ihr die Tätigkeit Spaß. Für ein relativ behütet aufgewachsenes Mädchen aus dem jüdischen Mittelstand von der Ostküste war die Konfrontation mit Flower Power, mit freiem Leben und freier Liebe wohl ein aufregendes wie irritierendes Erlebnis, obwohl sie von der Filmarbeit sicherlich nachhaltig beeindruckt war. Kein Wunder, daß ihre Eltern, wie sie sich erinnert, ihre Tochter sehr verändert fanden, als sie nach dem Sommer an die Ostküste zurückkehrte. Als der Cutter des Films, der auch im Spielfilmbereich angesehene Carl Lerner, sie anschließend noch zu seiner Assistentin machte, waren die Weichen gesetzt: Sie wollte Filmerin werden.

Wieder im College, setzte sie durch, daß eine Filmkamera angeschafft wurde, und 1968 konnte sie schon ihre beiden ersten Kurzfilme präsentieren. Sie entwickelte ein großes Nachholbedürfnis, sich die Filmgeschichte anzueignen, da sie als Kind und Jugendliche nie besonders filminteressiert gewesen war. 1969 graduierte sie am College, arbeitete eine Zeitlang als freiberufliche Kamerafrau und Fotografin, studierte gleichzeitig aber auch ein Jahr Schauspiel und Theaterregie. Zusammen mit dem ein paar Jahre älteren Harvard-Absolventen Eliot Noyes Jr. gründete sie ihre „Firma" Cyclops Films und begann, fürs öffentliche Fernsehen Kurzdokumentarfilme zu drehen. Auch für die 1969 konzipierte, weltweit erfolgreiche Kinderfernsehserie *Sesame Street* (Sesamstraße) konnte sie 17 Minibeiträge herstellen, die ihr ein günstiges Experimentierfeld boten. Zusammen mit der Filmemacherin Joyce Chopra drehte sie dann 1972 einen 28minütigen Film über die Chopra und deren Problem, Arbeit, Schwangerschaft und die Ablösung von ihren Eltern unter einen Hut bringen zu können. Mit diesem Film erntete die Weill nicht nur ein paar wichtige Preise, er verschaffte ihr auch die Bekanntschaft zu Shirley MacLaine.

Claudia Weill bat nämlich, nachdem sie JOYCE AT 34 fertiggestellt hatte, die MacLaine, sich den Film anzusehen und ein paar Worte darüber für eine Pressebroschüre zu schreiben. Shirley MacLaine war dafür bekannt, daß sie sich für die Frauenbewegung und für Frauenfilme interessierte, und die Weill hoffte, daß eine Empfehlung von ihr dem Film helfen würde. Tatsächlich verfaßte die MacLaine, die von der Dokumentation beeindruckt war, eine Laudatio. Kurz darauf erhielt die völlig überraschte Claudia Weill einen Anruf von Shirley MacLaine, die fragte, ob sie Lust habe, an einer dreiwöchigen Reise durch die Volksrepublik China teilzunehmen und darüber einen Film zu machen. Natürlich sagte Claudia Weill zu, stellte ein Team aus drei weiteren Filmemacherinnen zusammen und startete Mitte April 1973 auf eine Entdeckungs- und Selbsterfahrungsreise, die sie tief beeindruckte. In ih-

234

rem zweiten autobiographischen Buch, das den Titel *You Can Get There from Here* trägt, zitiert Shirley MacLaine eine Aussage der Weill, die zeigt, was die Auseinandersetzung mit einer derart ungewohnten Gesellschaftsform bewirkte: „China hat mir geholfen, viele der Fassaden einzureißen, die ich als Feministin vor mir aufgebaut hatte. Ich vermag mich jetzt zu mehr Ehrlichkeit zu bekennen, und ich verlange nun auch mehr Aufrichtigkeit von den Personen meiner Umgebung." Ebenso wie die anderen Frauen der Delegation lernte die Weill auch, ihr Konkurrenzverhalten den anderen gegenüber weitgehend abzulegen und mit ihnen Solidarität zu üben. Vor allem aber lernte sie, sich zu dem zu bekennen, was sie wirklich erreichen wollte — und das hieß, eine fiktive Geschichte zu realisieren.

Nach weiteren Versuchen und einigen Verzögerungen erreichte ich im April von Deutschland aus endlich Claudia Weill. Inzwischen konnte ich mir im Fernsehen noch einmal IT'S MY TURN ansehen und war von der Situationskomik des Films wieder hingerissen. Als ich mit Claudia Weill in New York spreche, wirkt sie abgespannt. Meine Fragen beantwortet sie nur zögernd, als sei sie mißtrauisch. Sie teilt mir mit, sie sei nur auf einen Sprung in New York und lebe seit ein paar Wochen in Los Angeles. Natürlich arbeitet sie dort an einem neuen Film — an mehreren Projekten sogar gleichzeitig, wie sie mir versichert. Über ihre laufende Arbeit, über ihre Pläne will sie jedoch nichts verraten, das sei immer so schwierig und bringe nur Unglück. Ihre Bemerkung, sie sei abergläubisch, klingt nicht gerade glaubhaft, und ich vermute, sie will nicht, daß über ihre noch recht offenen Filmvorhaben zu früh gesprochen wird.

Auch über ihre Schwierigkeiten mit dem Hollywood-Establishment während und nach der Dreharbeiten zu IT'S MY TURN mag sie sich nicht äußern. Sie versichert mir, sie habe doch nie Probleme mit Hollywood gehabt, alles sei bestens gelaufen. Wie es dann kommt, daß aus den verschiedenen angekündigten Filmprojekten — unter anderen die Verfilmung eines Kriminalromans von James M. Cain, ein Musical und ein Familiendrama um ein zwölfjähriges Mädchen — nach dem Mißerfolg ihres letzten Films nichts geworden ist? Sie habe für eine Weile keine Filme mehr machen wollen, meint die Weill, sie sei gerne wieder nach New York zurückgegangen und habe sich ganz auf ihre Bühnenarbeit konzentriert. Mehrere Theaterstücke hat Claudia Weill am Broadway inszeniert, zuletzt hatte Ende Januar das lange angekündigte *Found a Peanut* am Public Theater Premiere. Dies ist eine *Lord of the Flies*-Geschichte von Donald Margulies, die im Brooklyn des Jahres 1962 spielt und bei der acht Erwachsene Kinder zwischen fünf und zwölf darzustellen haben. Theaterarbeit mache ihr genausoviel Spaß wie das Filmen, betont die Weill, sie würde keins dem anderen generell vorziehen.

Eine Woche später rufe ich Claudia Weill noch einmal an, diesmal in Los Angeles. Ihre Stimmung ist nun völlig anders. Sie steckt inmitten der Vorbereitungen zu ihrem Filmprojekt, hat nur wenig Zeit und Konzentration für ein längeres Gespräch, wirkt hektisch. Wir kommen auf die unterschiedlich großen Möglichkeiten für Filmemacherinnen in Europa und Amerika zu sprechen. Claudia Weill kennt und schätzt ihre europäischen Regiekolleginnen, vor allem einige aus Deutschland. „Die meisten Filmemacherinnen in Amerika arbeiten in New York und müssen ihre Filme abseits vom großen Geld, sozusagen ‚unabhängig‘ drehen. Kontinuierliche Arbeitsmöglichkeiten für Regisseurinnen gibt es eigentlich nicht — schon gar nicht in Hollywood."

Sie stimmt mir zu, daß Hollywood immer noch männlich dominiert ist, will aber das Thema nicht vertiefen. Wieder spüre ich ihre Vorsicht, keine negativen Äußerungen über das kommerzielle US-Kino zu machen. Ob sie meint, daß Frauen sich nur mit Frauenthemen beschäftigen sollen oder ob sie alle möglichen Filme drehen sollten? „Zunächst war schon gut, wenn Männer einmal einen Film über selbständige Frauenfiguren drehten. Nun drehen Frauen Filme über Frauen, und bald sollte eine Filmemacherin einmal einen Film über einen männlichen Helden drehen, warum nicht? Ich möchte jedenfalls nicht nur Filme über ‚Frauenthemen‘ machen, sondern über alles mögliche." So sei sie zwar Feministin und Filmemacherin, aber eine „feministische Filmemacherin" nicht; mit dem Begriff könne sie auch nichts anfangen. Ob sie in der Frauenbewegung mitarbeite, möchte ich wissen, oder worin ihr Feminismus sich äußere. „Jeder denkende Mensch muß doch heute wohl dem Feminismus nahestehen. Man muß schon eine Art Neandertaler sein, wenn man nicht damit sympathisiert".

Ich bitte Claudia Weill, mir etwas über ihre Art, Regie zu führen, zu erzählen, sie habe einmal geäußert, daß die ganze Vorstellung von der Funktion eines Regisseurs, der Autoritätsbegriff, eine typische Machovorstellung sei. Ihr Verhältnis zu den Schauspielern, den Technikern im Studio sei doch wohl weniger auf der Rolle des Diktators aufgebaut als bei den meisten Männern. Sie möchte dies ebenfalls nicht weiter vertiefen, es sei aber im großen und ganzen richtig. Claudia Weill entschuldigt sich, sie sei eine „extrem schwierige Interviewpartnerin", sie wisse das — sie habe einfach nicht allzuviel zu erzählen. Ich erinnere mich an die Beschreibung, die Shirley MacLaine in ihrem Buch über die Weill gegeben hat: „Claudia war empfindsam und zurückhaltend bis hin zur Schüchternheit." Vielleicht wäre es auch einfacher, wir würden uns persönlich sehen und nicht bloß am Telefon unterhalten, gebe ich zu bedenken. Claudia Weill lacht: „Das würde es nicht einfacher machen, selbst wenn wir hier im selben Raum säßen." Zudem sei sie im Augenblick unheimlich gestreßt, und habe nicht die Ruhe, über ihren Background und ihre Filmarbeit weiter nachzudenken. Schade, doch: wenn alles klappt mit dem, was sie vorhat — wer weiß, vielleicht ist sie schon bald wieder „in", in Hollywood.

PW

Filmographie Claudia Weill:

Kurz- und Dokumentarfilme:

Metropole, 1968. *Radcliffe Blues: Fran,* 1968. *Putney School,* 1969.* *This Is the Home of Mrs. Levant Graham* (Dies ist das Heim von Mrs. Levant Graham**), 1970.* *IDCA 1970,* 1971.* *Sesame Street,* 1971—1972 (15 Real- und 2 Animationskurzfilme). *Commuters* (Pendler**), *Yoga-Great Neck, Roaches, Marriage Bureau* (Eheschließung**), *Subway Lost and Found* (Fundbüro**), *Belly Dancing Class, Bad Dog* (41mal Bellen**), 1972—1973.* *Joyce at 34* (Joyce mit 34), Co-Regie: Joyce Chopra. *The Other Half of the Sky: A China Memoir* (China-Report), 1974, Co-Regie: Shirley MacLaine.

Spielfilme:

Girlfriends (Girl-Friends), 1978. *It's My Turn* (It's my turn — ich nenn' es Liebe!), 1980.

  * Co-Regie: Eliot Noyes Jr.
** Diese fünf Kurzfilme von Weill/Noyes und zwei weitere Animationsfilme von Noyes sendete das ZDF am 18. 3. 1975 unter dem Titel „Hinter den Fassaden einer Stadt".

Literaturhinweise

Allgemein:
Kenneth Anger, *Hollywood Babylon,* München 1975, Reinbek 1979.
Kenneth Anger, *Hollywood Babylon II,* New York 1984.
Tino Balio (Ed.), *The American Film Industry,* Madison 1976, 1984.
Jeanne Betancourt, *Women in Focus,* Dayton 1974.
Kevin Brownlow, *The Parade's Gone By,* New York 1968.
Bonnie Dawson, *Women's Films in Print,* San Francisco 1975.
Richard Dyer, *Stars,* London 1979.
Partricia Erens (Ed.), *Sexual Stratagems. The World of Women in Film,* New York 1979.
Eleanor Flexner, *Hundert Jahre Kampf. Die Geschichte der Frauenrechtsbewegung in den Vereinigten Staaten,* Frankfurt am Main 1978.
Charles Ford, *Femmes cinéastes, ou le triomphe de la volonté,* Paris 1972.
Alexa Foreman, *Women Make Movies,* San Francisco 1980.
Ezra Goodman, *The Fifty-Year Decline and Fall of Hollywood,* New York 1961.
Richard Griffith, *The Movie Stars,* New York 1970.
Molly Haskell, *From Reverence to Rape. The Treatment of Women in the Movies,* New York 1974.
Louise Heck-Rabi, *Women Filmmakers. A Critical Reception,* Metuchen, London 1984.
Claire Johnston (Ed.), *Notes on Women's Cinema,* London 1973.
Karyn Kay, Gerald Peary (Ed.), *Women and the Cinema. A Critical Anthology,* New York 1977.
Rosemary Ribich Kowalski, *Women and Film: A Bibliography,* Metuchen 1976.
Annette Kuhn, *Women's Pictures. Feminism and Cinema,* London, Boston, Melbourne, Henley 1982.
Frances Marion, *Off with Their Heads! A Serio-Comic Tale of Hollywood,* New York 1972.
Joan Mellen, *Women and Their Sexuality in the New Film,* New York 1973.
Ethan Mordden, *Movie Star. A Look at the Women Who Made Hollywood,* New York 1983.
Edgar Morin, *Les stars,* Paris 1957, 1972; engl.: ders., *The Stars,* New York 1960.
John E. O'Connor, Martin A. Jackson (Ed.), *American History/American Film. Interpreting the Hollywood Image,* New York 1979.
Hortense Powdermaker, *Hollywood, the Dream Factory,* Boston 1950.

Terry Ramsaye, *A Million and One Nights. A History of the Motion Picture,* New York 1926.

Marjorie Rosen, *Popcorn Venus. Women, Movies & the American Dream,* New York 1973, London 1975.

Leo C. Rosten, *Hollywood, the Movie Colony, the Movie Makers,* New York 1941.

Hans Scheugl, *Sexualität und Neurose im Film. Die Kinomythen von Griffith bis Warhol,* München 1974, 1978.

Richard Schickel, *The Stars,* New York 1962.

Anthony Slide, *Engel vom Broadway oder Der Einzug der Frauen in die Filmgeschichte,* Münster 1982.

Sharon Smith, *Women Who Make Movies,* New York 1975.

Bruce Torrence, *Hollywood. The First 100 Years,* Hollywood 1979.

Parker Tyler, *The Hollywood Hallucination,* New York 1944, 1970.

Alexander Walker, *Stardom. The Hollywood Phenomenon,* London 1970.

Elisabeth Weis (Ed.), *The National Society of Film Critics on the Movie Star,* New York 1981.

Paul Werner, *Göttinnen der Leinwand. Die Filmstars der „wilden Zwanziger",* Dortmund 1983.

Martha Wolfenstein, Nathan Leites, *Movies. A Psychological Study,* Glencoe 1950, New York 1970.

Arzner:

Charles Ford, „Dorothy Arzner", in: ders., *Femmes cinéastes, ou le triomphe de la volonté,* Paris 1972.

Louise Heck-Rabi, "Dorothy Arzner. An Image of Independence", in: dies., *Women Filmmakers. A Critical Reception,* Metuchen, London 1984.

Claire Johnston (Ed.), *The Work of Dorothy Arzner. Towards a Feminist Cinema,* London 1975.

Gerald Peary, Keryn Kaye, „Dorothy Arzner Interview", in: *Cinema* no. 34, Los Angeles 1974.

Brooks:

Louise Brooks, „Why I Will Never Write My Memoirs", in: *Film Culture* no. 67-69, New York 1979.

Louise Brooks, *Lulu in Hollywood,* New York 1982; dt.: dies., *Lulu in Berlin und Hollywood,* München 1983.

Lotte H. Eisner, *Die dämonische Leinwand,* Frankfurt am Main 1975, 1980.

Roland Jaccard (Ed.), *Louise Brooks. Portrait d'une anti-star,* Paris 1977.

Kenneth Tynan, „The Girl in the Black Helmet — Louise Brooks", in: ders., *Show People. Profiles in Entertainment,* London 1980.

240

Dressler:

Marie Dressler, *The Life Story of an Ugly Duckling,* New York 1924.

Marie Dressler, *My Own Story. As Told to Mildred Harrington,* Boston, London 1935.

Frances Marion, *Off with Their Heads! A Serio-Comic Tale of Hollywood,* New York 1972.

James Robert Parish, Ronald L. Bowers, „Marie Dressler", in: dies., *The MGM Stock Company: The Golden Era,* New York 1973.

Zan Turner, „Marie Dressler 1869-1934", in: *Films in Review* (August/September), New York 1975.

Farmer:

Kenneth Anger, „Tochter des Zorns", in: ders., *Hollywood Babylon,* München 1975, Reinbek 1979.

William Arnold, *Shadowland,* New York 1978.

Frances Farmer, *Will There Really Be a Morning?,* New York, London 1972.

Fonda:

James Brough, *The Fabulous Fondas,* New York 1973.

Gilles Gressard, *Jane Fonda,* Paris 1979.

Fred Lawrence Guiles, *Jane Fonda. The Actress in Her Time,* Garden City 1982.

George Haddad-Garcia, *The Films of Jane Fonda,* Secaucus 1981.

Gary Herman, David Downing, *Jane Fonda. All American Anti-Heroine,* New York 1980.

Leo Janos, „Jane Fonda: Finding Her Golden Pond", in: *Cosmopolitan* (January), New York 1985.

Thomas Jeier, *Jane Fonda. Ihre Filme — ihr Leben,* München 1981.

Thomas Kiernan, *Jane. An Intimate Biography of Jane Fonda,* New York 1973.

Guy:

Calvin Thomas Beck, „Alice Guy-Blaché", in: ders., *Scream Queens. Heroines of the Horrors,* New York 1978.

Alice Guy, *Alice Guy. Autobiographie einer Filmpionierin 1873-1968,* Münster 1981.

Francis Lacassin, „Out of Oblivion: Alice Guy-Blaché", in: *Sight and Sound* (Summer), London 1971.

Anthony Slide, „Alice Guy Blaché", in: ders., *Engel vom Broadway oder Der Einzug der Frauen in die Filmgeschichte,* Münster 1982.

Hellman:

Mark W. Estrin, *Lillian Hellman: Plays, Films, Memoirs. A Reference Guide,* Boston 1980.

241

Lillian Hellman, *An Unfinished Woman. A Memoir*, Boston, Toronto 1969; dt.: dies., *Eine unfertige Frau. Ein Leben zwischen Dramen*, Frankfurt 1970.

Lillian Hellman, *Pentimento. A Book of Portraits*, Boston, Toronto 1974; dt.: dies., *Julia und andere Erzählungen*, München 1978.

Lillian Hellman, *Scoundrel Time*, Boston, Toronto 1976; dt.: dies., *Die Zeit der Schurken*, Frankfurt am Main 1979.

Lillian Hellman, *Maybe. A Story*, Boston, Toronto 1980.

Richard Layman, *Shadow Man. The Life of Dashiell Hammett*, New York, London 1981.

John Phillips, Anne Hollander, „Lillian Hellman. Interview", in: Erika Beumer (Hg.), *Wie sie schreiben. Gespräche*, Münster 1983.

Mary Marguerite Riordan, *Lillian Hellman. A Biography 1926-1978*, Metuchen, London 1980.

Hepburn:

Gary Carey, *Katharine Hepburn. A Biography*, London 1983.

Homer Dickens, *The Films of Katharine Hepburn*, New York 1970.

Charles Higham, *Kate. The Life of Katharine Hepburn*, New York 1975, 1981.

Garson Kanin, *Tracy and Hepburn. An Intimate Memoir*, New York 1971.

Alvin H. Marill, *Katharine Hepburn. Ihre Filme — ihr Leben*, München 1979.

Loos:

Helen Hayes, Anita Loos, *Twice over Lightly: New York Then and Now*, New York 1972.

Anita Loos, *Gentlemen Prefer Blondes. The Illuminating Diary of a Professional Lady*, New York 1925; dt.: dies., *Blondinen bevorzugt. Das lehrreiche Tagebuch einer jungen Dame*, München 1927.

Anita Loos, *A Girl Like I*, New York 1966.

Anita Loos, *Kiss Hollywood Good-Bye*, New York 1974.

Anita Loos, *Cast of Thousands*, New York 1977.

Anita Loos, *The Talmadge Girls*, New York 1978.

Anita Loos, John Emerson, *Breaking into the Movies*, New York 1921.

MacLaine:

Christopher Paul Denis, *The Films of Shirley MacLaine*, Secaucus 1980.

Patricia Erens, *The Films of Shirley MacLaine*, South Brunswick, New York 1978.

Shirley MacLaine, *Don't Fall Off the Mountain*, New York 1970; dt.: dies., *Raupe mit Schmetterlingsflügeln. Eine Autobiographie*, Frankfurt am Main 1972, 1974.

Shirley MacLaine, *You Can Get There from Here,* New York, London, Sydney, Toronto 1975.

Shirley MacLaine, *Out on a Limb,* New York 1983; dt.: dies., *Zwischenleben,* München 1984.

James Robert Parish, „Shirley MacLaine", in: ders., *The Paramount Pretties,* New York 1972.

Nazimova:

DeWitt Bodeen, „Nazimova", in: *Films in Review* (December), New York 1972.

DeWitt Bodeen, „Nazimova", in: ders., *More From Hollywood. The Careers of 15 Great American Stars,* South Brunswick, New York, London 1977.

Joe Franklin, „Alla Nazimova", in: ders., *Classics of the Silent Screen,* New York 1972.

Terry Ramsaye, *A Million and One Nights. A History of the Motion Picture,* New York 1926.

Weill:

Leslie Bennetts, „Broadway: Claudia Weill's Next Challenge Is Directing ‚Peanut'", in: *The New York Times* (20. 4.), New York 1984.

Mary Blume, „Woman Director", in: *International Herald Tribune* (21. 3.), Paris 1981.

Brooks Riley, „A Woman's Turn", in: *Film Comment* no. 6, New York 1980.

MB, „Tatsachen, Tricks und Träume. Sieben Kurzfilme von Claudia Weill und Eliot Noyes jr.", in: *Hannoversche Allgemeine Zeitung* (18. 3.), Hannover 1975.

Cecile Starr, „Claudia Weill: From Shoestring to Studio", in: *The New York Times* (6. 8.), New York 1978.

Jean Vallely, „It's My Turn", in: *Rolling Stone* (27. 11.), New York 1980.

Carey Winfrey, „Claudia Weill: It's Her Turn Now", in *The New York Times* (7. 12.), New York 1980.

West:

Michael Bavar, *Mae West. Ihre Filme — ihr Leben,* München 1981.

Hans C. Blumenberg, „Sex-Symbol für alle Geschlechter", in: *Die Zeit* (28. 11.), Hamburg 1980.

Fergus Cashin, *Mae West,* London 1982.

George Eells, Stanley Musgrove, *Mae West. A Biography,* New York 1982.

David Hanna, *Mae West: „Come up and See Me Sometime". A Confidential Biography,* New York 1976.

Peter W. Jansen, Wolfram Schütte (Hg.), *Mae West/Greta Garbo*, München, Wien 1978.

Jonathan Tuska, *The Films of Mae West*, Secaucus 1973.

Joseph Weintraub (Ed.), *The Wit and Wisdom of Mae West*, New York 1967.

Mae West, *Babe Gordon*, New York 1930.

Mae West, *Diamond Lil. A Powerful Novel of the Underworld*, New York 1932.

Mae West, *Goodness Had Nothing to Do with It*, Englewood Cliffs 1959, New York 1970.

Mae West, *On Sex, Health, and ESP*, London, New York 1975.

Mae West, *Peel Me a Grape*, London 1975.

Mae West, *Pleasure Man*, New York 1975.

Über die Autoren:

Paul Werner, geboren 1951. Studium Medienwissenschaft, Musikwissenschaft und Kunstgeschichte in Köln, Berlin und Osnabrück; Magister Artium. Seit 1976 Arbeit beim Theater, Rundfunk und Fernsehen und als Filmkritiker. Im Winter 1984/85 Forschungsaufenthalt in Los Angeles für Dissertation über Geschichte und Ästhetik des Filmstars. Buchveröffentlichungen: „Roman Polanski" (Fischer Cinema 1981), „Göttinnen der Leinwand. Die Filmstars der ‚wilden Zwanziger'" (Harenberg 1983), „Film noir. Die Schattenspiele der ‚schwarzen Serie'" (Fischer Cinema 1985).

Uta van Steen, geboren 1957. Studium Theater-, Film- und Fernsehwissenschaft in Köln und Paris; gleichzeitig Filmkritikerin beim „Filmbeobachter". 1982/83 Hamburger Journalistenschule, währenddessen Mitarbeit bei der „Zeit" und beim „Stern". Danach Reporterin für den SDR. Seit Oktober 1984 Redakteurin der „Lübecker Nachrichten". Buchveröffentlichung: „Studium der Theater-, Film- und Fernsehwissenschaften. Ein Führer durch die Medienlandschaft" (Hayit Verlag 1983).

Abzug, Bella 196
Acker, Jean 52
Albee, Edward 182
Allen, Steve 195
Allen, Woody 12
Anderson, Sherwood 154
Andrejew, Leonid N. 53
Anger, Kenneth 129
Aquitanien, Eleonore von 182
Arbuckle, Roscoe 144
Arnold, William 119, 130, 131
Arzner, David 110
Arzner, Dorothy 21, 22, 27, 106—117, 175
Ashton, Joe 199
Astor, Mary 199
Atkins, Zoë 115

Bacall, Lauren 151
Baez, Joan 205
Baker, Carroll 190
Baker, George 85
Balász, Béla 68
Ball, Lucille 116
Bancroft, Anne 228
Bara, Theda 14, 42
Bardot, Brigitte 204
Barjavel, René 31
Barrymore, John 129, 174
Barrymore, Lionel 95
Barthelmess, Caroline 46
Barthelmess, Richard 46, 47
Barton, Ralph 101
Beardsley, Aubrey 43, 64
Beatty, Warren 188
Beaty, Ira 187
Beaty, Kathlyn 187
Beauvoir, Simone de 151
Beery, Wallace 76, 77
Bennett, Barbara 64
Bennett, Constance 64
Bennett, Joan 64
Bergen, Edgar 148
Bergman, Ingrid 18
Bergstein, Eleanor 231
Bernhardt, Sarah 42
Bertini, Francesca 42
Blaché-Bolton, Herbert 29, 34—37
Blanchard, Susanne 213
Bogart, Humphrey 59, 151, 181
Bow, Clara 114

Brando, Marlon 195
Brenon, Herbert 47
Brent, Evelyn 59
Bromfield, Louis 142
Brontë, Charlotte 176
Brooks, Leonard Porter 60
Brooks, Louise 18, 19, 56—73
Brooks, Myra 62
Bryant, Charles 42, 46, 47, 52, 53
Buck, Pearl S. 53
Burge, Edna 122
Buttinger, Joseph 163

Cagney, James 65
Caine, James M. 235
Card, James 58
Carewe, Edwin 43
Caroll, Lewis 31
Chandler, Raymond 102, 155
Chanel, Coco 182
Chaplin, Charlie 59, 81, 146
Chatterton, Ruth 114
Chessman, Cheryl 195
Chopra, Joyce 234
Clair, René 69
Clarendon, Hal 140
Clayburgh, Jill 228, 231, 233
Clement, René 210
Cleveland, Grover 77, 85
Clifford, Graeme 119
Clubb, Edmund 198
Cody, Buffalo Bill 85
Cohn, Harry 69, 112
Colbert, Claudette 114, 126
Colette 102
Cooper, Gary 161
Coppola, Francis Ford 116, 219
Cortez, Hernando 122
Crawford, Joan 115, 116, 176
Crepax, Guido 71
Cruze, Jim 111, 112
Cukor, George 53, 76, 102, 174—177
Cummings, Constance 144

D'Abernon, Edgar 92
Dalí, Salvador 136
Dalton, James 87, 88
d'Arc, Jeanne 203
Davies, Marion 146
Davis, Angela 203
Davis, Deering 70

Day, Doris 189
Dellinger, David 216
Delon, Alain 210
DeMille, Cecil B. 110
deMille, William 110
Dempsey, Jack 142
de Niro, Robert 20
Deneuve, Cathérine 204
Dietrich, Marlene 57, 67, 76, 115, 126, 139, 176
Doelger, Beverly 139
Doelger, John 139
Doelger, Matilda Delker 139
Dos Passos, John 157
Dostojewski, Fjodor M. 123
Douglas, Michael 219, 231
Dressler, Marie 19, 74—89, 137
Dreyer, Carl Theodor 57, 58
Dumas, Alexandre (fils) 42
Dunaway, Faye 16
Durbin, Deanna 121
Duse, Eleonora 41
Dutschke, Rudi 216

Earhart, Amelia 114, 194
Eastman, George 58
Eckberg, Anita 189
Edmunds, Larry 225
Eisenhower, Dwight D. 158
Eisner, Lotte H. 68, 70
Emerson, John 92, 98, 100, 102
Erickson, Leif 125, 127
Erlanger, Abe 85, 87
Evans, Walker 232

Fairbanks, Douglas 98, 100, 101, 110
Falconetti, Maria 57, 58
Farmer, Frances 19, 118—132
Farmer, Lillian 122, 130, 131
Farmer, William 122
Faulkner, William 102, 154
Feuillade, Louis 30, 34
Fields, Fritz 95
Fields, W. C. 59, 147
Fitzgerald, F. Scott 60, 102
Fitzgerald, Zelda 60
Flaubert, Gustave 41
Fonda, Frances Seymour 211, 213
Fonda, Henry 182, 204, 206, 209, 210, 212, 213, 216, 219
Fonda, Jane 9, 16, 20, 24, 156, 163, 182, 196, 202—222, 228
Fonda, Peter 212—214, 220

Foot, Michael 199
Foote, Horton 163
Ford, Henry 48
Fox, William 14, 37
Franchetti, Afdera 213
Frankeau, Gilbert 114
Freud, Sigmund 154
Friedan, Betty 11

Garbo, Greta 18, 57, 70, 75, 76, 86, 115, 139, 174—176, 189
Gardiner, Liza 188
Gardiner, Muriel 161, 163
Garfield, John 127
Gaumont, Léon 27—29, 31, 32, 34—36
Genina, Augusto 69
George V 146
Gilbert, John 101
Gilman, Charlotte Perkins 168
Giraudoux, Jean 182
Gish, Dorothy 57, 95
Gish, Lillian 57, 95
Godard, Jean-Luc 57, 217
Goddman, Walter 198
Goethe, Johann Wolfgang von 71
Goldman, Emma 168
Goldwyn, Samuel 115, 156, 157
Gordon, Ruth 180
Gorin, Jean-Pierre 217
Gorki, Maxim 46
Grade, Lew 193
Grant, Cary 126, 177
Grauman, Sid 11
Griffith, David W. 47, 93, 95, 97, 98, 100, 101, 110
Guy, Alice 11, 21, 22, 24, 26—39, 109
Guy, Emile 32
Guy, Simone 35, 37

Hamill, Pete 198
Hammer, Signe 167
Hammerstein, Arthur 140
Hammett, Dashiell 151—153, 155, 156, 160, 161, 163
Haney, Carol 190
Harding, Laura 173
Harlow, Jean 65, 76
Hart, William S. 170
Hauptmann, Gerhart 46
Hawks, Howard 59, 60, 64, 101, 119, 176
Hayden, Tom 203, 216, 218, 220
Hayden, Troy 218

Hayes, Helen   102
Hays, Will   145, 147
Hearst, William Randolph   135, 146
Heinrich II   182
Heinrich VIII   212
Hellman, Julia Newhouse   152
Hellman, Lillian   9, 24, 150—165, 192
Hellman, Max   152
Hemingway, Ernest   129, 157
Hepburn, James   169
Hepburn, Katharine   20, 107, 114, 115,
   151, 166—184
Hepburn, Katharine Houghton   167,
   168
Hepburn, Marion   169, 181
Hepburn, Peggy   169
Hepburn, Richard   169
Hepburn, Robert   169
Hepburn, Thomas   169, 170
Hepburn, Thomas Norval   168
Hesse, Hermann   213
Hichens, Robert S.   46
Hitchcock, Alfred   190
Hodkinson, W.   110
Hoffman, Abbie   216
Hope, Frances   148
Hoppeit, George   87
Houghton, Katharine   181
Hughes, Howard   176
Hugo, Victor   34
Huston, John   181
Huxley, Aldous   102

Ibsen, Henrik   42, 45, 46, 48, 93, 217

Jasset, Victorin   34
Johnson, Amy   114
Johnston, Claire   16

Kanin, Garson   180
Karina, Anna   58
Kazan, Elia   127, 129
Kelly, George   115
Kennedy, Robert   195, 207
Kennedy, Rose   182
Kesey, Ken   119
King, Martin Luther   207
Kissinger, Henry   214
Knopf, Edwin H.   170, 171
Kober, Arthur   154, 155
Koerber, Alexander Rudolph von   83,
   84
Koerber, Anne von   84
Koerber, Bonita von   83, 84, 87
Kokoschka, Oskar   232

Koslow   51
Kristofferson, Kris   219

Laemmle, Carl   14, 37
Lancaster, Burt   181
Lange, Jessica   194
Langlois, Henri   30, 57, 58, 68, 70
Lash, Joseph P.   161
Lasky, Jesse   112
Lawrence, Florence   14
Leland, Hayward   176
Leonard, Cynthia   85
Lerner, Carl   234
Leventon, Jakov   45
Leventon, Wolodja   45
Lewton, Nina   45
Lewton, Val   45
Lindbergh, Charles A.   114
Lindsay, Vachel   100
Liveright, Horace   154
Logan, Joshua   210
Lombard, Carole   126, 192
Loos, Anita   24, 90—104, 135, 136
Loos, Clifford   94
Loos, Gladys   94
Loos, Minnie   93, 94
Loos, Richard Beers   93, 94, 95, 97
Losey, Joseph   217
Ludlow, Ogden   171
Lumet, Sidney   181
Lumière, Auguste   27, 28, 30
Lumière, Louis   27, 28, 30
Lupino, Ida   21, 22, 109
Luxemburg, Rosa   203

MacLaine, Shirley   9, 16, 20, 186—201,
   228, 229, 234—236
MacLeish, Archibald   157
MacMurray, Fred   126
Malden, Karl   127
Mankiewicz, Herman   101
Maniewicz, Joseph L.   177
Mao Tse-tung   196
Margulies, Donald   235
Marion, Frances   24, 50, 75—78, 80, 83,
   87, 91, 92, 98, 102
Marshall, George Preston   64, 65, 67, 69
Martin, Dean   192, 194
Marx Brothers   135
Mathis, June   111
Mayer, Louis B.   17, 176
Mayron, Melanie   227, 228
Mazursky, Paul   227, 228

McCarthy, Joseph R. 129, 146, 151, 152, 154, 158, 160, 207, 217
McCarthy, Mary 161
McCoy, Horace 207
McDonald, Country Joe 205
McGovern, George 195, 196, 199
Méliès, Georges 28, 30, 34
Mencken, Henry 97
Menjou, Adolphe 59, 161, 175, 178
Meredyth, Bess 24, 77, 98
Messner, Julian 154
Mistral, Frédéric 34
Mizner, Wilson 92
Molnár, Ferenc 115
Monroe, Marilyn 18, 101, 189, 203
Moran, Polly 76, 78
Mordkin, Michael 173
Morena, Erna 42
Morgan, Anne 83
Morgan, Marion 109, 116
Morrison, Jim 120

Naldi, Nita 111
Nathan, George Jean 100, 139
Nazimova, Alla 9, 18, 40—55, 173
Newhouse, Sophie 152
Newton, Huey P. 205
Nichols, Anne 154
Nicholson, Jack 194
Nielsen, Asta 68
Nietzsche, Friedrich 123
Nixon, Richard M. 196, 203, 207, 214, 217, 218
Normand, Mabel 81
Novak, Kim 189
Noyes, Eliot Jr. 234

Odets, Clifford 127, 129
O'Hara, Maureen 116
O'Neill, Eugene 53, 75, 154, 181
Orleneff, Paul 45—47

Pabst, Georg Wilhelm 57, 60, 67, 69, 70
Pankhurst, Emmeline 168
Parker, Dorothy 175
Parker, Stephanie Sachiko 187, 192
Parker, Steve 190, 192, 193, 198
Parsons, Louella 121
Patalas, Enno 15
Pathé, Charles 31, 32, 34
Payne, Robert 75
Petrowa, Olga 38
Pickford, Mary 41, 57, 95, 110

Polon, Vicki 230
Pommer, Erich 116
Preminger, Otto 205

Raft, George 142, ⊠
Ralston, Esther 112, 113
Rambova, Natacha 42, 43, 51, 52
Rappe, Virginia 144
Reagan, Ronald 161, 203
Redgrave, Vanessa 207, 218, 228
Reichenbach, Harry 82
Reynolds, Debbie 189, 190
Rimski-Korsakow, Nikolai 45
Robinson-Duff, Frances 171
Rogers, Ginger 114
Roosevelt, Elinor 161
Roosevelt, Franklin D. 77
Roosevelt, Theodore 30
Russell, Bertrand 206
Russell, Jane 101
Russell, Lillian 85
Rusell, Rosalind 108, 114, 115

Sadoul, Georges 30
Sand, George 232
Sanders-Brahms, Helma 23
Sanger, Margaret 168
Santayana, George 101, 103
Sartre, Jean-Paul 151
Schnitzler, Arthur 28, 210
Schulberg, B. P. 67, 112
Seale, Bobby 205, 216
Seidelman, Susan 23
Sellers, Peter 194
Selznick, David O. 107, 173, 174, 177
Selznick, Lewis J. 37
Sennett, Mack 81, 110
Serlin, Oscar 125
Shakespeare, William 98, 173
Shaw, George Bernard 53
Shaw, Irwin 127
Shawn, Ted 63
Shearer, Norma 76
Shubert, Lee 46
Silkwood, Karen 219
Silver, Joan Micklin 23
Simon, Neil 206
Sinatra, Frank 192, 194
Skipworth, Alison 144
Slide, Anthony 21
Stalin, Josef W. 151
Stanislawskij, Konstantin S. 45, 46, 51, 127

Stark, Ray   231
St. Clair, Malcom   101
St. Denis, Ruth   63
Steinbeck, John   206
Steinem, Gloria   196
Sten, Anna   115
Stevenson, Adlai E.   158
Stewart, James   177
Strasberg, Lee   209
Strasberg, Susan   209
Streep, Meryl   20, 194, 219
Streisand, Barbra   16
Strindberg, August   46
Stroyberg, Annette   204
Stuart, Mary   169
Sullavan, Margaret   212
Sutherland, Donald   214, 216
Sutherland, Edward   59, 64
Swanson, Gloria   91

Talmadge, Constance   100
Talmadge, Norma   101
Taylor, Elizabeth   189
Tewkesbury, Joan   23
Thalberg, Irving   53, 76, 78, 101
Thomas, J. Parnell   178
Tincher, Fay   98
Tracy, Spencer   151, 176—178, 180, 181
Traube, Shepard   125
Travolta, John   231
Trotta, Margarethe von   23
Truman, Harry S.   180
Tschaikowsky, Peter   45
Tschechow, Anton P.   46, 53
Turgenjew, Iwan   53

Vadim, Roger   204, 206, 207, 210, 211, 213, 218
Vadim, Vanessa   207
Valentino, Rudolph   15, 52, 54, 111
Van Dine, S. S.   65
Van Gogh, Vincent   121

Voight, John   219
Voutsinas, Andreas   210

Wagner, Jane   23
Wagner, Jane   231
Walker, Nancy   231
Wallace, Frank   140
Wallace, Henry   180
Wallis, Hal B.   190
Walpole, Hugh   146
Wanger, Walter   59
Warga, Wayne   163
Warner, Jack L.   37, 212
Washington, George   155
Wayne, John   70, 182
Webb, Nella   78, 82, 83
Weber, Lois   21, 27
Wedekind, Frank   57, 67
Weill, Claudia   9, 23, 24, 196, 224—238
Weill, Guy   232
Weill, Kurt   232
Weill, Marie Hélène   232
Wellman, William A.   65
West, Mae   9, 19, 24, 134—149, 176
Wilbourn, Phyllis   182
Wilcox, Harvey Henderson   13
Wilde, Oscar   42, 43
Wilder, Billy   190
Wilder, Thornton   54
Williams, Hope   171
Williams, Tennessee   181
Wilson, Woodrow   168
Winger, Debra   194
Wyler, William   153, 157, 192, 193

Young, Clare Kimball   42

Zecca, Ferdinand   34
Ziegfeld, Florence   64
Zinnemann, Fred   156, 162, 218
Zionchek, Marion   130